ANDRÉ BEAUNIER

LE ROMAN D'UNE AMITIÉ

JOSEPH JOUBERT
ET PAULINE DE BEAUMONT

TROISIÈME ÉDITION

Librairie académique PERRIN et Cⁱᵉ.

LE ROMAN D'UNE AMITIÉ

ANDRÉ BEAUNIER

LE
ROMAN D'UNE AMITIÉ

JOSEPH JOUBERT
ET PAULINE DE BEAUMONT

PARIS

LIBRAIRIE ACADÉMIQUE

PERRIN ET Cᵗᵉ, LIBRAIRES-ÉDITEURS

35, QUAI DES GRANDS-AUGUSTINS, 35

1924

*L'amitié de Joubert et de madame de Beaumont,
je l'appelle un roman. C'est que, dans la pensée de
Joubert au moins, elle a été bien romanesque, une
aventure pathétique, mêlée de bonheur et de chagrin.
Mais, ce roman, je vais l'écrire avec une exacte
vérité. Je n'ajouterai rien aux faits que j'ai pu connaître, aux sentiments dont j'ai eu le témoignage
sous les yeux. Et je n'en modifierai, je n'en cacherai
absolument rien. Cette aventure est d'une sorte qu'en
la contant avec une simple fidélité on ne craint pas
d'offenser la mémoire des morts.*

*Cette parfaite amitié eut, de la part de Joubert,
les péripéties d'un amour ; elle en eut la ferveur, les
joies pures et les tourments. Elle anima en lui tout ce
qu'il avait d'intelligence, de gaieté, de mélancolie et
de grâce. Il dépensa pour elle des trésors de gentillesse,
de bonté, la coquetterie de son imagination, ses généreuses puissances de douleur. Elle l'occupa neuf années
de sa vie sans relâche ; car il disait : « Il faut non
seulement cultiver ses amis, mais cultiver en soi ses
amitiés ; il faut les conserver avec soin, les soigner,
les arroser. » La tendresse, qu'il appelait « le repos
de la passion », — et il recherchait une philosophie
du repos, — fut son jeu, son art et le plus bel épa-
nouissement de sa très sensible pensée.*

Quand il connut madame de Beaumont, les fureurs de la révolution l'avaient offensé, l'avaient (comme il l'a écrit) chassé du monde réel en le lui rendant trop horrible. Avant cela, maintes idées philosophiques et politiques le tentaient, qui n'étaient ni éprouvées par l'usage ou le temps, ni prudentes. Il reçut, de la Terreur, un avertissement de sagesse. Dans la retraite où il se confina, pour méditer à son tour le rêve éternel, madame de Beaumont devint sa confidente, l'âme voisine et préférée, l'âme féminine au sourire de laquelle on demande si l'on a raison.

Elle mourut bientôt. Mais il savait « compenser l'absence par le souvenir ». Il disait que la mémoire est « le miroir où nous regardons les absents ». Et jamais elle ne mourut pour lui, c'est-à-dire qu'elle ne fut pas telle que si elle n'avait pas été.

Le présent volume, qui mène Joubert du printemps 1793 à la fin de 1803, continue l'étude que j'ai commencée par ces deux tomes, La jeunesse de Joseph Joubert *et* Joseph Joubert et la révolution. *Comme précédemment, j'ai eu recours aux papiers inédits de Joubert, que M. Paul du Chayla et madame Henri de Lander ont bien voulu me confier. Dans l'intervalle de ces publications, M. Paul du Chayla est mort. Je lui avais dédié mon ouvrage, comme au petit-neveu de Joubert et en signe de gratitude pour son exquise obligeance. Je dédie à sa mémoire noble et charmante la suite d'un travail qu'il encourageait de son aimable attention.*

A. B.

LE ROMAN D'UNE AMITIÉ

CHAPITRE PREMIER

PAULINE DE MONTMORIN, COMTESSE DE BEAUMONT, ET SA COUSINE MADAME DE SÉRILLY

Pauline de Montmorin naquit à Mussy-l'Evêque, petite ville des bords de la Seine, à cinq lieues en amont de Bar-sur-Seine, le 20 août 1768 [1]. Elle fut baptisée le même jour et reçut les noms de Marie-Michelle-Frédérique-Ulrique-Pauline. Elle eut pour parrain messire Emmanuel-Frédéric, marquis de Tana, frère de sa mère; pour marraine, son arrière-grand'mère, madame Marie-Michelle de Montgon, veuve du comte François-Gaspard de Montmorin. Mais ni le parrain ne fut là, ni la marraine. Peut-être la petite fille ne semblait-elle pas destinée à vivre : on se dépêchait de lui donner le baptême. Le parrain et la marraine furent représentés, l'un par Claude Rougeot, maître-d'hôtel de l'évêque de Langres, et l'autre par la femme de ce Rougeot. L'évêque de Langres était alors Gilbert de Montmo-

rin, grand oncle de Pauline, et avait sa résidence la
plus habituelle à Mussy [2].

En 1768, Armand-Marc de Montmorin, cornette de
la compagnie des chevau-légers de la garde du roi,
était gouverneur de Mussy-l'Évêque. Il avait vingt-
deux ans à peine ; et il était marié depuis la précédente année. Il appartenait à la branche cadette d'une
famille d'Auvergne très noble et ancienne qui portait
« de gueules, semé de molettes d'argent au lion de
même brochant sur le tout » et qui, plaçant son ori-
gine au temps du roi Lothaire, trouvait le nom de
ses aïeux dans les premières chartes de Sauxillanges.
Les Montmorin, depuis le xv° siècle, ajoutaient à leur
nom celui de Saint-Hérem. Armand-Marc avait
deux sœurs religieuses, dont l'une était abbesse de
Fontevrault.

Il avait épousé sa petite-cousine, ou nièce à la
mode de Bretagne, Françoise-Gabrielle de Tana, fille
d'une Montmorin et d'un marquis de Tana, d'une
famille originaire du Piémont qui s'était établie en
Auvergne au xvii° siècle. Madame de Montmorin,
lors de la naissance de sa fille, était dame de Mesdames de France.

Le père du comte Armand-Marc avait été menin
du dauphin qui fut Louis XV. Pareillement, le comte
Armand-Marc était, en 1770, nommé menin du dauphin qui sera Louis XVI. Devenu roi, ce dauphin le
nomma son ministre auprès de l'électeur de Trèves ;
— Pauline avait six ans ; — et, quatre ans plus tard,
son ambassadeur à Madrid [3]. La situation n'était pas
facile, en Espagne ; et Montmorin n'y fut pas mala-
droit. A son retour, le roi le fit maréchal de camp
et lui accorda un présent de cinquante mille livres ;

en outre, il l'envoya commander en chef dans la province de Bretagne, où il s'agissait de rétablir l'ordre, ce qu'il sut faire.

L'on ne peut dire, ou non, que Pauline ait accompagné ses parents en Bretagne. En tout cas, elle n'était point allée en Espagne, ni à Trèves ; et il semble que, jusqu'à l'époque de son mariage, elle n'ait guère vu son père ni sa mère. Elle fut élevée au couvent et, sans doute, à Fontevrault, par sa tante l'abbesse. D'une lettre que Joubert lui adressait beaucoup plus tard, on apprend qu'elle avait gardé de son couvent le meilleur souvenir et qu'on l'y appelait mademoiselle de Saint-Héran [4]. Voilà tout ce qu'on sait de son enfance et son adolescence [5]. Elle eut probablement pour compagne, à Fontevrault, sa sœur Marie-Victoire, celle qui devint madame de La Luzerne. Elle ne dut pas rencontrer souvent, avant son mariage, ses deux frères, l'un qui se destinait à l'armée, l'autre à la marine. L'on ne sait presque rien des enfants ni des jeunes filles d'autrefois, tant l'histoire est dédaigneuse et craint une frivolité qui, en général, vaudrait mieux que sa gravité vaine.

Ce ne sont que des conjectures qui mènent Pauline de Montmorin de son acte de baptême à son acte de mariage. Elle avait dix-huit ans. Le 24 septembre 1786, Leurs Majestés et la famille royale signèrent le contrat de son mariage avec le comte Christophe-François de Beaumont, fils mineur de messire Jacques, marquis de Beaumont, brigadier des armées du roi, et de dame Marguerite Riché de Beaupré. Le mariage fut célébré le 25 septembre, à Saint-Sulpice, paroisse des Montmorin, qui demeuraient rue Plumet [6].

Ce petit Beaumont, qui épouse mademoiselle de Montmorin, était un peu plus jeune qu'elle. Mais, à dix-sept ans, il commençait d'avoir la renommée, qu'il a rendue ensuite plus éclatante, du « plus mauvais sujet de Paris [7] ». L'on ne peut dire exactement ce qu'il y eut ; mais, en très peu de temps, le ménage tourna très mal et de telle sorte que la pauvre petite épouse revint demeurer dans la maison de ses parents. Beaumont, pendant la révolution, n'émigrant pas, se vantait d'avoir subi maintes persécutions « de la part du ci-devant ministre Montmorin dont, à seize ans, on le forçait d'épouser la fille avec laquelle il n'avait jamais vécu », disait-il ; donc il s'était « soustrait à la persécution par la fuite » et n'avait pu rentrer librement à Paris que depuis la Révolution, plus aimable pour lui que la monarchie. Montmorin, disait-il encore, le menaçait d'une lettre de cachet. Ce n'est pas du tout impossible. Mais voilà Pauline de Beaumont, qui n'a que dix-huit ans, débarrassée d'un vaurien ; et la voilà, chez son père et à la cour, une espèce de jeune fille désillusionnée.

L'année suivante, le 14 février, mourut Vergennes. Montmorin le remplace [8]. Lourde succession : un cadeau que lui fit le roi ; mais un terrible cadeau et qui sera mortel ! On ne s'en doute pas et l'on a confiance que Montmorin, qui a bien fait en Espagne et en Bretagne, fera le mieux du monde au ministère. Il prête serment au roi le 18 février ; trois jours après, la reine et la famille royale reçoivent ses révérences. Sa fille Marie-Victoire, qui vient d'épouser M. de La Luzerne, capitaine dans les chevau-légers et fils de l'ambassadeur du roi à Londres, est nom-

mée dame de Madame Victoire et, madame de Beaumont, dame pour accompagner Madame, femme du
comte de Provence.

Montmorin sentit assez vite le poids du fardeau qu'il
avait accepté. Dès la première année de son ministère, tandis qu'on louait son zèle et maintes qualités
qui, sans beaucoup d'éclat, le rendaient fort estimable,
le bruit courut à plusieurs reprises qu'il ne garde-
rait par un emploi si pénible et l'échangerait contre
la charge de gouverneur du dauphin. L'on disait
qu'il ne s'entendait pas avec Necker et lui reprochait
d'amoindrir l'autorité royale jusqu'à transformer la
monarchie en république. D'autres, qui n'aimaient
pas Necker, l'accusaient de travailler avec lui et
l'accusaient de libéralisme. La reine ne l'aimait pas ;
mais il avait l'appui de Mesdames tantes et la véritable amitié du roi.

Les deux années qui ont précédé la révolution
furent très brillantes pour la comtesse de Beaumont.
Elle fit les honneurs du salon de son père, avec sa
mère, qui était une grosse personne sans beauté.
Son père était petit et laid, très homme de cour et
fastueux. L'on menait, chez lui, la vie avec magnificence. On dépensait beaucoup d'argent. La table
était renommée, le luxe un peu fou [9].

Il y a un portrait de madame de Beaumont, par
madame Vigée Lebrun, qui date cette époque. Elle
n'est pas exactement jolie : le visage maigre, les
traits aigus. Seulement les yeux, longs et minces,
ont une merveilleuse vivacité de regard, une exquise
langueur aussi. Preste et menue, habillée d'une robe
rose, un peu lie de vin, elle tend de la main gauche
une couronne de roses, avec une calme grâce. Elle

laisse deviner une âme remuante, inquiète, prime-
sautière, apte pourtant au silence.

Madame de Beaumont devint le centre d'une
société gaie et parfaite. On voit près d'elle François
de Pange, son cousin, pâle et grave jeune homme,
d'une admirable intelligence, que la poésie amuse
et qui, le moment venu, sera un écrivain politique
d'un talent brave et sûr; les deux Trudaine, fils de
ce Trudaine de Montigny, l'ardent admirateur de Diderot; Rulhière qui, pour elle, fit graver un cachet
où on lisait, auprès d'un chêne aux frissonnantes
feuilles : « Un souffle m'agite, et rien ne m'ébranle » ;
le petit Calixte de Montmorin, qui semblait un peu
étourdi et qu'un admirable amour exaltait; bientôt,
quand Necker fut au ministère le collègue de Montmorin, cet impérieux esprit, ce tourbillon d'idées et
de mots, madame de Staël ; puis madame de Sérilly,
si belle et pour qui se consumait François de Pange ;
la baronne Hocquart, aimée jusqu'à l'échafaud ; la
baronne Le Couteulx, à qui un poète donna l'im-
mortalité du nom de Fanny ; et parfois cette petite
madame de Krudener qui, dans les moments de son
plaisir le plus naïf, criait : « Mon Dieu, que je suis
heureuse ! Pardonnez-moi, mon Dieu, l'excès de
mon bonheur [10] ! »

Le grand honneur de cette société fut ce jeune
homme au teint basané, au col et à la poitrine
d'athlète, aux yeux brûlants, et qui était marqué
par le destin, marqué de génie et de mort, ce jeune
homme intrépide et langoureux qui à la Grèce
antique emprunta la poésie et le courage, André
Chénier. Il avait retrouvé, dans le désastre des âges,
une mélancolie voluptueuse, un paganisme d'amour

et de bonheur, une pensée ancienne et qu'il avait
unie aux nouvelles pensées, vers le temps où le
chevalier Glück ressuscitait Iphigénie pour l'entourer
du chœur des grâces récentes. Auprès de lui, mêlées
à cette compagnie d'hellénistes qui revivent le rêve
séculaire, imaginons ces jeunes femmes aux noms
modernes ou mythologiques, Fanny, Camille, Chloé,
Glycère, Euphrosyne et Lydé, Pannychis. Sous leurs
noms d'emprunt, imaginons-les, sensibles à la vive
poésie que Chénier leur amenait d'Athènes et des
Cyclades, sensibles et alarmantes, aimantes et tant
aimées que cette ardeur continua jusqu'à la guillotine. A la veille de la Révolution, la mollesse
voluptueuse et l'art des plus heureux jours flo-
rirent.

L'amour occupa cette jeunesse, groupée autour
de madame de Beaumont. Elle, qui aima-t-elle? qui
l'aima? Et aima-t-elle ou, offensée par le mariage,
ne fit-elle qu'avoir peur de l'amour?

On l'aima. Il y a, dans les papiers de madame de
Staël [11], une lettre du 3 avril 1800, qui ne porte pas
de signature et dont l'auteur, revenant d'émigration,
s'informe des survivants de la Terreur et, plus particulièrement que de personne, s'informe de madame
de Beaumont : « Ah! ne m'oubliez pas, je vous prie,
auprès de Pauline de Beaumont; est-elle heureuse,
a-t-elle de quoi vivre, sa tête est-elle remise de tous
ses malheurs? pour son cœur, il en sera toujours
malade. Combien je l'ai aimée, elle le sait bien! »
Qui est-ce? Et, à tant d'amour, Pauline de Beaumont répondit-elle ?

La chronique ne manquait pas d'attribuer à la
fille de Montmorin des aventures; et l'on s'en doute!

La *Correspondance secrète* mentionne, le 21 juillet
1791, un potin : « L'aimable abbé Louis a des liaisons intimes avec madame de Beaumont. » C'est
joliment dit !... Cet abbé Louis, un drôle d'abbé. On
l'avait vu servir la messe, à la fête de la Fédération,
quand Talleyrand disait la messe. Il fréquenta chez
Montmorin, qui eut à l'employer, car il était malin,
bon diplomate. Mais la *Correspondance secrète* n'est
pas un document qu'on puisse accueillir en toute
confiance [12]. Au mois de juillet 1803, quand elle part
pour le Mont-Dore, Pauline de Beaumont s'adresse
à M. Louis et lui recommande un M. Le Moine,
ancien secrétaire de Montmorin et qui désire une
place. M. Louis répond qu'il est tout dévoué aux
souhaits de madame de Beaumont : « Personne ne
sera plus heureux que moi de vous voir rapporter
de la santé de votre voyage au Mont-Dore. L'impression que vous faites ne s'efface plus. On est plus
à vous, alors même qu'on en est tenu éloigné par
des circonstances bisarres ou impérieuses, qu'on
appartient aux gens à côté desquels on se trouve
jetté. Mais, quoique vous conserviez des droits sur
tous ceux qui vous ont connue, j'espère que vous
voudrez bien distinguer mon dévouement. Pour moi,
ie regretterai toujours le tems où j'étois assez heureux pour vous voir plus souvent : vous me puni-
riez trop si vous ne me laissiez espérer quelque part
dans votre souvenir, il me semble que je mériterai
toujours d'y en conserver une. Agréez donc l'hommage respectueux de Louis [13]. » Le petit jeu de lire
entre les lignes ne mène point à une certitude ; l'on
aperçoit cependant que Louis, en recevant une lettre
de madame de Beaumont, se plaît mélancolique-

ment au souvenir de l'avoir aimée. Après cela, rien
ne prouve que cet amour ait été, comme on dit,
coupable ou seulement payé de retour.

Espinchal, dans son journal d'émigration, attribue à madame de Beaumont une « faiblesse » pour
« l'atroce législateur » Barnave. Il n'a pas tort d'appeler ainsi Barnave; mais il n'est pas à Paris et,
avec complaisance, il enregistre les ragots. Barnave, sans aucun doute, fréquenta chez Montmorin, comme il fréquentait dans la société la meilleure : il effarait les jolies dames et leur donnait un
amusant frisson de terreur, avant la Terreur, la vraie.
Madame de Tessé l'appelait Néronet; madame de
Broglie, le petit sauvage. C'était la mode, et une
espèce de perversité, de le recevoir. Est-ce que
madame de Beaumont fut sensible à cet attrait
bizarre? On n'en sait rien [14].

Mais un autre homme l'intéressa. C'est Adrien de
Lezai, quelque temps officier au régiment du roi,
et qui se mit à épiloguer sur la politique. Cet écrivain distingué, maladif et de jolie tenue, ne craignait
pas le paradoxe. Il était de figure aimable, brillant,
captivant même. Pauline de Beaumont le retrouvera plus tard et avouera, écrivant à Joubert, que
« les plus longues apparences d'oubli ne l'ont jamais
désintéressée de cet homme très remarquable » qui
« la tourmente parce qu'il est lui-même tourmenté ».

Charles de Constant, qui l'a bien connue, écrit :
« C'est une vraie Française; tout ou rien, suivant le
temps et les personnes [15] ». Diable ! Charles de Constant n'est pas une mauvaise langue : il n'a pas beaucoup d'imagination. Ce Genevois est un peu choqué
de ce que lui montre la société parisienne : ce qu'il

entend par une vraie Française, on le devine; la phrase a quelque chose de gaillard et de vif.

En somme, on parlait alors assez légèrement de la petite madame de Beaumont; il est possible qué ce fût un peu sa faute.

Gouverneur Morris l'a vue très souvent depuis la fin de 1789, jusqu'au 10 août. Il la rencontre un jour à dîner chez Necker, où il y a mesdames de Staël et Narbonne, Le Couteulx et « une certaine madame de Coigny qui, dit-on, a beaucoup d'esprit » : cette madame de Coigny sera cette jeune captive que Chénier rendra immortelle. Pauline de Beaumont, il l'appelle « une femme enjouée et sensible ». Un jour, il la rencontre chez madame d'Houdetot qui lui paraît « une des plus laides femmes qu'il ait jamais vues » et qui louche « de la pire façon ». Sur la cheminée, plusieurs almanachs sont réunis et indiquent les étapes du temps passé. Galant et ingénieux, il saisit l'occasion d'ajouter quelque littérature à cet emblème; il écrit au crayon ces lignes et les donne à madame de Beaumont : « Clara, vous voyez ici comment les jours, les mois et les années se succèdent... Nous vieillissons tous deux... N'attendez pas trop longtemps : chaque heure non vouée à la joie, c'est autant de perdu. » Il assure que madame de Beaumont fut « enchantée » de ce poulet « plus qu'elle ne le montra »; il ajoute que cette morale était « plutôt à pratiquer qu'à approuver ». Il semble un peu fat. Un an plus tard, en 1790, il va au théâtre avec madame de Beaumont; il utilise la compagnie de cette jeune femme pour animer de jalousie, ou d'émulation, sa « belle amie » : c'est madame de Flahaut. Le

2 avril, M. de La Fayette lui dit, avec un peu de hardiesse, qu'il est, lui Gouverneur Morris, amoureux
de madame de Beaumont : — « J'avoue, bien qu'il
n'en soit rien... » Assez souvent, il l'emmène à la
promenade ; ils ont des causeries relatives à la
poésie, à la littérature, à la politique. Le 12 novembre 1791, Gouverneur Morris donnait à dîner. Il
avait invité pour trois heures. Vinrent d'abord M. et
madame de Flahaut, puis le ministre de la marine.
Montmorin et madame de Montmorin n'arrivent
pas avant quatre heures ; et, à quatre heures et
demie seulement, madame de Beaumont que l'on
n'attendait plus et qui avait assisté à la séance de
l'assemblée. Le 4 août 1792, dans la soirée, Gouverneur Morris entre chez Montmorin : « J'y trouve
une famille profondément affligée. Tout le monde
s'attend à être massacré ce soir au château. Le
temps est très chaud. » Les plus grands malheurs
sont tout proches.

Ces petites notes ont l'intérêt de montrer un peu
la vie quotidienne de madame de Beaumont, ses
visites, ses promenades, ses causeries, sa curiosité
qui la mène à l'assemblée, le découragement qui la
saisit vers le 10 août. Cette vie semble tout à fait
innocente, avec une liberté honnête. Sans doute
Gouverneur Morris ne le dirait-il pas, s'il savait que
madame de Beaumont ne fût pas sans reproche ;
mais à peine a-t-il l'air de sourire un peu en lui
conseillant le plaisir.

Dans les brouillons d'un petit essai que Joubert
avait consacré à elle, deux passages sont à noter :
« L'amitié ne lui a pas toujours manqué, comme
avoit fait la passion. » Veut-il dire qu'un amour

l'avait déçue? ou que nul amour n'a orné sa vie?...
Elle a eu des amis et qui ne lui ont pas été infidèles
comme le fut peut-être l'objet d'une autre et plus
forte passion; mais voilà tout ce que dit Joubert.
Puis : « Tous ses malheurs n'ont pas été publics.
Elle en eut de domestiques, que tous ses amis
n'ont pas connus... » Cela, c'est l'aventure de son
mauvais mariage... « et de secrets, qu'elle a ignorés
elle-même. Une horrible calomnie, fille de la cor-
ruption, voulut... » Et Joubert n'a pas mis le mot,
qui aurait été *profaner* ou *salir*... « sa jeunesse. Mais
elle ne l'a jamais seu, et la pureté de son âme n'a
pu même le soupçonner ». Quelle calomnie? Joubert
se fût gardé de l'écrire.

Un caractère de cette société d'ancien régime
défaillant, c'est l'imprudente faveur qu'elle accordait
aux idées nouvelles, peut-être séduisantes, mais
meurtrières, et dont elle devait mourir. En 1787, le
chevalier de Pange était « démocrate ». Bientôt, avec
la jeunesse d'alors, il compta sur les États généraux pour tout arranger. Les doctrines de Condorcet
l'enchantaient et il faisait figure parmi les « amis de
l'humanité ». Ensuite il connut son erreur. Le
28 avril 1790, dans le *Journal de la société de 1789*,
André Chénier publia un *Avis aux Français sur leurs
véritables ennemis*; il y disait : « Lorsqu'une grande
nation, après avoir vieilli dans l'erreur et dans l'insouciance, lasse enfin de malheurs et d'oppression,
se réveille de cette longue léthargie, et *par une insur-
rection juste et légitime*, rentre dans ses droits et renverse l'*ordre de choses qui les violait tous*, elle ne
peut en un instant se trouver établie et calme dans
le nouvel état qui doit succéder à l'ancien. » En

1797, et malgré la leçon des faits, Adrien de Lezai étudiait, avec indulgence, les causes et les résultats de la Terreur. Il ne niait pas que les fondateurs de la république ne fussent des « hommes perdus de crimes »; mais il ajoutait : « La Révolution a fait un peuple neuf... Rome fut fondée par des brigands et Rome devint la maîtresse du monde. » Un vieux sophisme, qui se montre ici pour la première fois; nous l'avons revu depuis lors. Et Montmorin lui-même avait le souci des lumières. Non qu'il eût l'esprit audacieux; mais il subit l'ascendant de Necker, devint conciliant : et, en fin de compte, on a pu le considérer comme « un des grands véhicules de la Révolution ». Du reste, le comte Ferrand, qui le juge ainsi, ajoute : « Il perdit le monarque et la monarchie, pour qui il aurait donné sa vie. » Sous l'impulsion de Necker, il s'efforça de mettre d'accord le roi et les Etats généraux. Dans l'affaire d'Espagne, aux mois de juillet et d'août 1790, jour par jour, il communiqua ses dépêches à l'assemblée. Aussi, lors du renvoi des ministres, fut-il épargné et reçut-il les louanges compromettantes de Camille Desmoulins ; Danton l'excepta de son réquisitoire[16].

Telle est la faute des hommes qui, aux approches de la Révolution, auraient eu pour tâche normale de résister contre elle. Leur résistance eût au moins retardé les folies les plus périlleuses. On n'a pas démontré que les fameuses nécessités historiques fussent autre chose que des billevesées, quelquefois des excuses. S'ils avaient succombé à la lutte, ils ajoutaient à leur trépas un autre honneur que d'une mort dédaigneuse, élégante et inutile; et ils n'accoutumaient pas l'ennemi de l'intérieur à une trop facile victoire.

Une des plus chères amies de la jeune madame de Beaumont fut sa cousine un peu plus âgée, Anne-Marie-Louise Thomas de Domangeville. Elle était née à Paris, rue des Francs-Bourgeois, le 24 août 1762.

Jean-Baptiste-Nicolas Thomas, marquis de Domangeville, son père, venait de recevoir le grade de maréchal de camp des armées du roi. Sa mère, Pauline de Rochemonteix de la Roche Vernassal, était une Montmorin, cousine germaine de la mère de Pauline de Beaumont. Tous deux, M. de Domangeville et sa femme, moururent en 1774. Ils laissaient quatre enfants : Anne-Marie-Louise, l'aînée; puis un fils, Jean-Baptiste, qui fut lieutenant au régiment de La Marche cavalerie; un autre fils, qui fut chevalier non profès de Malte; une seconde fille enfin, née en 1768, qui épousa M. de Boinville et qui mourut à vingt et un ans.

A la mort de ses parents, Anne-Marie-Louise de Domangeville avait douze ans; on la mit au couvent. Elle avait à peine un peu plus de dix-sept ans, au mois d'octobre 1779, qu'elle épousa l'un de ses cousins germains, Antoine-Jean-François Mégret de Sérilly, lequel avait le double de son âge, étant né à Metz en 1746.

Antoine Mégret de Sérilly était fils d'un grand homme de bien qui, sous Louis XV, dans les généralités d'Auch et de Pau, fut le modèle des intendants royaux, attentif à tous les intérêts de la province, traçant des routes, encourageant le commerce et l'industrie [17]. Ces Mégret, dits les uns de Sérilly et les autres d'Etigny, avaient une excellente renommée.

Au moment de son mariage, Sérilly était adjoint et survivancier de son oncle M. de Pange comme trésorier de l'extraordinaire des guerres. M. de Pange mourut l'année suivante et le survivancier fut en possession de « la plus belle place de la finance ». Il était « bon, aimable, sensible, doué de toutes les qualités d'un galant homme, généreux, magnifique[18] ». Il habitait, rue Vieille-du-Temple, une maison superbe, où demeuraient avec lui sa mère, sœur de M. Thomas de Pange, et son frère Mégret d'Etigny, officier aux gardes françaises. Les Sérilly recevaient beaucoup une société peu nombreuse. En 1781, la jeune Ramond publie sa traduction des *Lettres de M. W. Coxe sur la Suisse* ; le père de ce jeune homme était, à la trésorerie des guerres, le collègue de Sérilly. Et les *Lettres de Coxe*, traduites et commentées par Ramond, furent par lui dédiées à madame de Sérilly comme à une Française digne de prouver « qu'il ne faut pas être Angloise pour s'occuper de choses sérieuses dans l'âge des plaisirs frivoles ». Dufort de Cheverny, introducteur des ambassadeurs sous Louis XV et qui a été l'un des familiers de la maison de la rue Vieille-du-Temple, y dînant une fois la semaine, en trace un aimable tableau : « La société n'était composée que de parents et de très peu d'amis. C'était la maison la plus respectable que j'aie connue... Cette maison, d'une aisance et d'une modestie sans égales, avait l'air du bonheur par la franchise et la loyauté qui y existaient. » Quelques « artistes fameux » fréquentaient chez les Sérilly, Houdon par exemple, qui a

fait un admirable buste de madame de Sérilly. Un
visage clair et intelligent, les yeux un peu à fleur de
tête, le nez bien marqué, la bouche un peu grande
peut-être ; mais un ovale charmant de la figure et
un noble arrangement des traits, une physionomie
à la fois bonne et moqueuse, un air de volonté souriante ; et des cheveux qui, même dans le marbre,
sont légers, souples : un large ruban les soulève sur
le front et ils retombent en longues papillotes
bouclées sur les épaules, encadrant le cou ployé...
Telle nous apparaît cette jeune femme dont la
mémoire a subi des tribulations et qui, avant de
mourir, eut assurément l'une des destinées les plus
tragiques et romanesques sans perdre jamais son
courage. En ce temps-là, toutes les destinées françaises pâtirent cruellement : je ne crois pas que
personne ait souffert davantage et avec plus de
naturelle vaillance. Elle mérite la double couronne,
sur ses cheveux légers, du malheur et de l'énergie.

Elle était grande. Elle avait les cheveux châtains,
les yeux gris, un joli air de volonté douce[19].

Les Sérilly avaient deux châteaux en Bourgogne,
entre Villeneuve et Sens, le château de Passy et le
château de Theil. Il ne reste absolument rien de
Theil. C'était un ancien château fort, entouré de
fossés et où l'on n'accédait que par trois ponts-
levis. Les Sérilly l'avaient acquis en 1739 ; Antoine
de Sérilly le fit restaurer, le fit embellir de toutes
manières et entourer de jardins charmants. Passy,
que l'on peut voir encore, en dépit des plus viles
profanations administratives, est une construction
plus étendue et qui a grand air avec simplicité.
Quatre lieues séparent les deux châteaux : Sérilly

les fit relier par une large avenue. Dans les deux châteaux, l'on accueillait la même société qu'à Paris ; l'on menait un joli train de vie ; l'on recherchait le plaisir de la chasse et de la comédie, pour quoi l'on appelait à l'occasion les comédiens du Théâtre français et, une fois, mademoiselle Contat.

Mais Sérilly, dans ses affaires, manqua de prudence et, le plus souvent, par générosité. Un sieur de Saint-Victour, qui était gouverneur de Tulle, fonda une manufacture d'armes pour laquelle il obtint privilèges et lettres patentes. La difficulté commença lorsqu'il s'agit de payer aux actionnaires leurs dividendes, les bénéfices étant nuls au bout de cinq ans. Plusieurs amis de Sérilly, Dufort de Cheverny par exemple, s'étaient mis dans cette aventure : Sérilly eut l'obligeance de leur racheter leurs parts, qui ne valaient rien et lui coûtèrent environ six cent mille livres. Bientôt après, un collègue de Sérilly à la trésorerie des guerres, M. de Boullongne, se lança dans une prodigalité absurde et, de compte à demi avec son obligeant ami, tenta des spéculations malencontreuses. Ils jouèrent à la loterie de France, « avec une combinaison sûre, en chargeant toujours les numéros ». Boullongne y succomba, Sérilly n'en sortit pas indemne.

La belle maison de la rue Vieille-du-Temple fut vendue. Il fallut s'installer dans une maison plus petite et moins somptueuse rue de Grenelle, passé les Invalides. Dufort de Cheverny atteste que Sérilly montra « un courage étonnant » et que madame de Sérilly « déploya une énergie active ». On peut le croire ; et l'on verra, dans les circonstances les plus difficiles et même atroces, tout ce que la vaillance de cette femme délicieuse était capable d'accomplir en fait de sauvetage. Elle parvint à préserver Passy, Theil et environ quatre vingt mille livres de rentes. « Vivant bien, mais très en particulier, dit Cheverny, les Sérilly ne conservèrent que leurs amis intimes... Nous dînions ensemble les mercredis quand j'étais à Paris; c'était une fondation pour moi. Là, nous parlions à cœur ouvert et nous gémissions sur les malheurs de l'Etat... »

Les Sérilly avaient quatre enfants : Armand, né le 30 novembre 1780; Aline, née le 21 janvier 1782; Amédée, né le 20 mai 1784; et Victor, né le 21 janvier 1789.

En 1791, Sérilly eut la sagesse de vendre à Montmorin le château, la terre et la seigneurie de Theil, pour sept cent trente mille livres [20] : Sérilly était sage, Montmorin ne l'était pas; tous deux auront été grands dépensiers. Dans l'été de cette année 1791, tous deux ont tort de compter sur l'avenir. A l'automne, les Sérilly quittaient le quartier du Gros-Caillou et, sans doute avec le produit de la vente de Theil, installaient pour eux et à leur guise le bel hôtel de la rue des Capucines que leur avait légué leur mère et qui fut depuis le palais de Berthier, prince de Neufchâtel [21].

Les premiers mois de l'année 1792 passèrent tant bien que mal. Les Sérilly allaient de temps en temps au théâtre [22]. Mais quand, au printemps, M. de Boinville part pour Londres, madame de Sérilly le charge d'y vendre ses dentelles. François de Pange venait souvent dîner rue des Capucines. Un peu plus tard, madame de Sérilly eut le projet d'envoyer à Londres ses deux fils aînés : Boinville se charge-

rait d'eux et les mettrait en pension. Seulement, ce
Boinville, qu'on tenait pour un démocrate, parce
qu'il avait été garde national et aide de camp de
La Fayette, ce Boinville était un étourdi un peu
fat. Il se faisait remarquer, à Londres, par son
accoutrement, ses culottes de peau si serrées qu'il
ne pouvait plier les genoux. Il avait mal géré ses
affaires et, en émigration, dépensait plus qu'il ne
devait : « le malheur, disait-on, n'a pas assez de
prise sur lui pour le corriger ». Il redouta de se
charger des enfants Sérilly : le prix de la pension
s'élevait à cinquante livres sterling. Au mois de
septembre, madame de Sérilly fait dire à ses parents
qui sont à Londres de ne pas s'attendre qu'elle leur
écrive : « on pourrait l'accuser d'entretenir des
correspondances secrètes avec l'étranger ». Elle fut
bien avisée : l'une des accusations que les sauvages
de 1794 utilisèrent pour martyriser sa cousine,
madame de La Luzerne, est de ce genre...

Puis, ce fut la Terreur.

CHAPITRE II

JOSEPH JOUBERT

QUI VA RENCONTRER PAULINE DE BEAUMONT

Joseph Joubert, qui avait passé presque deux années dans son pays natal, Montignac-sur-la-Vézère, en qualité de juge de paix, était revenu à Paris au début de janvier 1793. Il descendit à l'hôtel de Genève, rue Saint-Thomas-du-Louvre, non loin de la rue Saint-Honoré, où s'établit sa fiancée, mademoiselle Moreau, chez le citoyen Pierre-Gatien Moreau, son frère, ancien notaire. Joubert approchait de trente-neuf ans ; mademoiselle Moreau approchait de trente-sept ans. Elle n'avait pas encore dit qu'elle agréait pour fiancé Joseph Joubert : voire, elle disait que non, mais d'une façon que l'on voyait son refus motivé par le chagrin, la peur et maints scrupules tout à fait déraisonnables. Joubert eut encore à lutter contre les idées noires de cette pauvre fille, sensible, bonne et qui n'osait pas être contente.

Quelle époque, pour des fiançailles et pour l'espérance de quelque bonheur ! Les mois qui ont suivi l'exécution du roi sont parmi les plus effroyables qu'il y ait eus. L'augmentation du prix du pain amène des pillages, en février. Le terrorisme s'organise et la trahison de Dumouriez a pour conséquence une panique d'enragés qui vont user de représailles, le plus souvent préventives. Les « pauvres » sont munis de piques et formeront une armée révolutionnaire. A chaque instant, le tocsin sonne, le canon d'alarme retentit et « la voix du peuple en courroux » accompagne le battement de la générale. Le vacarme et l'agitation ne sont nulle part plus déchaînés qu'aux alentours des Tuileries, où la Convention s'est fixée, dans le voisinage de la rue Saint-Thomas-du-Louvre et de la rue Saint-Honoré. Voilà les circonstances au milieu desquelles Joubert achève de persuader sa tremblante fiancée.

Ses carnets de ce temps ne portent point la trace d'une étude qu'il ait eu le loisir ou l'entrain de mener avec suite, ou la trace d'une lecture. Il assiste aux événements, dont le désordre et la furie déconcertent l'attention philosophique. Cependant il note, au jour le jour, ses réflexions, qui ont une sérénité fort triste. Le 25 janvier 1793, il écrit : « La sagesse est la force des faibles »; et ainsi, la folie revient aux forts et la sagesse, réservée aux faibles, sera vaincue. Le 19 février : « La lumière descend et les ténèbres montent. La lumière nous vient du ciel et les ténèbres de la terre. » Et alors, les ténèbres qui montaient de la terre voilaient toute céleste lumière. Le 23 février : « Δῆμος : il est capable de vertu, mais il est incapable de sagesse. » Et il est fort; afin qu'il le soit davantage, on va lui donner des piques.

Le 2 mars, Joubert note ce diagnostic : ce siècle est « malade des nerfs ». Et, le 3 mars : « Il faut que quelque chose soit sacré. » Or, il n'y avait plus rien de sacré.

La révolution du 31 mai aboutit au coup d'état du 1er juin, qui démolit les Girondins et donne la toute puissance à la Montagne : ce qui restait de modération succombe. Et, le 7 juin, dans la maison de l'ancien notaire Moreau, par devant maître Andelle, Joseph Joubert et Adélaïde-Victoire Moreau signaient le contrat de leur mariage. Il y est dit que le ménage s'établira sans communauté de biens. Tout appartient à la future épouse, qui aura pleine et libre gestion de sa fortune. Le futur époux déclare ne posséder aucun meuble ni objet meublant pour le moment. La future épouse lui assure, au cas où elle décéderait, deux mille francs de rente, à quoi Pierre-Gatien Moreau ajoute une rente viagère de six cents livres et, ponctuellement conditionnée, une autre rente de six cent vingt-quatre livres. Les conditions de l'ancien notaire sont méticuleuses et d'un homme qui a l'entente de tout cela. Mais la merveille, c'est qu'au 7 juin 1793 on ait tenu pour assuré quelque avenir. Eh ! la vie continue, même dans l'absurdité des entours.

Joubert épousa donc mademoiselle Moreau, le 8 juin 1793[1]. Il est possible que l'abbé Emmanuel Moreau leur ait donné, dans le désastre momentané de l'Eglise, une bénédiction religieuse. Joubert entrait dans une très honnête famille, sinon fort riche, au moins fort aisée. Il suffit de le connaître pour être sûr qu'il n'a pas fait ce qu'on appelle un mariage d'argent : mais son mariage lui permet de sentir préservées son indépendance et l'apparente oisiveté de ses journées pensives.

Madame Joubert n'allait pas le mieux du monde; les médecins lui recommandaient de recourir au traitement d'une ville d'eaux. Le jeune ménage, qui n'était pas tout jeune, partit bientôt pour Plombières, où il était encore à la fin d'août.

Je ne sais si les Joubert passèrent dans les Vosges les mois de septembre et d'octobre; mais, le 2 novembre, ils sont à Villeneuve et s'y installent pour longtemps. La maison appartenait à la vieille madame Moreau, qui n'avait pas loin de quatre-vingts ans, qui n'était pas très commode et qui cachait sous des dehors un peu rudes sa véritable bonté. De seize enfants qu'elle avait eus, il lui en restait quatre seulement, la nouvelle madame Joubert et trois fils : l'ancien notaire, le plus jeune, habitait Paris ; l'abbé Emmanuel, âgé de quarante-quatre ans, était, la précédente année encore, curé du Coudrai Macoire, dans le département de Maine-et-Loire, et Louis-Cyprien, âgé de quarante-sept ans, ci-devant contrôleur des actes à Villeneuve, était veuf et avait une fille de dix-huit ans, Louise-Alexandrine, dont s'occupait madame Joubert avec une attention quasi maternelle. Joubert, dès son entrée en ménage, aura auprès de lui sa belle-mère, deux ou trois beaux-frères et une nièce : il entrera fort bien dans cette famille, étant aimable et le mieux fait pour obtenir la paix et la bonne intelligence.

Or, Villeneuve-le-Roi, devenue républicainement Villeneuve-sur-Yonne, a été, pendant la révolution, l'un des endroits un peu tranquilles où l'on pût se réfugier[2]. Lombard de Langres, un drôle de corps et qui paraît avoir navigué sans maladresse ni fierté parmi les écueils de son temps, s'y établit dès le début de 1793, sous le nom de citoyen Richebourg. Villeneuve lui plut, par sa belle rivière et ses coteaux couverts de vignes, son paysage orné de moulins, de prairies, de bois, et par son charmant vallon. Ce qu'il aima surtout, c'est de ne trouver, dans cette petite ville de quatre ou cinq mille âmes, ni un « département », ni un « district », point d'émigrés non plus. On rencontrait, sur le dos d'âne, — c'est la partie bombée de la grande rue, où les bourgeois se promenaient, en quête de nouvelles, — un vieux soldat retraité, le caporal Violette, chapeau sur l'oreille, une jambe trop longue, un bras trop court, et qui « vous eût sabré le Père Eternel s'il l'eût soupçonné d'aristocratie » : on se moquait de lui. Le limonadier, tenant billard et café, le teint couleur de betterave, ne craignait pas de houspiller le conventionnel More, natif de l'Yonne et qui venait de temps en temps. Le maire était marchand de rouennerie, brave homme un peu infatué. Il avait, parmi ses administrés, deux sortes de gens, ceux de la rivière, qui faisaient flotter vers Paris des trains de bois, et ceux des coteaux, les vignerons ; les uns et les autres gagnant leur vie et contents de leur sort. Les bourgeois étaient cossus.

Néanmoins, Villeneuve eut son club et qui fut affilié aux Jacobins de Paris. Mais il faut voir les Jacobins de Villeneuve ! Quand la révolution prit un mauvais tour, ils notifièrent que Villeneuve cessait de communiquer avec la société-mère. Après cela, comme Lyon s'était révolté, ils mandèrent aux Lyonnais qu'ils les approuvaient et qu'ils se joindraient à

l'armée insurgée quand elle marcherait sur la capi-
tale. Là-dessus, ils ferment le club. C'était hardi,
c'était imprudent. Lombard leur en fit la remontrance. Il les persuada de rouvrir le club, de crier
fort et de ne pas bouger. Mais l'injure aux Jacobins
de Paris? le pacte avec les Lyonnais? Effacez tout ça
de vos registres ; mettez des drapeaux tricolores à
vos fenêtres, coiffez vos têtes de bonnets rouges!
Lombard fut président des Jacobins de Villeneuve
et ne manqua ni de célébrer l'apothéose de Marat,
ni de commander que la croix dégringolât du clo-
cher de l'église. A l'entendre, ce n'était là que politique destinée à sauver Villeneuve, ses vignerons,
ses mariniers. Plus tard, il y eut, à Villeneuve,
d'honnêtes gens qui doutèrent de la sincérité de
Lombard et lui reprochèrent d'avoir avili, à force de
précautions, la petite ville sans peur. Une fois le
péril passé, l'on regrette les fanfaronnades qu'on n'a
pas suivies.

Ni les Moreau ni Joubert, non plus que son frère
qui semble avoir passé quelque temps à Villeneuve
en 1794, ne se mêlaient de politique, n'étaient
membres de la municipalité, n'appartenaient au
club. Et Joseph Joubert plus que nul autre, on peut
être sûr qu'il ne cherchait que l'existence la plus
retirée. Il entendait malgré lui les braillards et notait :
« Leur langue trompe leur oreille, et leur oreille
leur esprit. Le pathétique de leurs voix, en déplo-
rant des malheurs feints, leur cause des douleurs
réelles. » Et : « On entend dans leurs paroles le tinte-
ment de leurs cerveaux. » Il se tenait le plus volontiers à l'écart. Sa maison de la rue du Pont n'était
pas loin de la rivière ; il allait la regarder et, guettant

le moment où il n'y avait ni trains de bois ni bateaux, il aimait « une rivière oiseuse et qui ne porte rien ». Il rêvait aux événements dont il souhaitait d'éviter le contact. Il épiloguait sur les fatalités d'une révolution : « Lorsque, dans une nation, les pauvres et les riches, les ignorans et les scavans, les villages et les villes, n'ont pas les mêmes croyances, il faut nécessairement qu'il se fasse un changement dans les opinions des villages, des ignorans et des pauvres. » Mais un changement ne doit pas bouleverser toutes choses : « Imitez le temps. Il détruit tout avec lenteur. Il mine, il use, il déracine, il détache et il n'arrache pas. » Il écrivait, avec beaucoup de désespoir sans doute : « Repos aux bons, paix aux tranquilles ! » Mais, pour calmer la frénésie environnante, que faisait-il ? Rien. Il avait vu, à Montignac, pendant les derniers temps de sa difficile magistrature, l'impossibilité de résister à la fureur ; et les premiers jours de son arrivée à Villeneuve, il écrivait : « L'huile coulant sur le marbre [offre] l'image d'un caractère impénétrable aux douceurs de la persuasion. » Il gardait son huile.

La petite rue du Pont va de la place de l'église à la rivière. La maison des Moreau, une bonne maison ; deux corps de logis : l'un, le principal, sur la rue, et l'autre derrière un espace libre, moitié cour et moitié jardin. La cuisine, le cellier, le pressoir formaient, à droite, la liaison. Les Moreau habitaient sur la rue ; les Joubert avaient dans l'autre corps de logis leurs appartements, simples et commodes. Ils occupaient, dans une seule chambre, deux lits, le plus grand pour M. Joubert. Il y avait là du silence.

Joubert aima cette retraite et s'y confina et, dès

lors, changea de société. C'est fini pour lui de ces gens de lettres qui foisonnaient à la veille de la révolution, qui maintenant s'y trémoussent, qu'il a beaucoup fréquentés, souvent à son dam, et qu'il n'a plus envie de revoir.

Où sont-ils, ses anciens amis ou camarades de Paris ? Le chevalier de Langeac n'est pas révolutionnaire ; cependant il n'a pas émigré. Il essaye de concilier ses opinions et la prudence : il se cache ; il est complètement ruiné. Murville, lui, se cache dans l'armée : il s'est engagé ; il a le grade de sergent major au 2ᵉ bataillon de Paris. La Harpe se cache derrière des opinions très voyantes. Il assiste, en 1792, à l'ouverture des cours du Lycée, le bonnet rouge sur la tête, et il s'écrie : « Ce bonnet me pénètre et enflamme mon cerveau ! » En 1793, il donne au *Mercure* des articles très ardents ; mais il lui arrive de critiquer Robespierre et, au mois de septembre, il est incarcéré au Luxembourg.

Ceux qui étaient un peu absurdes, la Révolution les rend fols. Ou bien les effare et leur communique la demi-sagesse de la peur. François Marlin, qui en 1792 flétrissait « les augures sacrés et le gouvernement des rois », la Terreur lui fait apprécier le calme d'une petite ville où chaque citoyen vit en paix avec son voisin. Restif l'appelle « patriote par crainte et aristocrate par secrète inclination » : mais oui !

Et lui, Restif ? On aurait pu s'attendre que la Révolution fût, pour ce fabuleux bonhomme, une époque délicieuse. Une époque de désordre : et n'est-ce pas ce qu'il aime ? Une époque d'innovation : n'est-il pas grand improvisateur ? L'on vous refait la société de fond en comble à chaque instant : c'est la besogne à laquelle Restif a bénévolement passé ses plus beaux jours. Enfin, cette révolution n'offre-t-elle point au Spectateur nocturne un spectacle sans pareil ?... Seulement, il a le trac. Il n'ose guère s'aventurer dans Paris. Telle est sa terreur qu'il en devient terroriste. Et, curieux, il l'est, plus que jamais : curieux et pusillanime ; sa pusillanimité gêne sa curiosité. Garde national, il est de service le jour de l'exécution du roi, la pique à la main. Sa pâleur et son tremblement font que son capitaine le renvoie, en lui disant : « Vous êtes infirme, allez vous reposer ! » Mais, pour sa revanche, il met en épigraphe au tome XVI de ses *Nuits de Paris* : « Je ne m'apitoie pas sur un roi. Que les rois plaignent les rois. Je n'ai rien de commun avec ces gens-là ! » Puis, la Révolution lui change très mal son cher Paris, « la plus voluptueuse des villes de l'univers », où la fureur est désobligeante. Il déteste la foule, si dangereuse. Principalement, il n'a plus le sou et n'arrive point à gagner sa vie.

Et sa pauvre femme ? Elle vit à demi séparée de lui, dans la misère plus encore que lui. Le 30 septembre 1792, elle écrit à Pétion, maire de Paris[3] ; la dureté des temps, ses malheurs domestiques l'obligent à cette démarche. On crée des écoles publiques : elle y voudrait devenir institutrice ; elle serait « très propre pour montrer à lire, ainsi qu'à travailler et pour tout ce qui est du ressort des femmes ». Sur un coin de cette pauvre supplique, le maire de Paris écrit sans barguigner : « Nous n'avons aucune place à notre disposition qui puisse

occuper utilement les talents de madame Restif. »
C'est la réponse que reçut la suppliante. L'année
suivante, je ne sais pas comment elle vécut; mais
elle demanda et obtint son divorce. Joubert ne dut
pas être au courant de ces tristesses. Il ne voyait
madame Restif depuis longtemps, pas plus qu'il ne
voyait ni Restif ou Marlin, ni les autres.

Le seul ami d'autrefois qu'il ait gardé, ce fut
l'étonnant Fontanes. Et celui-là, que devient-il?

Au mois d'octobre 1792, il a épousé Chantal
Cathelin; et il est resté à Lyon les mois suivants,
plutôt que de retourner à Paris où il ne possède
rien, plutôt que d'y installer son ménage dans les
terribles conjonctures de l'époque. Chantal eut
quelques plaisirs. Et, puisqu'elle avait désiré de
connaître le monde de la littérature, elle fut satis-
faite. Un salon très littéraire s'ouvrit à elle. Fanny
de Beauharnais, toquée bien séduisante, qui revenait d'Italie où elle avait voyagé avec son chevalier
de Cubières, et puis elle avait rompu avec lui,
s'était fixée à Lyon, en compagnie d'un seigneur
polonais. Fanny réunit une cour de beaux esprits,
les membres de l'académie lyonnaise, et Fontanes,
qu'elle retrouvait agréablement. Fanny n'était plus
très jeune; mais elle gardait sa beauté, qui ne fut
jamais toute naturelle, et son aménité, la liberté de
ses allures élégantes, sa grâce qui lui valait encore
des adorateurs.

Chantal était une artiste; elle avait une belle voix
et, jeune fille, n'attendait que d'épouser un poète
pour raffoler de poésie. Ne doutons pas qu'elle
n'ait accompagné Fontanes chez Fanny. Et, si elle
éprouva quelque timidité, je n'en suis pas sûr; si

elle s'étonna de voir Fontanes très familier probablement auprès de la jolie dame, elle ne fut point assez modeste pour s'en alarmer; si elle en souffrit un peu, c'est qu'une fine jalousie orne discrètement l'amour et ne l'offense pas. Chantal veillait sur son bonheur avec adresse. Mais survinrent des événements formidables et qui dépassaient horriblement sa plus ingénieuse initiative : des événements d'histoire; et l'histoire n'est pas entre les mains d'une gentille femme.

Fontanes avait la réputation d'un aristocrate. Il essaya de ne point afficher ses opinions et on le vit, chez Fanny, en habit de grenadier national.

Depuis le mois de février 1793, les troubles avaient commencé à Lyon et bientôt soulevèrent un vif mouvement contre la tyrannie conventionnelle. Les émeutes succédaient aux émeutes; le 29 mai, les modérés et les royalistes s'emparaient de la municipalité. La Convention résolut de traiter Lyon comme une ville rebelle. L'armée y fut envoyée et, le 9 août, mit le siège. Le bombardement préluda le 22 août, dura deux mois et fit des ravages. Les troupes entrèrent à Lyon le 9 octobre. La Convention décréta que la ville serait démolie : Couthon, puis Collot d'Herbois y furent abominables. Et Fontanes, dans tout cela?

Quand il fut mort, comte de l'Empire et marquis de la Restauration, grand personnage et malin bénéficiaire de toutes parts, la chanoinesse Christine de Fontanes, sa fille, organisa très adroitement sa renommée. Elle inspira les biographes et réussit à se rendre docile Sainte-Beuve, en lui passant des documents qu'elle avait triés, choisis, préparés.

Sainte-Beuve et aussi le bonhomme Roger, fameux royaliste, rédigèrent deux notices, où l'on voit M. de Fontanes subir avec beaucoup de courage le siège et la férocité des soldats de la Convention ; puis il s'échappe, rentre à Paris en novembre, tout juste à point pour composer le périlleux discours et si habile qu'un Lyonnais, nommé Changeux, prononce devant la Convention, le 20 décembre : et Collot d'Herbois arrive le lendemain, Changeux est arrêté, Fontanes l'a échappé belle.

Ce récit, que Sainte-Beuve et Roger devaient à la chanoinesse, aurait agréé à Fontanes. Il est conforme au récit que lui-même a fait imprimer, le 2 septembre 1797, dans le *Mémorial*. Il raconte qu'il était là ! « Je me souviens, dit-il...; je me rappellerai toute ma vie... j'ai vu... j'étais témoin de toutes ces horreurs... » Etc. Le 2 septembre 1797 (16 fructidor an V), il paraissait opportun d'avoir été la victime des terroristes : deux jours plus tard, ce n'était plus la même chose. Et Fontanes s'est vanté ; car il a toujours été un grand hâbleur que le soin de la vérité ne gêne pas.

Les deux frères Albert et Adrien de Lezai Marnesia étaient à Paris au début de 1793. Ils rencontrèrent la vicomtesse de Beauharnais, — c'est Joséphine, — et Fontanes. Voici ce que raconte Albert de Lezai. Joséphine manquait d'argent, au point qu'elle laissait parfois ses deux enfants, le petit Eugène et la petite Hortense, baguenauder à la porte de sa maison : ils « offraient aux passants des bagatelles de toutes sortes à acheter et en rapportaient triomphalement le prix à leur mère ». Ce commerce enfantin lui donna l'idée d'une entreprise

plus importante. Elle apprit que certains articles
de Paris étaient fort recherchés en Belgique et
pouvaient s'y vendre avantageusement. Elle résolut
de « composer une petite pacotille ». Il fallait un
capital : on le trouva ; l'on réunit douze louis, dont
Joséphine fournit la plus grosse part, et Fontanes
un louis. Joséphine acheta les objets sur lesquels
se fondait l'espérance d'une spéculation magnifique
et Lezai partit pour la Belgique afin de négocier.
Mais il se fit voler et, avant le 31 mai, revint à
Paris sans le sou[4]. Fontanes était donc à Paris, au
commencement de l'année 1793, et non pas à Lyon?

Grimod de La Reynière, étant alors à Béziers,
écrit à son mari M. Morel de Robiou, le 26 août
de cette année 1793 ; il répond à une lettre de son
ami, un Lyonnais et qui lui a donné des nouvelles
de Lyon : « Pour en revenir à madame de Beauharnais et à M. de Fontanes, vous scavez ce qui les
a fait partir si brusquement pour Paris? Je pense
que la première, n'étant pas domiciliée à Lyon, a
été priée d'en sortir par le décret qui ne donne aux
étrangers que vingt-quatre heures pour quitter cette
ville... Mais, quant à Fontanes, je ne vois pas qu'il
eût les mêmes raisons. C'est sans doute pour se
mettre à l'abri de la bagarre qu'il a pris ce parti... »
On le voit, Grimod ne parle que de la bagarre et non
du siège de la ville par les armées de la république :
Fontanes aurait donc quitté Lyon dès avant le siège,
dans l'agitation des semaines précédentes... « Mais,
comme un autre Enée, il y a laissé sa femme. Cette
dame est-elle accouchée?... Savez-vous où loge
M. de Fontanes à Paris?... » Voilà un témoignage
très précis : Fontanes a quitté Lyon pour Paris

avant le siège. Il est parti avec Fanny de Beauharnais et il a laissé à Lyon sa femme qui était sur le
point d'accoucher.

Pourquoi est-il venu à Paris? C'est à lui que
nous allons le demander; et il nous le dira, sans
le vouloir. On lit, dans son article du *Mémorial* :
« Paris, théâtre de tant d'horreurs, étoit pourtant
un lieu de repos en comparaison des autres cités...
Il étoit possible au malheur de se ménager des
appuis secrets dans la Convention, quand il habitoit
auprès d'elle, et d'y recevoir des avis salutaires à
l'approche du danger... » Mais en province, à Lyon?
« La tyrannie étoit partout et les solitudes les plus
profondes ne pouvoient vous y soustraire. Tous ses
yeux vous atteignoient jusque dans le secret de vos
familles ; tous ses bras étoient levés quand vous
tentiez de prendre la fuite. Les délateurs, les juges
et les bourreaux étoient placés à la porte de chaque
citoyen... » Voilà pourquoi Fontanes a préféré
Paris à Lyon pour y passer les pires jours de
1793. Il dit que, lorsqu'il est arrivé à Paris, il se
trouva presque heureux ; il le dit pour le mois
de novembre : il faut le croire pour le mois
d'avril[5].

Après cela, on pourrait encore supposer que
Fontanes, ayant passé le printemps à Paris, alla
retrouver sa femme à Lyon lors du siège. On ferait
cette supposition pour mettre d'accord les dires de
Fontanes et la vérité. Mais il faudrait imaginer que
l'on circulait librement de Paris à Lyon, durant
l'été de 1793; et ce n'est pas du tout le cas.

En outre, le 17 octobre, Fontanes était à Paris et
n'y était pas récemment. Ce jour-là, en effet, le

comité de la section dite de Brutus est chargé par les administrateurs de la police — lesquels ont fait subir au citoyen Fontanes un interrogatoire et n'ont pas trouvé ses réponses bien rassurantes — de « prendre ledit Fontanes en surveillance, et même de préposer un citoïen à sa garde ». Le comité de la section de Brutus, « considérant que le citoïen Fontanes n'a jamais donné lieu à aucune suspixion, que pendant toute la révolution il ne s'est montré dans cette section que comme bon citoïen », déclare qu'il ne prendra pas Fontanes sous une surveillance plus particulière que les autres citoyens [6].

Or, parmi les souvenirs que Fontanes, en 1797, prétend garder de la terreur lyonnaise, les plus remarquables, à le croire, sont postérieurs à la reddition de la ville. Il parle de Collot d'Herbois. Il dit que « les premiers destructeurs de Lyon étaient des hommes de paix en comparaison de ceux qui les suivirent » ; il dit qu'il les a vus à l'œuvre, ces derniers, les Collot d'Herbois et les collègues de ce monstre. Il ne les a pas vus : la seconde série des conventionnels qui ont démoli une partie de Lyon n'est point arrivée dans cette ville avant le départ d'un Fontanes qui est à Paris, depuis quelques jours au moins, le 17 octobre. Il ne dit pas la vérité : il ne mérite aucune créance. Les trois témoignages d'Albert de Lezai, de Grimod de la Reynière et de la section de Brutus concordent assez bien pour qu'on soit assuré que Fontanes, s'étant échappé de Lyon, où il laissait sa femme grosse, est venu à Paris vers le mois d'avril et y a passé toute l'année, se tirant d'affaire comme il pouvait, vivant bien avec sa section et donnant des gages de patriotisme, jusqu'aux derniers jours de décembre. C'était, ce Fontanes, un grand farceur et diseur de contre-vérités opportunes.

Fontanes qui s'en va et qui emmène Fanny : je ne sais si Chantal aima cette compagnie. Mais la véritable tristesse était le départ de Fontanes et, en telles conjonctures, le chagrin domine les ennuis. Fontanes, qui déteste la bagarre, omit de n'y point laisser sa femme. Pauvre petite ! Elle n'était pas transportable et n'eut qu'à rester, sous la garde vigilante de Claudine, sa mère, et de l'abbé de Vitry, son oncle. Le siège, les meurtres, les incendies, les ruines : Fontanes est parti au bon moment ; mais, Chantal, que de souffrances ! Elle eut sa maison brûlée ; elle dut se sauver. Elle accoucha « au milieu des vignes » ou, peut-être « dans une grange » : les vignes sont de Roger, la grange est de Sainte-Beuve. L'enfant, une fille, reçut le prénom d'Imberthe, à cause d'Imberthe Ferrier, veuve Rouget de Lisle, sa tante. Et voilà Chantal maman pour la première fois, dans les plus tristes conditions, loin de son mari, tourmentée des périls auxquels il est exposé, elle accablée de malheurs, sans domicile et ruinée. Quelle réalité différente des rêves que ses fiançailles lui avaient tissés de joie et d'amour !

Fontanes, tiré d'affaire le 17 octobre par le certificat de Brutus, est-il sauvé ? Une circonstance le révéla. Collot d'Herbois, à Lyon, faisait rage. La pauvre ville, à bout de souffrance, résolut d'envoyer à la Convention quatre messagers qui dénonceraient les cruautés, affirmeraient le loyalisme nouveau des Lyonnais, leur repentir et leur désir d'être délivrés d'une tyrannie atroce. Les quatre messagers, à Paris, allèrent trouver Fontanes et le prièrent de

leur composer leur discours[7]. Il accepta et, selon la
méthode de Lysias, écrivit une belle harangue, telle
pourtant que l'auraient pu, avec du talent, concevoir
eux-mêmes les messagers de Lyon. Il réunit l'énergie
et l'humilité ; il eut soin d'amadouer les conventionnels
avant de les mettre en présence des faits scandaleux.
Il ne lut pas lui-même sa supplique à la
Convention : ce fut l'un des quatre Lyonnais, Changeux,
« qui eut le courage de la lire ». Fontanes,
qui lui rend ce témoignage, éprouve aussi le désir
d'expliquer son abstention : « Changeux, dit-il, était
« né d'une classe qui ne pouvoit le rendre suspect ».
Hélas ! La supplique eut, le 20 décembre, à la Convention,
le plus vif succès. Malheureusement, Collot
d'Herbois, averti de ce qui se tramait, se dépêcha
d'arriver. Il prit la parole dès le lendemain et eut
vite fait de retourner la Convention. Le brave Changeux,
né d'une classe qui n'aurait pas dû le rendre
suspect, fut arrêté : il est resté seize mois en prison.
La Convention, dit Fontanes, « ordonna la recherche
de tous les Lyonnais réfugiés à Paris ; il fut question
de mettre hors la loi celui qui avait fait et ceux qui
avaient lu l'adresse ». Voilà ce que dit Fontanes, le
2 septembre 1797 ; et il ajoute : « Quand les sicaires
de la tyrannie entreront chez l'écrivain courageux
qui la dénonce, ils le trouveront occupé, jusqu'au
dernier moment, à retracer les forfaits de ces hommes
exécrables que n'ont pu satisfaire encore les ruines
de Lyon et de tant d'autres cités », etc. Deux jours
plus tard, le 18 fructidor an V, les sicaires de la
tyrannie ne trouvaient pas chez lui l'écrivain courageux :
il s'était sauvé. Pareillement, au mois de
décembre 1793, Fontanes ayant été signalé par un

ami de sa jeunesse, lâche ou imprudent, Garat, comme l'auteur de la supplique, l'écrivain courageux s'était esquivé avant que ne pussent le cueillir les sicaires de la tyrannie. Certes il a bien fait de se sauver. Seulement, il avait trop d'éloquence, et fanfaronne, pour ce qu'il avait de courage. Il quitta Paris et alla se réfugier aux Andelys, chez de vieux amis très sûrs, les Flavigny. Madame Fontanes, son petit enfant, sa mère et l'oncle de Vitry s'étaient cachés à peu de distance de Lyon, dans un coin de campagne qui leur offrait quelque sécurité.

Cependant, Joubert, à Villeneuve, était assez tranquille, par la demi-sagesse environnante et surtout par le soin de se tenir à l'écart. Il songeait que le malheur du temps résultait de « l'amour de la nouveauté : l'on s'ennuyait du bon ordre » ; quelle folie ! Dans sa quiétude, il rêva de réunir auprès de lui ses pauvres amis Fontanes. Il tolérait mal une espèce de félicité qu'il ne partageait pas. Le 3 février 1794, il écrit à l'abbé de Vitry : « Citoyen, vous avez de l'âge, vous avez vu beaucoup d'années, vous perdîtes beaucoup d'amis. Je n'oserois être le vôtre : trop de respect me l'interdit. Mais j'aurai bientôt quarante ans, et j'ai le droit de vous chérir. Si vous devenez mon voisin, il y aura près de vous un homme que flattera votre commerce, qu'occupera votre repos. J'ai désiré de vous le dire ; puissiez-vous aimer à l'apprendre... » Il a découvert, non loin de chez lui, un petit presbytère où il voudrait loger le bonhomme. Ce petit presbytère a une cour en terrasse sur la rivière, un jardin qui donne sur la campagne, un appartement clos entre bibliothèque et cuisine ; et il y aurait un piano... « Je suis fort affairé à distribuër tous ces biens et me dis souvent en rêvant, dans mes oiseuses promenades : cette campagne est pour Fontanes, le *forte-piano* pour Chantal. La chambre close est pour sa mère : la cour pour la petite fille, le jardin pour le bon parent. Que tout cela n'est-il à moi et que ne veut-on nous le revendre ce soir ! Demain vous l'appelleriez vôtre ! » Quatre jours après, Joubert écrivait à Chantal. Il offrait, mon Dieu, tout ce qu'il avait : le *forte-piano*, qui d'ailleurs appartenait à sa nièce, deux estampes et la moitié d'un pain de sucre : « Venez jouir de ces thrésors ; je puis en disposer en maître et vous les offre de bon cœur... » Il a cherché, dans tout le voisinage, une cabane où loger ses amis. Il en aurait acheté une : « moi qui hais la propriété ! » mais il n'a rien trouvé. Il a en vue une « chaumière ». Ce n'est pas magnifique : et encore faut-il qu'on se dépêche, tant les réfugiés de de Paris se disputent le moindre abri. Cette chaumière : « une maison de curé au pied d'un pont ». Mais on a devant les yeux une rivière, des bateaux qui passent, la plaine, les vignobles : « le site vaut mieux que le lieu ». Madame Cathelin aurait « une alcôve, un cabinet et de la vue » ; le ménage, une grande chambre ; le bon parent, une chambre. « Armez-vous donc d'un grand courage et, si vous êtes résolue à ne pas vous trouver à plaindre lorsque vous serez mal logée, préparez vite le chausson où vous mettrez vos équipages et tenez-vous prête à partir quand le signal sera donné. Vous trouverez en débarquant un homme qui vous recevra avec un respect bien profond et une affection bien tendre... » Après avoir, en post-scriptum, affirmé encore, et de la façon la plus char-

mante, son amitié, Joubert présente ainsi madame
Joubert à madame Fontanes qui ne la . connaît
pas : « J'ai une compagne qui pense comme moi
sur votre compte. Cela me fait un grand plaisir.
Elle avoit (comme je l'ai écrit à F°°) *retiré tous ses
sentimens de la société pour les renfermer dans sa
chambre*. Ils en sont tous sortis à la nouvelle de vos
désastres et ne cessent d'errer sur les ruines de vos
maisons. Je lui connus du mérite et des agrémens ;
elle a perdu ses agrémens, mais elle a gardé son
mérite. Il se montre tout entier à mes regards dans
cette grande circonstance. Tout son regret est de ne
pouvoir vous être bonne à rien personnellement.
Comme l'alouette de la fable, après avoir trop tardé
à se rendre mère, elle est prête à le devenir et à
peine a-t-elle la force de suffire à faire son nid... »
Joubert est drôle ; il a une manière qui lui donne
l'air de plaisanter. Ce n'est pas cela : touchant les
malheurs des Fontanes et la santé de madame Joubert, eût-il plaisanté? Seulement, il s'applique à
dire l'exacte vérité, sans rien ôter de ce qui peut surprendre ou même paraître hardi ; et il s'applique
pareillement à garder la plus délicate politesse. Il ose
tout dire ; et, son courage, c'est de tout dire, aussi
complètement qu'on le dirait avec effronterie, mais
lui le dira comme si c'était la plus jolie chose du
monde. Cette recherche aboutit à des effets qui ont
un peu les apparences de l'ironie ; et son subtil travail, qui l'amuse, est amusant.

Chantal répondit à Joubert le 16 février. Chantal
n'écrit pas comme Joubert ; voire, elle n'écrit pas
comme la gaie fiancée, un peu folle, d'autrefois :
de telles souffrances sont venues lui accabler son

allégresse ! Elle adresse sa lettre « au citoyen Joubert, à Villeneuve le peuple ». Et Villeneuve ne s'est jamais appelée ainsi ; mais, à tout hasard, depuis que Lyon martyrisé s'appelle Ville affranchie, Chantal ne croit pas mal faire en substituant au Roi le Peuple. Puis, la date révolutionnaire du 28 pluviôse, elle l'encadre de ces mots tutélaires : « Liberté, Égalité ». Elle écrit : « Vos lettres sont toujours charmantes. Elles me font renaître... » Ce qui l'étonne est de retrouver, après le bouleversement, un Joubert qui n'a point changé, qui est le même, avec sa gentillesse d'autrefois... « Hélas ! si j'étais moins accablée par le malheur, je vous dirais aussi des choses aimables ; mais je ne suis plus qu'une créature triste, maussade, et même stupide... Bon Dieu, bon Dieu, où sont-ils, les instans que nous avons passés près de vous ? Tous les jours je me les rappelle et tous les jours je les regrette. J'espère pourtant vous embrasser bientôt, embrasser F [ontanes]. Je veux recevoir de vous une seconde bénédiction nuptiale. J'oublierai à Villeneuve toutes mes infortunes et j'y ferai ma paix avec le bonheur... » Elle ne peut partir encore : des affaires veulent qu'elle retourne à Ville affranchie. Ensuite elle partira, ainsi que sa mère et l'abbé de Vitry ; et Fontanes, de son côté. Ils se retrouveront à Villeneuve, pour quelques jours. Après cela, ils iront, croit-elle, s'établir « dans une petite campagne à quatre lieues de Paris » où Fontanes a trouvé un appartement tout meublé. Puis : « Je vous fais compliment, vous allez être père. Que votre enfant au moins soit plus heureux en naissant que ma pauvre petite Imberthe, qui n'est en vie que par le plus

grand des miracles ! Elle ressemble parfaitement
à son père : elle est déjà aussi vive, aussi *colère* que
lui. Pourtant, si elle a son bon cœur, je la trouverai
parfaite... » Voilà Fontanes : colère et bon cœur ;
aimable, en somme, et Chantal veut bien le trouver
parfait. Mais elle est triste, et plus triste encore si
elle se rappelle sa gaieté ancienne : Villeneuve en
1788, avant les fiançailles ; Villeneuve où M. Joubert eut la fantaisie de faire manger à Claudine et à
Chantal — imagination qui dut l'enchanter — des
roses frites. Et Chantal : « Tout était rose alors ; il
ne nous reste que les épines... » Quant au *forte-*
piano, « grand merci ; depuis des siècles je n'en
joue plus, par une bonne raison, c'est que les deux
miens sont grillés ». Elle ne fait plus de musique :
elle se fait des chemises ; bientôt elle en aura qua-
torze, quel succès ! et « vous jugez bien qu'alors je
n'aurai pas assez d'un *chausson* pour contenir mes
hardes ». Bonne petite femme, courageuse et qui,
renonçant à la frivolité de naguère, s'est mise à la
besogne avec entrain[8] !

Cette petite campagne auprès de Paris, où Chantal
dit que Fontanes a trouvé un appartement meublé,
c'est Sevran, à côté de Livry. Bonne idée, mais une
idée audacieuse ! Fontanes, qui a de la désinvolture,
s'établit — et il établit sa femme et sa fille, sa belle-
mère et l'oncle de Vitry — chez son ancienne maîtresse la poétesse Adélaïde Dufrenoy. La Révolution
avait ruiné le mari, en supprimant son office de procureur au Châtelet. Le moment vint où les ci-devant
procureurs au Châtelet, n'étant pas du tout popu-
laires, ne furent pas en sûreté à Paris. Les Dufrenoy se retirèrent dans le village de Sevran. Adélaïde,

au temps de ses amours avec Fontanes, et quand
elle avait déjà raison de redouter une rivale, com-
posa une charmante élégie où elle disait à l'infidèle :

> Vous vanterez celle qui sait vous plaire
> Sans que mon cœur en paraisse jaloux ;
> Je la verrai sans montrer de colère.

Donc, elle reçut Chantal et ne montra point de
colère. Chantal ne sut rien. Mais Fontanes, qui
savait tout, cet arrangement lui plaisait-il? Je crains
que oui. Adélaïde, qui reçoit chez elle, et chez son
mari, son ancien amant, ne la jugeons pas avec
sévérité. Elle était brave et risquait sa vie. Non
qu'elle eût rien à craindre de M. Dufrenoy, qui ne
fut jamais jaloux, ni même clairvoyant. Mais il y
avait tout à redouter de la Révolution. Les Lyonnais
rescapés étaient soumis à une étroite surveillance.
Le 4 thermidor an II, 23 juillet 1794, un misérable
Cordier, qui n'est pas autrement célèbre, dénonçait
au comité révolutionnaire de l'Observatoire, les
réfugiés de Sevran : « Citoyen, j'ay apris qu'il y
avait à Sevran un refuge de Lionnais, dont un ex-
jésuite ché un nommé Dufrenois cy devant procureur qui, dit-on, mène la commune ainsy que sa
femme qui influence beaucoup sur l'esprit de ses
habitants... Ce Dufrenois passe pour être en pension
ché sa femme, ce qui donne des soubsons aux
patriottes⁹... » L'ex-jésuite, c'est l'abbé de Vitry :
Fontanes a bel et bien amené chez Adélaïde toute la
famille.

Tels furent les commencements du ménage Fontanes, terriblement durs à cause de l'époque, et très

bizarres à cause de Fontanes qui est, en sa jeunesse, un drôle de garçon. Plus tard, quand l'intrigue, où il excelle, lui aura valu tous les honneurs, les places les plus avantageuses, les titres, la fortune, ce drôle de garçon deviendra le type du personnage officiel, tout chamarré, fort engoncé. Songera-t-il à sa jeunesse? Non sans rire, dans sa haute cravate, parmi les broderies de son col tout en or! Madame de Fontanes, alors, fera très digne et noble figure. Provisoirement, elle a maints sujets de mélancolie, et puis un grand chagrin par-dessus d'autres : la petite Imberthe, née dans les décombres et qu'on élevait par miracle, prit la petite vérole et mourut au mois de novembre.

Dans sa lettre à madame de Fontanes, le 16 février, Joubert disait que madame Joubert, comme l'alouette de la fable, avait tardé à être mère et s'apprêtait à le devenir. De la fin de mars au milieu d'avril 1794, il a composé une sorte de journal de son émoi en ce temps-là. Ce journal est d'une telle grâce qu'il faut le transcrire : « *Fin de mars* : les hirondelles. *8 avril, mardi* : mon fils est né dans la nuit du 8 au 9, à deux heures et un quart après minuit. Qu'il se souvienne un jour des douleurs de sa mère! *Le 9, mercredi* : on a donné ses noms à l'enfant. C'est la sage-femme qui l'a nommé, auprès du feu, à trois heures après-midi. On l'a nommé Victor-Joseph, du nom de sa mère et du mien. Le même jour, j'ai entendu le rossignol. *Le 10, jeudi* : on a présenté l'enfant aux hommes publics et on a fait constater authentiquement son existence. Au retour de cette cérémonie, il a été porté chez les amis et les voisins curieux de le voir. Tous sans doute lui ont souhaité des jours heureux. Qu'il soit bienveillant à son tour et s'intéresse au bien des autres ! *11, vendredi* : J'ai pensé à mon propre bonheur, à l'état de calme et de paix de l'âme et du corps de la mère, à la bonne et décente conformation de l'enfant, qui est un bien inappréciable. Quoique né d'une mère faible... » Joubert avait commencé d'écrire et il a barré : *et dont la grossesse a été pénible...* « il est fort assés. Sa constitution est saine. On l'eût levé de terre à Lacédémone. Après tant de craintes au sujet de l'un et de l'autre, craintes si heureusement démenties, je me suis dit : *Réjouïs-toi.* J'ai gardé la maison et me suis promené dans le petit jardin, pour me recueillir dans ma joie. Accouchement ne fut jamais plus heureux, ni allaitement moins difficile. L'enfant ne paroît pas méchant. *Le 12, samedi* : L'oiseau gris, dans les bois de Chaumot... » Car Joubert est pourtant sorti ; et il a fait une belle promenade : les bois de Chaumot sont à une lieue et demie à l'ouest de Villeneuve... « *Le 14, lundi* : La mère s'est levée. Sa maigreur est bien grande. L'enfant se nourrissoit de sa substance tout le temps qu'elle l'a porté. Il a, ce jour-là, ouvert les yeux plus, et plus longtemps, qu'à l'ordinaire. Il a même semblé sourire lorsque sa tante l'agaçoit... » Joubert allait continuer son journal ; et il avait inscrit la prochaine date du mardi 15 : il barre cette date. Il abandonne son journal ; il le retrouve le 27 et le conclut par ces mots : « la nature y suffit ». C'est à-dire que, dans l'aventure si alarmante d'une naissance, le péril passe comme il était venu.

Ce journal, avec une simplicité finement ingénue, montre Joubert, sa vérité, sa gentille naïveté, sa justesse d'âme. Il a cherché les mots qui font le moins de bruit ; et il les a, pour ainsi dire, enveloppés encore. On le voit comme il était, content, un peu craintif et qui ose à peine bouger. Il a noté les coïncidences plaisantes des hirondelles qui sont revenues pour la naissance de l'enfant, du rossignol qu'il a entendu la même nuit que naissait l'enfant. Il a mêlé à son tourment et à sa joie les sentiments de bonté, de bienveillance, qui sont la douceur de la vie. Et il n'a oublié ni les voisins, ni la bonne femme qui a nommé l'enfant, ni le mot de bonheur qui devait être prononcé en de tels jours. Il n'a point parlé de Dieu, mais seulement de la nature. Il est encore philosophe, mais attendri.

Après thermidor et pendant les semaines d'une détente où il sembla qu'on allait revivre, Joubert fit un petit séjour à Paris, sans doute aussi à Sevran pour y voir ses amis Fontanes [10]. Ce dut être à la fin d'août et les premiers jours de septembre.

A la faveur de thermidor, les Fontanes purent quitter le refuge que madame Dufrenoy leur avait procuré. Ils vinrent s'établir à Paris et demeurèrent, près de Saint-Roch, rue de la Sourdière, où demeurait Fontanes avant son mariage. La vie était dure. Sous le règne de Robespierre, on avait grand peine à survivre : maintenant, on a grand peine à se nourrir, tant les prix augmentent. Fontanes écrit à Joubert : « Ceux qui n'ont pas des montagnes de papier ou de l'or en rouleau ne peuvent plus vivre. J'ai cru dès longtemps que le mal avait atteint son dernier période ; mais il redouble de jour en jour et nous approchons du temps où il faudra cinquante mille francs pour dîner, comme en Amérique... »

Fontanes, qui a toute une famille à nourrir, et qui est gros mangeur, se désespère. Il conjecture qu'à Villeneuve on a de meilleures facilités. « En conséquence, écrit-il à Joubert, j'attends de votre amitié et je vous supplie, au nom de ma femme, de vouloir bien m'acheter dans vos cantons 40 ou 50 livres de beurre fondu, des œufs en quantité raisonnable, quelques pots de résiné, pour l'hiver... » Et Joubert, qui est une âme, ne sait pas qu'il y a tout près de lui, à Auxerre, de très bonnes liqueurs : « Je vous l'apprends et je vous prie de m'en faire profiter. » Ce n'est pas tout : « Ne pouvez-vous nous envoyer des petits pains comme ceux que vous mangez? Ils seraient excellens pour la soupe, parce qu'ils ont beaucoup de croûte... » Fontanes résume sa commande : le beurre, le raisiné, les œufs, la liqueur et les petits pains. Il embrasse M. Joubert. Et sa lettre est finie? Elle ne l'est pas ; il oubliait le principal : « Et des pommes de terre ! des pommes de terre ! Achetés-m'en quelques boisseaux, par pitié ! » Le beurre, le raisiné, les œufs, la liqueur, les petits pains et les pommes de terre : il envoie M. Joubert au marché.

M. Joubert n'est un pas un homme qu'on envoie au marché comme ça ! Non qu'il ait peu d'obligeance ou dédaigne les petits soins de chaque jour; mais il ne va très vite à nulle chose et, tout à sa méditation, bouge malaisément. Des jours passèrent sans qu'il eût ravitaillé son ami. Enfin, le 5 novembre, il a bougé. Fontanes, au bout de sa lettre, lui annonçait la visite prochaine de sa femme et de la petite Imberthe; et voici que, dans l'intervalle, la petite Imberthe est morte : « Nous avons été sensibles,

écrit Joubert, à la perte de votre pauvre enfant.
Nous nous étions amusés à faire, pour la recevoir,
de petits préparatifs dignes de son âge ; ces soins
d'un moment ont été cruellement trompés. Ils nous
avoient donné avec elle une espèce de liaison et de
société qui a fort augmenté nos regrets. Votre femme
et vous êtes jeunes et bien portans ; *celui qui console*,
le temps, ne vous manquera pas... Ces êtres d'un jour
ne doivent pas être pleurés longuement comme des
hommes, mais les larmes qu'ils font couler sont bien
amères... » Et les commissions? Joubert a-t-il fait
le marché de Fontanes? Il s'accuse de paresse : « Je
vous écris bien rarement et pas du tout. C'est que vos
diables de lettres me fournissent toujours à traiter
des matières qui produisent... » Ce n'est pas assez
dire ; et Joubert corrige ce mot : « qui excitent dans
mon esprit une si grande activité que je suis las et
tout recru de la fatigue de penser quand il est temps
de vous répondre. Je prends le parti de me taire et
de vous oublier tout net pour reprendre un peu de
vigueur... » Il ne va pas bien. Sa faiblesse de corps
le gêne. Il a moins d'aptitude que jamais au remuement : il devient « plus Platon que Platon lui-
même », par un effet de sa pensée qui plane et que
son corps chétif ne sait pas accompagner. « Je crois
que cela même prouve que je me sépare du monde
et que je deviens pur esprit. » On n'envoie pas un
pur esprit aux provisions ! « En tout cas, si je tiens
trop peu à la vie par ces liens gros et solides, la
santé et les appétits, dont je fais un cas infini
(quoique assés rigide en morale), jusques à mon dernier moment je tiendrai à tous ceux que j'aime par
le désir de leur bonheur, qui ne pourra s'éteindre

en moi qu'avec la pensée et le souffle. Comptez-y
bien pour votre part. » Bref, et premièrement, les
petits pains. En voici quatre douzaines. Si Fontanes
trouve que c'est peu, il ne sait par ce qu'est la bou-
langerie en Bourgogne. Il n'y a, à Villeneuve, qu'un
boulanger qui s'entende à cuire ces petits pains et
il n'allume son four qu'une ou deux fois l'an. Fontanes est prié de considérer ces petits pains comme
des merveilles, de ne pas les tremper dans la soupe
et ne n'en manger qu'un ou deux : « Avec la capacité d'estomac dont mon frère m'a assuré que vous
étiez toujours doué et dont je vous félicite de tout
mon cœur, vous auriez bientôt absorbé toute la pacotille... Laissez-en donc au moins 46 pour le chocolat
de ces dames... » C'est à leur intention que Joubert
les envoie; et il associe aux dames le bon et vieil
abbé de Vitry. En fait de beurre, le frère cadet de
Joubert a promis de partager avec Fontanes ce qu'il
pourrait s'en procurer. Les pommes de terre? Il y
faut renoncer. Joubert n'en achète pas à Villeneuve :
« il n'y en a pas même assés pour en faire goûter à
tous les pauvres gens qui en voudroient bien ». Et
les liqueurs? On n'en fabrique pas à Auxerre. Le raisiné, les œufs, Joubert n'en dit mot : la commande
s'est réduite aux quatre douzaines de petits pains.
Mais Joubert n'oublie pas les nourritures spirituelles
de son ami et l'invite à faire de succulentes lectures :
« Achetés et lisés les livres faits par les vieillards, qui
ont scu y mettre l'originalité de leur caractère et de
leur âge... Vous me dirés si vous ne découvrés pas
visiblement dans leurs mots et dans leurs pensées
des esprits verds quoique ridés, des voix sonores et
cassées, l'autorité des cheveux blancs... » Il coupe

court : « J'ai froid et je vais me chauffer. » C'est
imprudent de le dire : Fontanes va lui demander du
charbon !

Fontanes ne demande pas de charbon, mais il
demande du vin. Ce n'est pas la première fois. Déjà,
au mois d'octobre, il devait, pour deux feuillettes,
150 livres à un marchand de Villeneuve, le citoyen
Hyver, qui était passé chez lui et ne l'avait pas trouvé :
« Embellissés près de cet excellent l'homme l'expression de mes regrets et de ma reconnoissance. » Fontanes impatientait Joubert, quelquefois. Ce n'était
pas seulement à cause de l'importunité ; mais ce
poète ne se montrait pas fameux payeur : il oubliait
sa dette, il avait perdu l'adresse du fournisseur, etc.
Joubert n'aime pas le désordre et peste contre son
ami, lequel le sait bien, mais recommence tout de
même que s'il ne le savait pas. Le 9 novembre, il supplie Joubert de lui expédier deux barriques et premièrement de les faire mettre en bouteilles. Afin
d'amadouer Joubert, il lui parle aussi poésie et littérature. Il lui dénigre Rousseau et Voltaire. Il déteste
les modernes ; il préfère « quelque vieux pédant bien
lourd et bien coriace : j'ai l'estomac fort, je le digé-
rerai ». Joubert savait que Fontanes avait l'estomac
fort : il l'en félicitait ; Fontanes se vante, lui, de ses
digestions mentales. Il avoue, d'ailleurs que sa « compagne » est « bonne et aimable, quoique vive », et
qu'en somme ses « jours seront très passables,
pourvu que le diable ne se mêle pas encore de [ses]
affaires ». Il travaille ; il se débrouille. Il a obtenu,
par l'obligeance de Lakanal, une « réquisition » du
comité de l'instruction publique [11]. Et il se croit en
assez bonne situation pour recommander Joubert au

comité, s'il plaît à Joubert de fabriquer un petit volume scolaire. Voilà Fontanes comme réconcilié avec la Révolution, au lendemain d'ailleurs de la réaction thermidorienne.

Joubert répond à Fontanes le 23 novembre : « Votre vin est parti... Il n'auroit pas été prudent de vous l'envoyer en bouteilles, parce que le verre est fragile ; c'est là, comme vous voyez, une raison prise de l'essence des choses. » Une deuxième raison tient aux circonstances : on n'aurait pas trouvé à Villeneuve 150 bouteilles. Une troisième raison, Joubert ne la dit pas : c'est que Fontanes l'ennuie un peu.

Ce vin, Fontanes l'avait acheté dès le mois d'août. Excellente opération : « Vous avés gagné 150 ou 160 livres sur votre muid en l'achetant il y a trois mois. Les demandes sont tellement multipliées que ce n'est que par grâce qu'Hyver se détermine à vendre, même au plus haut prix, à ceux dont il est fournisseur depuis dix ans. Voyez ce que vous avés à faire dans cet état de choses et s'il ne seroit pas nécessaire de vous approvisionner sans délai soit ici soit ailleurs pour l'année prochaine. » Joubert ne se doute pas de son imprudence : il la saura ! Quant à la proposition que Fontanes lui fait, pour le comité de l'instruction publique, Joubert l'en remercie [12] : « Mais je ne veux rien de tout cela à aucun titre. Ce n'est pas que ce genre de travail ne pût me plaire et peut-être ne me convînt ; mais pas encore, pas encore : il me faut une longue paix ! » Joubert le dit à Fontanes ; et c'est afin d'assurer son repos : on le sachant si occupé de rêverie, peut-être Fontanes voudra-t-il le laisser tranquille et ne plus l'importuner du soin de sa cave et de son garde-manger.

Si Joubert ne veut pas travailler pour le comité Lakanal, du moins ne blâme-t-il pas Fontanes : « Je vous vois où vous êtes avec grand plaisir. Le temps permet aux gens de bien de vivre partout où ils veulent. La terre et le ciel sont changés. Heureux ceux qui, toujours les mêmes, sont sortis purs de tant de crimes et sains de tant d'affreux périls. Vive à jamais la liberté ! » Seulement, lui, Joubert, le voici : « J'aime le papier blanc plus que jamais, et je ne veux plus me donner la peine d'exprimer avec soin que des choses dignes d'être écrites sur de la soye ou sur l'airain... Je me suis prescrit... deux ou trois petites rêveries dont la continuité m'épuise. Vous verrés que, quelque beau jour, j'expirerai au milieu d'une belle phraze et plein d'une belle pensée. Cela est d'autant plus probable que, depuis quelque temps, je ne travaille à exprimer que des choses inexprimables. » Ses carnets de cette époque sont peu abondants : c'est peut-être à cause de cela. Les traces de son effort pour exprimer l'inexprimable, on les trouverait, il me semble, dans de petites phrases comme celles-ci : « Du dernier mot. Il faut que le dernier mot soit le dernier. C'est comme une dernière main qui met sa dernière nuance à la couleur. On ne peut rien y ajouter. Nuance sur nuance, ainsi se forme la couleur... Transparence sur transparence... » Il rêvait de phrases qui seraient faites comme l'on peint et de mots qui seraient dans les phrases comme des taches de couleur. Il observe que « les grands mots occupent trop l'attention », comme des couleurs trop voyantes. Il observe aussi que « les mots sont des oracles... et les oracles du hazard ». Bref, il est attentif au mystère que les mots contiennent, par leur histoire et par hasard. Il écrit : « L'ombre et l'image. L'image doit être plus fine. L'ombre doit être plus épaisse » ; ou bien l'image « claire » et, l'ombre, « confuse ». Cela est vrai dans la peinture, et aussi dans la littérature. Il écrit : « Ame. C'est une vapeur allumée qui brûle sans se consumer. Notre corps en est la lanterne. Etc. La flamme de cette vapeur n'est pas lumière seulement, mais sentiment. Etc. » Il écrit : « L'été est dans le ciel, l'automne est sur la terre, l'hyver est au Ténare et le printemps dans l'Elysée. » Puis : « Au printemps la musique doit être douce, molle en automne, éclatante pendant l'hyver, et légère pendant l'été. » Il écrit : « Il y a toujours de l'obscurité dans les dénominations des choses obscures et c'est être inexact que de leur donner un nom dont le sens soit fixe et palpable, pour ainsi dire. » Bref, il affirme le devoir d'une obscurité opportune. C'est ce qu'il ne faut pas méconnaître, quand on s'est promis d'exprimer l'inexprimable.

Joubert, écrivant à Fontanes, continue : « Je m'occupois ces jours derniers à imaginer nettement comment étoit fait mon cerveau. Voici comment je le conçois. Il est sûrement composé de la substance la plus pure et a de hauts enfoncemens. Mais ils ne sont pas tous égaux. Il n'est pas du tout propre à toutes sortes d'idées. Il ne l'est point aux longs travaux. Si la moëlle en est exquise, l'enveloppe n'en est pas forte. La quantité en est petite, et ses ligamens l'ont uni aux plus mauvais muscles du monde. Cela me rend le goût très difficile, et la fatigue insupportable. Cela me rend en même temps opiniâtre dans le travail, car je ne puis me reposer que quand j'atteins ce qui me charme... Je ne puis rester oisif ni suffire à mes mouvemens. Il en résulte (pour me juger en beau) que je ne suis propre qu'à la perfection. Du moins, elle me dédommage, lorsque je puis y parvenir; et d'ailleurs elle me repose, en m'interdisant une foule d'entreprises, car peu d'ouvrages et de matières sont susceptibles de l'admettre. La perfection m'est analogue, car elle exige la lenteur autant que la vivacité. Elle permet qu'on recommence et rend les pauses nécessaires. Je veux, vous dis-je, être parfait. Il n'y a que cela qui me seye et qui puisse me contenter. Je vais donc me faire une sphère un peu céleste et fort paisible, où tout me plaise et me rappelle, et de qui la capacité ainsi que la température, se trouve exactement conforme à la nature et à l'étendue de mon pauvre petit cerveau. Je prétends ne plus rien écrire que dans l'idiome de ce lieu. J'y veux donner à mes pensées plus de pureté que d'éclat, sans pourtant bannir les couleurs, car mon esprit en est ami. Quant à ce que l'on nomme force, vigueur, nerf, énergie, élan, je prétends ne plus m'en servir que pour monter dans mon étoile. C'est là que je résiderai, quand je voudrai prendre mon vol; et lorsque j'en redescendrai pour converser avec les hommes pied à pied et de gré à gré, je ne prendrai jamais la peine de scavoir ce que je dirai, comme je fais en ce moment où je vous souhaite le bonjour. » Voilà le badinage de Joubert, où il y a une gaieté pensive, et de la vérité positive, mais à l'usage d'Ariel.

Un homme qui a établi sa demeure loin de la terre et sur le songe d'une étoile, on se fait scrupule de le déranger. Il n'est pas impossible que Joubert, si obligeant pourtant, ait cru, espéré même, donner à son indiscret ami les éléments d'un scrupule. Et Fontanes complimente Joubert d'habiter au septième ciel. Mais lui, ayant son domicile rue de la Sourdière, à Paris, les choses d'ici-bas le requièrent. L'avis que lui a donné Joubert, touchant le vin, l'émeut plus que les méditations sublimes : « Vous raisonnés aussi bien des choses d'ici-bas, mon cher ami, que des choses célestes. Vos conseils sur le vin sont excellens. Faites en sorte que le C. Hyver m'en cède encore deux pièces et me traite aussi bien en votre faveur que ses pratiques de dix ans.... » Joubert ne descendit pas de son étoile. Fontanes avait eu beau lui parler poésie et lui raconter qu'il écrivait, pour son grand poème de *La Grèce sauvée*, un récit de la bataille des Thermopyles : « Je veux faire savourer les délices de la mort, la couvrir de tant de rayons qu'elle paraisse belle aux plus lâches... » Deux feuillettes de vin, pourtant, s'il vous plaît, mon ami !... Joubert ne répondit pas.

Alors, Fontanes, trois semaines plus tard : « Votre silence m'inquiète ! J'ai grand besoin de boire à bon marché... Vous négligez un peu mon âme et mon corps. Je vous les recommande. L'une a besoin de vos pensées de vos lettres ; l'autre, de vos vignes ! » Joubert ne répondit pas : il passa tout l'hiver dans son étoile.

Joubert, dans sa lettre à Fontanes du 23 novembre, badine, je le disais. Seulement, le badinage de Joubert est de la vérité souriante ; elle sourit et n'en est pas moins la vérité. Il dit qu'il veut être parfait, que

seule lui sied la perfection, qu'il la sent qui lui est
analogue : c'est à vrai dire. Et voilà son rêve bien
médité, cette fin d'année 1794.

Dix ans plus tard, après la mort de madame de
Beaumont, Joubert écrit à Molé : « Nous nous étions
liés dans un temps où elle et moi étions bien prêts
d'être parfaits, de sorte qu'il se mêloit à notre amitié
par le souvenir quelque chose de ce qui rend si délicieux tout ce qui rappelle l'enfance; je veux dire le
souvenir de l'innocence... » L'époque où se lièrent
Joubert et madame de Beaumont, c'est précisément
cette fin de l'année 1794, où il écrit à Fontanes qu'il
veut être parfait et dont il se souvint dix ans plus
tard comme d'un temps où il approcha de sa perfection. Voilà comme était Joubert quand il rencontra
Pauline de Beaumont.

CHAPITRE III

MADAME DE BEAUMONT, QUI VA RENCONTRER
JOSEPH JOUBERT

Le 4 août 1792, rue Plumet, dans un « endroit
retiré du jardin », Montmorin causait avec ses amis.
Les nouvelles étaient désespérantes. Survint M. de
Malesherbes ; il venait « presser madame de Montmorin et madame de Beaumont de se retirer : la
crise approchait et Paris n'était plus la place des
femmes [1] ». Ni l'une ni l'autre ne s'en allèrent.
Madame de La Luzerne, à cause de ses deux enfants,
était partie pour Forges. Elle avait obtenu de la
section de la Croix rouge un passeport [2], le marchand
de vins et l'épicier voulant bien attester qu'ils n'y
voyaient pas d'inconvénient. M. Barruel, ancien pré-
cepteur des enfants Montmorin, la tenait au courant
des événements quotidiens. Elle lui écrivait : « Mille
et mille remerciements du petit mot que vous m'é-
crivez. Veuillez le renouveler tous les jours. Les
nouvelles des gens qui me sont chers sont plus nécessaires à mon existence que l'air que je respire. Parlez

de moi à ceux qui m'intéressent. Sans mes deux
accolytes, je serais auprès d'eux : je les aime bien
tendrement. Adieu, je ne puis vous en dire davantage. Je vous demande à mains jointes un mot tous
les jours[3]... »

Dès le 4 août, Montmorin se sentait perdu. Il
disait à Bertrand de Molleville : « C'est un passeport
pour l'autre monde, qu'il me faudrait... Je suis sûr
d'être assassiné dans trois mois. » Au printemps et
jusqu'à l'été, les Montmorin avaient eu l'idée de se
retirer dans leur château de Theil ; leur intendant
Perron tâchait de hâter les travaux. Seulement, les
ouvriers avaient bien autre chose à faire que de travailler : ils s'occupaient de politicaille. En outre, des
bruits couraient que ce château contenait un arse-
nal complet d'armes et de munitions. La municipalité le visita, n'y trouva rien ; Perron, sur l'ordre de
Montmorin, la pria de visiter également les caisses
et les ballots qui seraient envoyés de Paris. Le
22 juillet, Montmorin dut avertir Perron qu'il ne
viendrait pas, ses affaires le retenant à Paris[4].

Le 10 août, dans la matinée, accompagné de sa
femme et de sa fille, Montmorin sortit de chez lui[5].
Où allait-il? En tout cas, il voulait passer la rivière.
La canonnade qu'on entendait du côté des Tuileries
l'obligea de rebrousser chemin : il entra chez madame
de Nesle[6], rue de Grenelle. Pendant ce temps, madame de Nanteuil, qui demeurait rue Neuve-des-
Mathurins, femme d'un ancien intendant de Poitiers
envoyait chez lui ; elle lui faisait dire que, « logeant
dans un quartier tranquille » et ayant ses appartements qui donnaient sur des jardins, elle l'invitait à
venir chez elle. Il n'était plus là. Sans doute cet avis

put-il lui être transmis. Il arriva le lendemain chez madame de Nanteuil, avec sa fille, madame de Montmorin s'étant esquivée[7]. Madame de Beaumont ne resta point chez madame de Nanteuil et s'en fut retrouver sa mère, probablement à Luciennes chez madame Pourrat[8]. Cette famille est aux abois.

Pendant que Montmorin se cache rue Neuve-des-Mathurins, l'assemblée le fait rechercher. Le département de police envoie des émissiares de tous côtés, à Paris et hors de Paris, jusqu'au village de Houilles, à trois lieues de Paris[9]. Montmorin, qui savait qu'il était activement recherché, refusa de rester chez madame de Nanteuil, afin de ne pas la mettre en péril. Cette dame était malade et, obligée de se nourrir de lait de femme, avait chez elle des nourrices. L'une, Hélène Leclerc, femme de Pierre-Louis Marie, soldat remplaçant, avait son domicile conjugal au n° 128 du faubourg Saint-Antoine : elle proposa d'y « retirer » Montmorin, ce qu'il accepta. Dès le petit jour, le 16 août, Montmorin fut dans sa cachette. Le soldat ne fit point de difficulté : sa femme lui dit que Montmorin se rendrait à la convocation de l'Assemblée, dans sept ou huit jours seulement, pour « éviter la colère du peuple »[10].

On cherchait Montmorin de tous côtés. On n'ignorait pas qu'il fût en relations avec madame de Nanteuil[11] : on devait le trouver. Les policiers interrogèrent madame de Nanteuil, qui tâcha de les éconduire et de les dérouter. Ils interrogèrent les domestiques : Hélène Marie avoua qu'elle « recélait » Montmorin.

Il était deux heures et demie de relevée, le 21 août : les commissaires de surveillance de la section des Lombards se rendirent au logis du soldat, s'emparèrent de Montmorin et le menèrent, ainsi que les époux Marie, à la Sureté générale : on trouva sur lui un gros et demi d'opium. Il comparut à la barre de l'Assemblée, se débattit comme il put contre des Gensonné, des Brissot, fut conduit à la prison de Abbaye par le citoyen Coulbeau, brigadier de gendarmerie et, le 2 septembre, fut ignoblement massacré [12].

Madame de Montmorin et sans doute aussi madame de Beaumont étaient revenues à Paris et demeuraient chez madame de Nanteuil, quand Montmorin comparaissait devant l'Assemblée. Montmorin put causer avec Soulavie : « Je suis dans des peines cruelles sur madame de Montmorin. Faites-moi la grâce de passer chez elle. Dites-lui que je me porte bien et que j'ai vu des membres du comité... » Soulavie trouva madame de Montmorin « mourante de désolation et de terreur dans son lit ». Elle ne connaissait pas Soulavie ; elle se méfia, et toute sa réponse fut : « Je ne suis pas madame de Montmorin, mais je lui ferai passer les nouvelles que vous me donnez de son mari [13]. » Après le 2 septembre, madame de Montmorin et madame de Beaumont ne pouvaient rentrer dans leur maison, où il y avait les scellés. Je ne sais pas ce qu'elles devinrent, les premières semaines. Madame de La Luzerne, venant de Forges, était allée, le 20 septembre, s'établir à Rouen, rue d'Elbœuf, au deuxième étage d'une maison qu'avaient prise à bail les Trudaine et dont ils lui souslouaient un appartement [14]. Sa mère et sa sœur vinrent l'y rejoindre. Les Trudaine et le chevalier de Pange ont passé à Rouen une partie de l'année 1792 ;

André Chénier, quelques jours, après le 10 août [15].

Au mois de février 1793, madame de Montmorin et ses deux filles vinrent demander l'hospitalité des Sérilly au château de Passy. Les Sérilly étaient retirés là depuis le mois de septembre. Au mois de novembre, madame de Sérilly était allée à Paris, « espérant y trouver à emprunter douze mille livres » : mais elle n'y avait pas réussi et craignait de voir ses meubles saisis par ses créanciers.

Sérilly était « le meilleur seigneur et l'homme le plus généreux de la contrée [16]. » Dès son arrivée à Passy, le 18 septembre, il se fait inscrire parmi les membres de la garde nationale, prête le serment civique, promet de maintenir la constitution du royaume ou de mourir en la défendant. Il est populaire ; et tout va bien.

Soudain, le vendredi 5 avril 1793, à sept heures du soir, voici que se présente, sous l'escorte de la gendarmerie nationale de Sens, une troupe assez redoutable : il y a le citoyen Bouffard, commissaire de la section du Mail, le citoyen Bayard, de Sens, le maire et les officiers municipaux de Passy. Bouffard tient du comité de sûreté générale [17] mandat d'examiner les papiers de la citoyenne Sérilly, de se saisir de sa personne et de l'amener au comité. Il s'agit du frère de la citoyenne, Jean-Baptiste Domangeville, qu'on soupçonne d'émigration. Bouffard interroge et fouille, le soir, et tard dans la nuit, le lendemain matin derechef. La citoyenne déclare qu'elle n'a « rien à se reprocher sur la conduite qu'elle a tenue concernant les affaires de la république, auxquelles elle n'a jamais pris part ». On la met en état d'arrestation, pour être d'abord menée au directoire de Sens ; et l'on verra plus tard.

Il y a grand risque pour la détenue. Le comité de sureté générale est bien informé. Domangeville, ancien capitaine au régiment du roi, avait émigré. Danloux l'a vu à Londres au mois d'avril 1792, qui venait acheter des chevaux pour rejoindre en Allemagne l'armée des princes et qui se conduisait en écervelé. Il fut exécuté en 1794.

De Sens, madame de Sérilly fut menée à Paris. Elle comparut devant le comité de sureté générale le 9 avril. Elle dut avouer que son frère avait émigré : elle crut ainsi sauver le fol, qui venait de rentrer, qu'on eût cherché, qu'on eût pris. Le comité conclut : « La citoyenne Sérilly est libre de se retirer. » Elle put retourner à Passy. Ce n'avait été qu'une alerte, mais émouvante déjà et, pour l'avenir, assez dangereuse.

Cependant l'année 1793 passa dans une espèce de tranquillité. Il y eut même de beaux jours. Sérilly, par sa bonhomie, gagnait l'amitié populaire, et par ses libéralités. Les gens de Passy étaient pieux, n'avaient pas d'église ; et il leur fallait aller à Véron pour les offices : il donna gentiment la chapelle du château pour en faire une église, donna une petite maison pour en faire un presbytère, agrandit la chapelle et dépensa très largement. Il prononça un discours [18] : « La loi permet tout culte indistinctement ; à plus forte raison, celui reconnu depuis près de dix-huit siècles, dont vos aïeux avaient fait profession, dans l'étude duquel nous, pères de famille, élevons et éleverons nos enfants et ceux-ci en élèveront d'autres. Ils seront tous unis comme nous le sommes. Je suis votre ami, vous êtes les miens ; mes enfants

seront les vôtres... » La commune de Passy coucha
sur son registre sa réponse, toute pleine de sensibilité pour la « religion sainte » et pour Sérilly :
« Que nous reste-t-il maintenant à désirer ?... C'est
de voir nos enfants s'élever avec les vôtres, s'efforcer
d'imiter les exemples des vertus qui commencent à
éclore en eux et que vous, citoyen, et une épouse
vertueuse et chérie savez si bien leur inculquer... »
Ils veulent aussi faire agréer « le tribut mérité de
leur plus pure gratitude à la citoyenne respectable
qui a fait paraître tant de bienveillance à leur égard,
la citoyenne Montmorin. » Péroraison : « Puisse le
ciel vous accorder, citoyen, et à tout ce qui vous est
cher, longues années pour jouir, dans la paix et la
tranquillité, de la satisfaction de nous avoir été utile
par tant d'endroits ; et que la prospérité soit la compagne inséparable de vos actions ! » Tous les habitants de Passy, hormis ceux qui ne savaient pas
signer, signèrent. Et leurs vœux, qui tendaient à de
longues années, furent déçus en moins d'un an.

Le samedi 13 juillet, tous les citoyens et les
citoyennes de Passy étaient assemblés devant la
maison commune pour entendre la lecture de l'acte
constitutionnel présenté à l'acceptation du peuple
Français. Ni le citoyen Prioche, maire de Passy, et
ni Falliot, le procureur, n'avaient sans doute un
art de lecture digne de la circonstance. Ce fut Sérilly
qu'on pria de lire le papier de la Convention ; tous
les citoyens acceptèrent la constitution « avec grande
joie et solemnité ». Le 15 octobre, conformément au
décret de la Convention, Sérilly, « ci-devant seigneur », remettait à la municipalité ses titres et
droits féodaux. Le brûlement des liasses fut fait le

dimanche 26 octobre, devant tous les habitants de Passy ; et l'on avait invité les amis de Villeneuve.

Un beau dimanche ! Seulement, la commune manquait de pain, et manquait d'argent pour en acheter. L'on résolut de faire une collecte : Sérilly tiendrait les comptes. Il en eut mille ennuis. A peine eut-on l'argent, ce furent les grains que l'on ne trouva plus : il fallut rendre l'argent de la collecte et indemniser les citoyens qui s'étaient mis en quête. Sérilly rendit et indemnisa. L'on nomma deux commissaires qu'on chargeait d'aller à Sens demander des subsistances : Sérilly fut l'un deux. C'est la dernière fois qu'il se dévoue.

Le même jour, 18 pluviôse an II, qu'il allait à Sens pour le service de ses concitoyens, sa perte se préparait à Paris. Le comité de sûreté générale ordonnait son arrestation, celle de son frère, celle de plusieurs de ses amis, et d'un mort[19]. Le mort était ce baron de Viomesnil, l'un de ceux qui, en 92, engageaient le roi à se défendre. Il avait alors soixante-quatre ans ; mais il restait bien leste, quoiqu'il fût un peu gros. Le 10 août, dans l'affaire des Tuileries, il reçut un coup de fusil dans la cuisse droite. Il parvint à se sauver et se réfugia rue Saint-Florentin, dans la maison de l'ambassadeur de Venise. De là, on le porta chez son ami Sérilly, où il se cacha un peu de temps ; mais une visite domiciliaire, pendant laquelle il feignit, gardant le lit, d'être Sérilly malade de la goutte, et Sérilly le soignait, fit craindre qu'il ne fût pas en sûreté. On le porta dans la maison de Mégret d'Etigny, où il mourut. Il fut mis en terre sous un faux nom : de sorte qu'en 1794 on ignorait sa mort. L'arrêté du 5 février prouve que c'est l'affaire Viomesnil, ressuscitée, qui met Sérilly en suspicion. L'Hoste, un autre des accusés, demeure chez les Sérilly : c'est un homme à leur service. On l'accuse d'un trafic d'argent, pour le compte de son maître. Voilà les deux griefs [20].

L'on fit une perquisition chez L'Hoste ; et l'on trouva quatre lettres de madame de Sérilly : de pauvres lettres. Les Sérilly manquaient d'argent. Madame de Sérilly chargeait L'Hoste de vendre la plupart de ses meubles à un tapissier, jusqu'à son piano. Elle n'avait pas l'intention de garder un logement à Paris : « N'y venant que peu ou point, j'aurai meilleur marché de me mettre en hôtel garni lorsque j'y viendrai. » Elle se fiait à L'Hoste. Elle lui écrivait : « Vous connoissez mon attachement pour vous. » Elle lui annonçait que le plus jeune de ses enfants était malade de la fièvre ; dans une autre lettre, elle lui en donnait des nouvelles. Et voilà tout. Mais on trouva aussi chez L'Hoste cent louis d'or et des assignats. Il avoua qu'il avait tenté quelques affaires du côté de la compagnie des Indes. Cela suffit pour qu'on le dît marchand d'argent, et comme agent des Sérilly. On le mit aux Madelonnettes.

Un sinistre gaillard, le même qui arrêta Chénier, Guesnot, se chargea de mener bon train l'affaire Sérilly. En compagnie d'un Lemoine et d'un Pardou, le samedi 25 pluviôse, 13 février 1794, il se présentait au château de Passy. Il y a, sur cet épisode, un récit, à peine ébauché, mais bien saisissant, de madame de Beaumont [21] : « Un soir que nous étions à souper, après avoir entendu un bruit de sabots dans la cour, nous vîmes entrer dans la chambre trois brigands armés de sabres, de pistolets et de bonnets rouges ; ils avaient rassemblé tout le village, de peur apparemment d'une résistance. Ils posèrent une sentinelle à chaque porte et restèrent là, jouissant de notre inquiétude sans rien expliquer. Il est bien vrai qu'aucune parole ne peut exprimer ce que je souffrois alors et ce que la volonté de dissimuler ajoutoit à mes souffrances... Je souffrois d'un violent tremblement qui s'étoit emparé de moi... Enfin ce terrible silence fut rompu. Ils montrèrent l'ordre d'arrêter M. de Sérilly et toute personne suspecte chez lui. Le plus féroce et le plus grossier des trois brigands me conduisit chez moi, prit et enferma dans mon secrétaire tout ce qu'il trouva de papiers et, en voyant le portrait de mon père, sur lequel était encore le cordon bleu, il me traita de contre-révolutionnaire et enferma ce portrait dont je n'avois pas été séparée depuis le 2 septembre. Je dis, non pas avec fermeté comme je l'aurois dû, mais avec colère, qu'on ne m'ôteroit pas ce portrait, mon unique consolation. Je demandai si, après avoir massacré mon père, on le vouloit poursuivre jusque dans son image. Il me dit en ricanant des propos grossiers et enferma le portrait dans mon secrétaire et moi dans ma chambre et il emporta les clefs. Ma mère, ma sœur et ma cousine furent traitées comme moi ; seulement elles n'eurent pas de scènes à essuyer. Je ne fais cette remarque que parce que je trouve une fatalité extraordinaire à avoir été l'objet d'une scène et ensuite d'une exception unique. Livrée à moi, je tâchai de rassembler mes esprits abattus et de chercher ce qu'il y avait à faire. J'avois été saisie d'un tremblement à leur arrivée, que la colère avoit augmenté. Cependant, je le jure, mes craintes n'étoient pas pour moi... » Ses craintes étaient pour son frère, qui les avait rejointes à Passy... « J'avois peine à croire qu'on osât m'enfermer pour avoir, au fond d'une campagne, négligé de faire ôter le cordon bleu du portrait de mon père; je sentois d'ailleurs une sorte de plaisir à souffrir pour quelque chose qui eût rapport à lui... Lorsque j'eus repris un peu de courage, je me mis à brûler les lettres de mes amis, que j'avois eu soin de ne pas enfermer; je fis ce sacrifice avec un mélange de tristesse et de satisfaction, m'applaudissant de faire échapper jusqu'à leurs noms aux brigands dont nous étions victimes... » Elle redoutait la violence de son frère et l'imprudence de sa sœur... « Le reste de cette éternelle nuit se passa sans avoir pu trouver une idée rassurante. Le jour parut sans que j'aie pu obtenir un instant de sommeil. Ce ne fut que vers midi qu'on nous permit de nous retrouver. On nous laissa assister à l'interrogatoire de M. de Sérilly; il fut fait avec un singulier mélange de grossièreté et d'astuce, il roula sur le 10 août et sur M. de Viomesnil qui étoit venu chercher asile chez lui... Nous nous sommes mis ensuite à table avec nos bourreaux... » Le plus violent des trois, Guesnot, partit pour Sens, où il arrêta Mégret d'Etigny et les Loménie... « Pendant ce temps, deux commissaires firent la visite de mes papiers sans aucune sévérité. Un seul commença et je brûlai plusieurs lettres sans qu'il s'y opposât. Lorsque le second fut arrivé, il se mirent à lire : il ne trouvoient que des lettres de ceux qui n'existoient plus, et qu'ils lisoient avec beaucoup de difficultés. Je n'aperçus pas sans un petit mouvement d'effroi des lettres de Suisse ; cependant je ne perdis pas la tête et je leur persuadai que ces lettres étoient si vieilles et si difficiles à lire qu'elles n'en valoient pas la peine. Ils me crurent et déjà même ils m'avoient rendu le portrait de mon père et une écritoire armoriée qui les avoit d'abord violemment choqués, lorsque Gueno, arrivant de Sens, reprit la boîte et l'écritoire avec sa fureur habituelle ; il était ivre... » Madame de Beaumont n'a pas eu le courage de continuer son effroyable récit.

Dans la chambre du jeune Montmorin, l'on avait trouvé « deux pistolets à coup simple et une canne à deux lances » ; dans la chambre de madame de La Luzerne, quelques lettres et une casserole où il y avait des clous de fauteuil à tête de cuivre. Elle avoua que c'était pour faire du vert-de-gris et « pour s'empoisonner si elle était toujours malheureuse » ; elle dit que c'était « par faiblesse et ennui ». Elle parut étrange et comme un peu absurde.

Madame de Sérilly raconte que Guesnot « n'auroit pas eu, dans une ville prise d'assaut, une conduite différente », que les détails de cette visite sont « dégoûtans » et tels que le district de Sens en fit de grands reproches à Guesnot, lequel eut « sa haine allumée » plus vivement contre les châtelains de Passy. Les lettres qu'il avait dénichées dans le secrétaire de madame de La Luzerne étaient « fort peu signifiantes », mais datées de Londres. Là-dessus Guesnot voulut arrêter madame de La Luzerne. Elle était si frémissante et apparemment faible d'esprit qu'au bout du compte il la laissa « sous la sauvegarde de son frère, sa mère et sa sœur » ; il ne savait qu'en faire [22].

Les travaux de Guesnot, à Passy et à Sens, prirent un peu de temps, après quoi il partit pour Paris, emmenant Sérilly [23]. Madame de Sérilly réclamait de n'être pas séparée de son mari, mais de subir le même sort : avec une fausse bonhomie, Guesnot l'assura que son mari lui serait bientôt rendu ; elle resta.

Au bout de quelques jours, Sérilly ne revenait pas : on l'avait mis à la prison des Anglaises de la rue de l'Oursine. Madame de Sérilly se fit donner par la municipalité un passeport qui lui permît d'aller à Paris [24]. Elle était une femme sans pusillanimité : elle se débattrait contre le mauvais sort et l'injustice. De sa prison de la rue de l'Oursine, le pauvre Sérilly écrivait et ne pouvait tout dire. L'une de ses lettres, du 5 mars, est bien touchante. Il écrit à l'aîné de ses fils, Armand, qui n'a que treize ans et demi : « J'espère, mon cher enfant, que tu t'occupes de ta mère, que tu lui rends tous les soins que ton âge peut comporter... Quoique je sois éloigné de vous tous, je ne pense qu'à votre digne mère et à vous. Vous êtes encore bien jeune, mon cher fils, mais cependant pas assez pour ne pas commencer à réfléchir sur les événement et en tirer du fruit. Priez votre mère de trouver bon que vous m'écriviez chacun un mot dans la première lettre qu'elle me fera le plaisir de m'écrire... Embrasse-la bien tendrement de ma part, ainsi que ta sœur et tes frères. Ma santé est très bonne [25]. » A Passy, l'angoisse était horrible. Un jour que Songy, frère de François de Pange, était venu, madame de Montmorin lui dit : « Ah! mon pauvre Songy, nous sommes perdus. Il y avait un cricri dans ma chambre : je ne l'entends plus, depuis deux ou trois jours. » Un domestique avait tué le

cricri ; mais, dans les alarmes, tout devient présage.
Madame de Sérilly partit pour Paris. Elle y était
depuis quelques jours : Guesnot l'arrêta [26].

Le rapport industrieux de Guesnot provoqua une
décision du comité de sûreté générale en date du
14 germinal an II (3 avril 1794) : dix-huit personnes
seront traduites devant le tribunal révolutionnaire.
De ces dix-huit personnes, plusieurs, comme les
Sérilly, sont en prison ; mais on va les transférer à
la Conciergerie. Les autres seront saisies et amenées
dans la dite prison. Parmi les noms nouveaux, il y
a : « la femme Montmorin, Montmorin son fils, et
la fille des Montmorin, femme de l'émigré La
Luzerne ». Et madame de Beaumont? Elle n'y est
pas. Comment cela se fait-il? Eh ! bien, on l'a oubliée. L'erreur d'un scribe, à ce qu'il semble.

Le 6 avril, Guesnot, accompagné de Paradou
et d'un Léon qui remplace Lemoine, arrive au
château de Passy, où il trouve la citoyenne Montmorin, Montmorin fils et la citoyenne La Luzerne :
aucune mention de madame de Beaumont. Les per-
quisitions : rien de suspect. Les interrogatoires ? La
citoyenne Montmorin n'a-t-elle pas de correspondances avec les ennemis de la république? «Non : et
même pas avec les amis de la république ! » Le jeune
Montmorin? Non, il n'a pas de correspondances, ni
de propriétés, ayant renoncé à la succession de
son père et ne vivant que sur ce que sa mère lui
donne. Guesnot s'occupe d'interroger madame de
La Luzerne ; et voici : « N'ayant pu tirer aucune
parole d'elle, nous avons demandé à sa mère et à
son frère si elle était ordinairement dans cette
situation. Ils ont répondu que, depuis un an, ils se

sont aperçus qu'elle avait la tête égarée par moments, mais que depuis aux environs d'un mois elle
se trouve dans une situation où l'on n'en peut tirer
aucune parole raisonnable. » Cela parut à Guesnot
surprenant. Il fit requérir le citoyen Garnier, chirurgien, résidant à Véron, d'examiner « l'état physique »
de cette malheureuse. Et Garnier : « J'atteste l'avoir
trouvée sans fièvre, le pouls petit et faible, la vue
agare, lui ai fait différentes questions, elle n'a répondu à aucune. » Garnier ne s'en étonne pas : cinq
semaines plus tôt, on l'avait appelé auprès d'elle et
il s'était aperçu de « disparitions dans sa mémoire ».
Si Guesnot fut embarrassé un instant, peut-être.
Mais il était un homme d'action : c'est un homme
qui refuse l'incertitude. Il transporta et, le 14 avril,
mit à la Conciergerie madame de Montmorin, son
fils Calixte et madame de La Luzerne.

Madame de Beaumont n'avait pas été arrêtée : l'on
raconta que son extrême faiblesse avait frappé les
envoyés de la Convention, etc. C'est la légende.
Mais, quoi ! ils emmènent la demi-folle sa sœur et
et certifiée malade par le médecin. Madame de Beaumont ne fut point arrêtée, parce que son nom ne figu-
rait pas sur l'acte qu'avait en mains sales Guesnot.

Mesdames de Montmorin et de La Luzerne entrèrent à la Conciergerie le 25 germinal ; on y transféra,
le même jour, madame de Sérilly. Le 2 floréal, on y
amena, des Anglaises, Sérilly et le jeune Montmorin.
Le 5 floréal, tous les cinq étaient de là conduits à
l'hospice national ci-devant évêché, tous malades,
ainsi constaté par les officiers de santé [27].

De la prison, madame de Sérilly écrit à ses enfants :
« Cette lettre vous sera commune à tous, mes chers

enfants. Votre petit frère n'y prendra pas encore une
grande part; mais vous lui parlerez de moi et vous
tâcherez qu'il ne m'oublie pas, non plus que son
père. Continuez à remplir vos devoirs. Ressouvenez-
vous quelquefois des avis que je vous ai donnés;
pensez au plaisir que j'aurai à vous revoir, si je vous
retrouve tels que je le désire. J'ai toujours un peu
de fièvre, mais n'en soyez pas inquiets, j'espère
qu'elle cessera bientôt. Adieu, mes chers enfants, je
vous embrasse tendrement... » Sérilly ajoute une
ligne à la lettre de sa femme : « Je me joins à
votre mère, mes chers enfants ; je vous embrasse
comme je vous aime et de tout de mon cœur. »
Les enfants continuaient d'habiter le château, où
les domestiques veillaient sur eux, où veillait sur
eux principalement leur cousine madame de Beaumont.

Au tribunal révolutionnaire, 17 floréal, 6 mai 1794,
les interrogatoires. Montmorin, s'il n'a pas conspiré
contre la république? « Répond : qu'il a toujours
trop aimé son pays pour conspirer contre lui et pour
avoir eu des correspondances avec ses ennemis. » A
la même question, madame de Sérilly répond :
« Non, certainement ! » Sérilly : « que c'eût été agir
contre ses principes ». Et voilà tout. Les interrogatoires sont très scandaleusement bâclés. Le juge
ne prend pas une peine inutile, n'étant pas un idiot
et sachant de quoi il retourne.

Fouquier-Tinville signe son acte d'accusation le
9 mai et le greffier Legris en donne lecture devant
les accusés à l'audience du lendemain. Fouquier-
Tinville a groupé vingt-cinq prévenus de son choix,
madame Elisabeth la première. L'introduction de

madame Elisabeth dans cette affaire est une diabolique trouvaille. Il n'y avait rien contre les Montmorin ni contre les Sérilly; mais voici qu'on les englobe dans un complot qui n'existe pas et qui, dès l'exorde, prend quelque apparence : « C'est à la famille des Capets que le peuple français doit tous les maux sous le poids desquels il a gémi pendant tant de siècles... » L'accusateur rappelle les crimes des Capets, les forfaits de la « Messaline Antoinette ». Puis : « Elisabeth a partagé tous ces crimes... » Et puis : « Mégret de Sérilly et sa femme doivent être mis dans le nombre des complices de Capet et sa femme... Mégret de Sérilly et d'Etigny étaient certainement de tous les projets de conspiration... » Un semblant de preuve : « L'Hoste, agent des Sérilly, paroît avoir été leur agioteur pour faire passer du numéraire aux émigrés... » Madame de Montmorin? « Elle était la complice de tous les crimes de son infâme mari. » Le jeune Montmorin? « Il était au château le 10 août. La preuve en est d'une arme qu'on a trouvée chez lui et qui servit à poignarder plusieurs citoyens... » La femme La Luzerne « a entretenu la correspondance la plus suivie avec son mari ». Enfin tout ce monde « a conspiré contre la sûreté du peuple françois ». En fait de débats, si peu de chose que c'est pitié : ni interrogatoires sérieux, ni témoignages examinés, ni plaidoiries qu'on écoute. Rien : et la condamnation en masse.

A la fin de l'après-midi, les condamnés, moins deux, furent menés à la place de grève et guillotinés. Le jeune Montmorin et l'Hoste, à chaque fois que tombait le couperet, criaient Vive le roi ! La

populace répliquait Vive la nation ! Comme « chef du
complot », madame Elisabeth fut exécutée la dernière. Et tous ces prétendus conjurés, à onze heures
du soir, étaient enterrés à Mousseaux.

Deux des condamnés échappèrent à la guillotine.
Madame de La Luzerne était si malade qu'on n'avait
pu la traîner à l'audience. On la laissa, plus qu'à
demi-morte, à l'hospice de l'évêché. Deux mois plus
tard, le 8 juillet, l'économe de cette maison douloureuse écrivait à Fouquier-Tinville : « Rien de nouveau à l'hospice, sinon le décès de la nommée
Marie-Victoire Montmorin, femme La Luzerne. » La
pauvre femme, inégale à un tel martyre qu'elle
endurait depuis longtemps, laissait « un déshabillé
brun garni, une chemise, une paire de poches, un
serre-tête, un bonnet rond, un fichu de mousseline,
un mouchoir blanc, une paire de bas de fil blanc ».
Cela fut mis au magasin de l'hospice [28].

Mais l'aventure de madame de Sérilly est d'une
autre sorte. Elle avait beaucoup plus d'énergie et de
zèle à ne point mourir. Un article de la loi était ainsi
conçu : « Si une femme condamnée à mort se déclare
et s'il est vérifié qu'elle est enceinte, elle ne subira
la peine qu'après la délivrance. » Puis, l'enfant né,
l'on guillotinait la mère : fabrique d'orphelins !
Madame de Sérilly déclara qu'elle était grosse.

Les condamnés, pour attendre l'exécution, avaient
été conduits à la Conciergerie. Madame de Sérilly
annonça qu'elle parlerait. Coffinhal, un des juges, se
rendit au greffe de la prison. Madame de Sérilly
déclara qu'elle était « enceinte d'environ six semaines » : elle sera « visitée » par les médecins, et
« à l'instant », car il fallait se dépêcher et les char-

rettes attendaient. L'officier de santé, qui vint à l'instant, fut un certain Bayard, et assisté de la citoyenne Paquin, « femme sage pour le tribunal ». Et Bayard conclut au doute et au sursis. Le tribunal révolutionnaire suivit les conclusions de Bayard. C'était le salut conditionnel et temporaire.

Elle resta quelques jours à la Conciergerie ; elle garda de ce séjour un souvenir atroce. Les têtes étaient dans une exaltation effrayante ; toutes les passions étaient affolées ; « on jouait, on fumait, on buvait, on mangeait outrageusement ». On avait si peu de temps à vivre qu'on ne s'embarrassait pas du lendemain. L'on était gai, mais d'une terrible gaieté. Sur les huit heures du soir, l'huissier apportait les actes d'accusation : alors l'agitation redoublait. « Aussitôt que les infortunés étaient fixés, ils prenaient leur parti avec une espèce de joie d'être quittes des inquiétudes et des incertitudes ; les autres jouissaient de la pensée de vivre vingt-quatre heures encore... » Ce rude tableau rappelle celui que Riouffe a tracé des mêmes lieux aux mêmes jours, dans ses *Mémoires d'un détenu* que les rescapés de la Terreur ont lus passionnément.

Le 15 mai, madame de Sérilly fut ramenée à l'hospice de l'évêché. L'hospice, établi vaille que vaille dans de vieux bâtiments, avait pourtant un autre aspect que la Conciergerie. Ce n'était pas la même folie de tout le monde et ce paroxysme d'émoi de gens qui sont à la veille ou à la minute de passer à la guillotine : c'était aux environs de la mort, un peu moins près. Il y avait là un brave homme, ce médecin Bayard. L'on raconte qu'une de ses pensionnaires étant accouchée, il emporta le nouveau-né, de manière que la pauvre femme n'eût point à subir incontinent sa peine[29]. Il avait auprès de lui l'économe Ray, qui n'était point un méchant homme ; et Quinquet, plus fameux comme l'inventeur des lampes qui gardent son nom de périr, était l'apothicaire. Mais d'autres ne valaient rien, comme cet Enguehard et ses acolytes Théry et Naury, officiers de santé, qui furent en querelle sournoise ou déclarée avec Bayard et qui obtinrent d'en être débarrassés. Les chamailleries allèrent loin, au détriment des malades : dénonciations, calomnies et enquêtes de la police ; grande alarme parmi les infirmiers, infirmières, porte-clefs et portiers. Ray et Bayard furent accusés de chaparderie et d'indécence : on les avait vus traîner dans les chambres et auprès des lits des prisonnières [30].

Une servante du nom de Jeannette apportait à madame de Sérilly, de temps en temps, du linge et des provisions. Il y a une lettre d'elle, une étrange lettre et qui vint tomber dans les papiers de Fouquier-Tinville [31]. Jeannette avait écrit de deux encres ; et, d'une encre ordinaire, elle annonçait quatre chemises, six mouchoirs, un jupon de toile ; elle disait que les bas étaient « tro mové » pour qu'elle les raccommodât : elle les donnerait au ravaudeux. A l'encre sympathique, elle donnait différentes nouvelles : des créanciers commençaient à crier ; puis « la vantte né pas sancore faitte à passy, vos sanfans non pas sancore de tuteur ». Elle ajoutait, avec la leste familiarité des gens de rien pour le malheur : « Adieu. Portez-vous bien. » D'ailleurs, cette fille était une perfide.

Les enfants de madame de Sérilly étaient à Passy.

Au milieu de juillet, elle leur écrit que Dufossé va les amener à Paris ; ce Dufossé paraît avoir été un homme de confiance des Sérilly. Dufossé ira chercher à Paris Armand et Aline : « Vous, mon fils, vous serez chez un honnête homme qui, en vous donnant des exemples de vertu, vous donnera aussi un talent avec lequel vous pourrez vivre honorablement, si vous voulez vous y appliquer. Vous trouverez à votre arrivée à Paris une lettre de moi qui contiendra les conseils que ma tendresse pour vous me dictera. Pour vous, Aline, vous serez dans une pension où vous serez aimée et bien traitée, si vous y apportez la douceur qui convient à une fille. Oubliez votre ancien état ; dites-vous bien, mon enfant, que vous n'avez rien et qu'en perdant le bien auquel vous pouviez prétendre vous en avez perdu un beaucoup plus précieux, vos parents. Mon enfant, la bonté du caractère a toujours été nécessaire, mais elle l'est encore pour vous plus que jamais... Ne quittez pas votre cousine sans la remercier de ses bontés, demandez-lui-en la continuation... Je voudrais pouvoir vous couvrir tous de baisers : ce serait de mes larmes, si j'avais encore le bonheur de vous voir. Pensez à moi qui vous aime si tendrement. Adieu, je vous embrasse. » Quel bon accent du cœur a cette lettre ! Et l'on y voit l'esprit de décision de celle qui l'écrit et que ses malheurs ne détachent pas de la réalité où il faut que ses enfants sachent se tirer d'affaire.

Aline et Armand de Sérilly durent arriver à Paris vers la splendide journée du 9 thermidor[32], qui marque la fin d'un cauchemar et qui allait sauver leur mère. Il y a de petits billets qu'elle put faire

passer à son fils, lequel venait, avec des paquets,
jusqu'à la loge du portier, mais qui n'avait pas le
droit d'entrer davantage : « Je te remercie bien, mon
cher enfant. J'ai reçu tout ce que tu apportes. Je ne
peux pas renvoyer mon linge aujourd'hui ; ce sera
pour demain. Je t'embrasse de tout mon cœur... »
Un autre jour : « J'ai reçu ce que tu m'apportes,
mon cher Armand. Ah! mon Dieu, que ne puis-je
t'embrasser comme je t'aime ; donne-moi des nouvelles de tes frères et sœur. Adieu, je t'embrasse tendrement. Je renvoie mon linge. » Un autre jour
encore, c'est Dufossé qui est venu, ou c'est Jeannette ; et la pauvre femme, qui renvoie encore son
linge, embrasse encore ses enfants.

La révolution thermidorienne changeait la situation de madame de Sérilly. Jusque-là, le répit dont
elle profitait n'était qu'un sursis à courte échéance.
Bayard avait demandé quatre ou cinq mois avant
d'être sûr qu'elle fût grosse : et l'on saurait à la fin
de septembre ou au mois d'octobre qu'elle ne l'était
pas. Mais voici qu'avec thermidor un nouveau régime commence, ou l'on essayera de réparer ce qui
n'est pas irréparable dans les effets d'une longue
injustice. Dès le 17, madame de Sérilly écrit au
comité de sûreté générale [33]. Elle appelle d'un jugement qui, « en envoyant des innocents à la mort,
prive de malheureux enfants de leurs parents ». Ses
enfants n'ont plus de père ; elle se fie à la justice du
comité pour leur rendre une mère.

Aline avait été mise en pension chez la citoyenne
Thomas, faubourg Saint-Honoré ; Armand, chez le
citoyen Jumel, maître d'écriture, rue de la Calende.
Dans sa prison, madame de Sérilly veille sur eux

avec une tendresse attentive et intelligente. Le 3 septembre, elle écrit à sa fille : « On veut que j'espère te revoir un jour ; quelle joie j'aurai à te presser contre mon cœur!... Si ta maîtresse me dit que tu travailles bien, et surtout que tu es bonne, il ne manquera rien à ma satisfaction. Sois sûre, mon enfant, que la bonté, la douceur tiennent lieu d'esprit, de beauté, de fortune... » Il semble que la petite Aline ne fût pas extrêmement jolie et fût, d'esprit comme de caractère, un peu lente. C'est pour cela que sa mère lui indique des vertus de remplacement... « Ton orthographe est meilleure ; il y a cependant encore quelques fautes dans la lettre que j'ai reçue de toi : prends-y garde ». Elle la prie d'étudier un peu l'histoire et la géographie. Et l'anglais ? Aline aura oublié le peu qu'elle en savait! Et l'arithmétique ?... Elle engage Aline à lui écrire : « Cela formera ton style et ton orthographe... Je voudrais, si tu lis quelques livres d'histoire, que tu me mandasses ce qui te frappe le plus. Suppose que je ne sais pas l'histoire, que je n'en ai jamais entendu parler ; tu lis quelque chose qui t'intéresse et tu veux m'en faire part ; mais tu ne peux pas copier, tu m'écris ce que tu te rappelles... Adieu, ma chère enfant ; puissé-je te revoir un jour et t'embrasser aussi tendrement que je t'aime ! » Le 3 septembre, il y a encore beaucoup d'incertitude mêlée à beaucoup d'espérance.

Madame de Sérilly écrit pareillement à son fils, revoit les versions latines, donne de fins conseils pour l'art de traduire, l'art d'écrire un joli français, l'art aussi de vivre comme il faut [34].

Mais voici que, le 17 septembre, la Convention, sur un émouvant discours de Pons de Verdun, décrète qu'il sera une seconde fois sursis aux jugements du tribunal révolutionnaire rendus contre madame de Sérilly et ses compagnes de l'évêché. Madame de Sérilly, le lendemain, écrit à sa fille : « Enfin, je ne peux plus douter que je n'aie le bonheur de t'embrasser! » Le 24 septembre, le comité de législation, chargé par la Convention de prendre connaissance des affaires Sérilly et autres du même genre, invite le président du tribunal révolutionnaire à lui communiquer les dossiers. Par la bonne madame Pourrat sans doute, madame de Sérilly fut informée du chemin que suivait la nouvelle procédure : elle se mit à composer, avec autant d'habileté que de bonne foi, un mémoire ou saisissant résumé de son histoire[35]. Madame Pourrat s'occupait assidument de la sauver. Elle lui écrivait : « Je partage vivement, cher ange, vos prochaines espérances. Ce n'a jamais été que sur une époque plus ou moins rapprochée que j'ai été en sollicitude ; car le fond de l'affaire étoit imperdable. Nous ne pouvons assés vous exprimer combien nous attendons avec impatience et émotion le doux moment de vous serrer dans nos bras. » A l'hospice, on attendait avec une folle angoisse : les jours étaient longs, qui n'apportaient rien de nouveau.

A défaut d'informations décisives, des bruits couraient que l'affaire ne marchait pas, que Pons de Verdun s'en était désintéressé... Mais non! répondait à madame de Sérilly madame Pourrat : Pons a une manière « froide », qui lui est naturelle et que sa « qualité de législateur » a dû augmenter. Pons a dit : « Je m'en charge! » Voilà des mots à retenir; et il faut que madame de Sérilly rassure ses compagnes « sur les habitudes des députés ». L'on s'attend bien que les énergumènes qui « voudroient recommencer Robespierre » se trémoussent : tant pis pour eux ! « Je ne comprends pas sur quoi vos compagnes préjugent un mauvais succès... » Si elles font « trop enrager » madame de Sérilly, alors il faut leur dire les mots de Pons ; « mais ne leur donnés aucun autre détail, parce ce que tout se redit... Adieu, cher ange, je vous embrasse de tout mon cœur ». Donc patience !

Mais la patience est impossible, à moins qu'on ne se démène. Puisque Pons est bien disposé, madame de Sérilly ne se tient pas de lui écrire, afin de lui communiquer un peu de son impatience : « Citoyen, permettez que des femmes qui vous doivent la vie et espèrent vous devoir un jour... » elle avait d'abord mis *bientôt*... « ce bien plus précieux encore, la liberté, vous présentent l'hommage de leur reconnoissance. Nos amis ne vous ont sûrement pas laissé ignorer combien nous en sommes pénétrées ; mais nos cœurs ne peuvent être satisfaits qu'en vous l'exprimant nous-mêmes. Jugez-en, citoyen, par l'étendue du bienfait. Mères, séparées de nos enfants, condamnées à ne les revoir jamais et à périr sans connoître rien de leur sort que l'abandon affreux où notre malheur les avoit réduits, vous faites cesser tous ces maux... Mettez le comble à ce bienfait, en accélérant le moment qui doit nous réunir à ces infortunés. » Du reste, je ne sais pas si cette lettre fut envoyée ; je n'en connais que le brouillon.

Le 7 octobre, nouvelle lettre de madame Pourrat : tout va bien ; le résultat n'est plus douteux. Une question qui reste pendante est la vente des biens de madame de Sérilly, conformément au jugement du

21 floréal. Il faut obtenir des délais : « Vous, une fois
dehors, vous obtiendrés tout. Hé! qui dans le monde
pourroit ne pas vous servir?... Adieu; nous avons
besoin de vous voir pour sentir encore quelque douceur à vivre. » C'est à présent une question de jours.

Madame de Sérilly écrit à ses enfants : « J'éprouve
peine et plaisir tout à la fois de vous savoir si près,
et de ne pouvoir vous embrasser. J'espère que cette
gène cessera hientôt : tout porte à croire que je
touche enfin au moment de ma liberté. J'en jouirai
pour vous, mes enfans. Quelle joie j'aurai à vous
embrasser! Mais il sera impossible que notre satisfaction ne soit bien affaiblie en pensant à l'être qui
faisoit le bonheur de la famille et qu'elle ne retrouvera plus; cette idée empoisonne toute ma joie... »
Comme on approchait du dénouement, qui ne com-
portait plus d'incertitude, la rigueur de la prison
vint à se relâcher : madame de Sérilly put recevoir
la visite de ses enfants. Elle leur écrivit, bientôt
après : « Je ne peux vous exprimer, mes chers
enfants, quelle a été ma joie en vous voyant; et
cependant j'ai éprouvé un sentiment bien doulou-
reux. Mon cœur saigne encore des coups qu'il a
reçus; et la manière affreuse dont j'ai perdu votre
père ne sortira jamais de ma mémoire. Mes enfants,
il n'a cessé de penser à vous, jusqu'à son dernier
moment : vous et moi, l'avons seuls occupé. Il
gémissait sur vous, il vous regrettait... Rappelez-
vous souvent ses leçons, cherchez à faire ce qui lui
plairoit s'il pouvoit vous voir, et vous serez sûrs de
vous bien conduire. Si l'espérance qu'on me donne
aujourd'hui n'est pas vaine, et que je puisse encore
vous serrer dans mes bras, je m'efforcerai de vous

rendre dignes de lui. C'est pour vous seuls que je désire de vivre : j'ai trop éprouvé de chagrins pour être attachée à la vie, si je n'avais l'espoir de vous voir un jour heureux... » Elle est beaucoup plus attachée à la vie, non qu'elle ne le dit, mais qu'elle ne le croit. Toute son histoire, qui sera courte dans le temps, mais toute pleine d'aventure, est le signe d'une étonnante et admirable ardeur à vivre.

Enfin, le 21 vendémiaire, les trois comités de législation, de salut public et de sûreté générale, que la Convention avait chargés de l'affaire Sérilly et autres, ordonnèrent la mise en liberté des détenues, la levée des scellés et du séquestre posé sur leurs biens, par cassation pure et simple des jugements du tribunal révolutionnaire [36]. Le lendemain, 13 octobre, à deux heures, madame Pourrat venait chercher son amie à l'hospice de l'évêché. Les dernières formalités demandaient encore un peu de temps. Elle lui fit passer ce petit mot : « Je suis ici, cher ange. Je venais vous embrasser et vous chercher, pour vous emmener chez moi avec vos aimables enfans. Mais on me dit que ce ne sera qu'à quatre heures qu'on apportera votre ordre. Je suis donc obligée de retourner chez moi, parce qu'on s'inquiétera d'un si long retard. Mais Le Couteulx, sa femme et moi, cher ange, vous prions de venir loger chez eux. Vous aurez toutes vos aises, la plus grande liberté. Nous serons si heureux de vous posséder que vous ne pouvez pas vous refuser à nous accorder cette grâce. Ne rentrés pas dans un appartement où vous avez éprouvé tant de malheurs. Venez dans le sein de vos amis, les dédommager de tous les maux que vous avez soufferts, et qu'ils ont

partagés si vivement. » Madame de Sérilly se
rendit à cette invitation si tendrement cordiale et
s'établit donc rue Basse-du-Rempart.

Elle n'y resta pas longtemps et partit pour Passy
où elle avait à retrouver le petit Victor, sa cousine
madame de Beaumont, et où elle avait à s'occuper
de ses affaires. Une affiche avait annoncé pour le
28 vendémiaire une vente de « meubles garnissant
le ci-devant château de Passy, et provenant de
Sérilly condamné[37] ». Cela tombait par le jugement
du 21 vendémiaire, en ce qui concernait du moins la
veuve du condamné ; mais il fallait être là et veiller.
Le 9 brumaire, madame Hocquart écrit à son amie :
« Mon cœur vous a suivie dans votre voyage. Je
vous ai vue embrassant Victor, notre malheureuse
amie, les recevant tous les deux dans vos bras, et
j'aurois voulu mêler mes larmes à celles que votre
présence aura fait couler. Votre peauvre cousine a
grand besoin d'en répandre. La solitude absolue où
elle a vécu lui a serré le cœur, et l'impossibilité de
parler de sa douleur l'a irritée encore. Dites-moi
comment vous l'avez trouvée... » Madame Hocquart
voudrait que madame de Sérilly vînt s'établir à
Saint-Germain, où elle-même demeure ; elle lui
chercherait, et n'aurait pas grand peine à lui trouver
un logement : « Nous nous sommes crues séparées
pour si longtemps que je n'aime pas à vous perdre
de vue. Votre peauvre cousine voudra-t-elle quitter
des souvenirs qui doivent lui être bien chers ? C'est
à vous de l'y déterminer. Elle vous aime trop pour
vous refuser. Ramenez-la près de moi avec vous... »
Madame de Beaumont n'avait pas quitté Passy
depuis les atroces journées qu'elle apprenait l'exé-

cution de sa mère, de son frère,, de son cousin Mégret de Sérilly, la mort de sa sœur La Luzerne à l'hospice de l'évêché. Elle survivait, de la plus douloureuse manière.

Je ne crois pas qu'elle ait délogé du château dès le jour que sa mère, son frère et sa sœur en furent emmenés. Elle avait à s'occuper des enfants ; et une lettre de madame de Sérilly, que l'on a lue, témoigne de son assiduité auprès d'eux. Mais, en juillet, Armand et Aline partaient pour Paris ; Amédée, bientôt après [38]. Il ne restait que Victor, sur qui veillaient plusieurs personnes sûres. Le château était à peu près vide de tout ce qui eût retenu la pauvre Beaumont. Je crois que c'est alors qu'elle n'y put rester et qu'elle se réfugia dans la cabane que lui prêtait Paqueraut.

Ce Paqueraut, Dominique au baptême : un excellent homme. Il avait alors cinquante-huit ans. Il habitait, avec sa femme et son fils, une petite maison de Passy, à peu de distance du château. Il possédait un peu de vigne. Le 7 février 1790, on l'avait élu notable et, le 13 novembre 1791, procureur de la commune, magistrature qu'il conserva jusqu'au 2 décembre de la suivante année. Après cela, il s'était retiré de la politique. Dans un acte de 1787, il est dit « marchand » et loue à un vigneron du pays, pour 48 livres par an, une maison qu'il a et six cordes de terre. Dans un acte de l'an IV, il est qualifié « maréchal ». Sans doute faisait-il plusieurs métiers, comme cela se voit dans les villages. Sa femme s'appelait Sébastienne Pichot. De temps en temps, il achetait ou échangeait des bouts de terre, pas très grands. La maison où il recueillit madame de Beaumont, démolie en 1895, était sise au lieu dit des Groseilliers. Il n'en reste qu'un vieux puits. Ce serait la troisième maison à droite en venant de Villeneuve par le chemin le plus court. Les gens du pays se souviennent de cette maison, qui était « une vraie cabane », à les entendre.

La cabane de Paqueraut fut, pour madame de Beaumont, l'asile du désespoir, la solitude et l'abandonnement où l'on veut être quand on n'a plus aucune attache à l'existence.

Le 8 novembre, madame de Sérilly est à Auxerre, où il faut qu'elle débatte avec le département ses droits difficilement reconnus : ses affaires s'arrangent assez bien, mais lentement. Le 23 novembre, elle est encore à Passy ; elle écrit à la petite Aline qu'elle se dépêche, qu'elle va bientôt rentrer à Paris, qu'enfin madame de Beaumont la suivra de près : « Tu les verras cet hiver. » Elle était donc parvenue à convaincre sa cousine de ne pas languir sans fin dans un chagrin farouche.

Elle fut à Paris, que madame de Beaumont ne se décidait pas encore à partir. Et, à cette fin de l'année 1794, madame de Beaumont connaissait M. Joubert. Il avait appris qu'elle était là, chez Paqueraut. Il savait tous ses malheurs. Il était allé la voir ; il revenait la voir de temps en temps. A quelle date exactement se fit la rencontre de Joubert et de madame de Beaumont? Ce doit être à l'automne, quand il revint de Paris. Le premier témoignage de leur connaissance est une lettre de lui à elle, du 26 décembre : « J'ose, madame, être fort aise que vous ne soyez pas partie et être fort impatient d'avoir l'honneur de vous revoir. Votre chaumière couverte de neige auroit

eu déjà mon hommage, si je n'avois craint d'effaroucher votre bonté, par un si grand empressement. Je
me suis un peu enrhumé et je serois un téméraire
d'aller tousser auprès de vous par ce temps, assés
remarquable. Ma politique est, madame, de ne vous
faire que des visites qui ne me coutent rien afin
qu'en y prenant peu garde vous les permettiez plus
souvent. Je ne tarderai sûrement pas à avoir besoin
de braver tous les frimas, par un principe de santé,
et je dirigerai naturellement mes promenades vers
Passy; l'air de ce lieu m'est favorable. Agréez, madame, les assurances du profond respect avec lequel
j'approcherai toujours des lieux que vous habite-
rez. » Et le post-scriptum : « Galetty seroit certainement fort enchanté de vous voir à Paris; mais je
doute que les gens les plus dignes de vous y recevoir pussent vous pardonner d'y arriver par ces
grands froids. Ayez un peu pitié de vous, madame,
et attendez 95. Desprez, qui n'ira point au Havre, à
ce que son frère m'a dit, me scaura un gré infini, si
je puis me vanter à lui de vous avoir détournée de
quitter si mal à propos la retraite et le coin du feu.
Ce Paris n'a que des rues impraticables dans un
moment comme celui-cy. Je fairai dans cette occasion, pour obliger Desprez et pour mon propre
honneur, tout ce qui me sera possible et, dès cet
instant, je commence par prévenir votre belle âme
que je serai désespéré si ce pays vous perd mardi.
Laissez ces lourdes diligences aller et venir sans
vous, tant qu'elles pourront s'embourber. Votre
goût pour la solitude ne doit vous quitter qu'au
beau temps. Puisse votre résignation, qui se soumet
à tant de choses, céder aussi aux éléments! Ils vous

deffendent de partir et me font plaisir, je l'avoue, s'il m'est permis de l'avouer. » Que c'est gentil! que c'est enjoué joliment! et, sous la cérémonie, comme il y a de la tendresse qui est discrète et qui pourtant se montre!

Trois jours plus tard, le lundi 29 à deux heures, madame de Beaumont partait, malgré les conseils de Joubert. Avant de partir, elle lui écrivait: « Je pars, monsieur, triste de ne pas vous dire adieu, le cœur serré de quitter ma chaumière et effrayée de revoir cette ville teinte du sang de ce que j'avais de plus cher au monde : et cependant je vais revoir mes amis ; je voudrais ne m'occuper que de cette idée, et toutes les autres m'accablent. Je me sens trop maussade pour causer plus longtemps avec vous. J'espère vous re ⸱ ; je vais voir monsieur votre frère ; j'ai bien fait de me déterminer, ma présence était nécessaire. Encore une fois, adieu, monsieur ; dans peu j'aurai, je l'espère, le plaisir de me féliciter d'avoir fait connaissance avec vous. J'ai les mains si froides que je ne puis tenir ma plume : c'est une mauvaise disposition pour mon voyage. » Cette petite lettre si frémissante est écrite sur une petite feuille à tranches rouges, pliée en quatre. Même après que madame de Sérilly était venue rouvrir le château, madame de Beaumont restait chez Paqueraut. Maintenant, elle part. Et Joubert, à cause d'un rhume, n'a pu venir lui dire adieu. Nous les avons à peine entrevus l'un et l'autre ensemble.

CHAPITRE IV

Joubert avait redouté, pour le voyage de madame
de Beaumont, le terrible froid de cet hiver-là. Comme
il était extrèmement frileux, il réunissait sous le
vocable du froid toutes ses craintes, puis ses regrets,
d'une manière bien discrète. Le 6 janvier, n'ayant
pas reçu de nouvelles de la voyageuse, il lui écrit,
n'avoue pas toute son inquiétude, et voile ou orne
un peu son véritable sentiment : « Si vous faites
jamais une petite fortune, je vous prie, madame, de
bâtir une petite maison sur les rivages de la Seine,
entre Paris et votre Passy, en face du soleil couchant,
et à la pointe d'un coteau. J'irai, quand je serai grand,
habiter votre voisinage, et placé alors à portée de
de cultiver votre bonté, je choisirai quelque instant
favorable pour vous remercier, comme je le désire,
du petit billet que vous avez pris la peine de m'écrire
au moment de votre départ... » Il aimait beaucoup
à dire « quand je serai grand » ; non seulement à le
dire, mais à penser qu'il était encore à l'âge où l'es-

prit se développe avec innocence ; il badinait ainsi
autour de ses quarante ans, de sa haute taille et de
la lenteur qu'il mettait à se composer sa doctrine...
Ce petit billet lui avait été remis le lendemain, « au
retour d'une promenade où je n'avois été occupé que
du regret de n'avoir pu vous voir la veille. » Puis :
« Votre cabane est toujours couverte de neige. Je
ne suis plus si désolé que vous l'ayez quittée en gre-
lottant. Vous auriez grelotté bien davantage, s'il
vous avoit fallu partir huit jours plus tard. Je n'ai
pu que depuis une heure, depuis le premier jour
de l'an, parvenir à dégeler mon écritoire sans l'exposer à des éclats qui l'auroient toute fracassée...
Si j'ose vous entretenir de la neige et de la gelée,
ce n'est très certainement pas par besoin, madame,
et, comme on dit, *faute de mieux*. Mais je ne veux
pas vous occuper des lieux où vous êtes et je ne scais
trop que penser de ceux que vous avez quittés.
Quoique extrêmement sensible à l'espérance de vous
y revoir, je sens trop que j'aurois peu à me féliciter
de l'honnenr de vous y avoir vuë, si le bonheur de
votre vie continuoit à vous inspirer une indifférence qui n'est possible qu'à vous seule parmi tout
ce qui vous connoît... » Madame de Beaumont, dans
son chagrin, dédaignait l'avenir autant qu'elle avoit
à ne point aimer le présent. Joubert l'eût voulu persuader de n'être pas au désespoir ; et l'on aperçoit
ici la trace de leurs premières causeries.

La lettre de Joubert ne fut pas remise à madame
de Beaumont sans retard. Il l'avait confiée à son
frère Arnaud qui était venu passer à Villeneuve les
fêtes du nouvel an ; mais, quand Arnaud Joubert
fut de retour à Paris, madame de Beaumont faisait

un petit séjour aux environs. Les deux cousines
songeaient alors à demeurer ensemble, trop seules
pour s'éterniser à la campagne ; et madame de
Sérilly cherchait, pour elle et pour Madame de Beaumont un appartement qui ne fût pas trop cher. Il
fallut renoncer à ce projet. Madame de Sérilly, rap-
pelée en Bourgogne, dut se démener de Passy à Sens,
de Sens à Auxerre, malgré le péril de rencontrer,
dans ses courses, les terroristes de canton, survivants de Robespierre et qui usaient de représailles
hypocrites. Le 14 février, par exemple, elle arrive à
Sens au bon moment pour empêcher qu'on n'envoie
son argenterie de famille à la Monnaie. Elle écrit à
madame de Beaumont presque tous les jours. Elle
n'est pas très bien portante ; mais la santé de sa cousine la tourmente beaucoup plus que la sienne.
« Soignez bien, lui écrit-elle, votre rhume, vos gros-
seurs ; ne soyez pas si insouciante pour votre santé,
souvenez-vous que vous avez des amis. » Elle
compte que madame de Beaumont la viendra bientôt rejoindre et elle prépare tout à cette fin. Madame
de Beaumont avait apporté dans la chaumière de
Paqueraut les effets et les menus meubles indispensables ; puis elle avait quitté la chaumière en laissant tout sens dessus dessous. Au château, le
désordre était pire, depuis que la terreur y avait
passé. Madame de Sérilly veillait à réparer ce
désordre. Elle écrivait à sa cousine, le 28 février :
« On s'occupe de votre déménagement ; ce soir vos
effets seront rétablis dans la chambre qu'ils n'auraient pas dû quitter... Ce sera la première chose
faite. » Il y a, dans cette lettre, une furtive mention
de François de Pange, dont madame de Sérilly vient

de recevoir une lettre, une réponse, et à qui elle prie madame de Beaumont de dire « mille choses », enfin de l'embrasser.

Dès son arrivée à Passy, madame de Sérilly n'a point manqué d'envoyer à Joubert une lettre que sa cousine lui avait confiée : « Je ne l'ai pas encore vu, parce que je n'ai pas posé beaucoup et qu'il n'a pas voulu venir me voir au milieu de mes embarras ; mais nous nous sommes déjà écrit trois fois pour le moins... Pourquoi ne me plairait-il pas, puisque vous l'avez trouvé aimable ? » Elle ne le connaît pas encore ; elle ne l'a pas vu, pendant le bref séjour qu'elle a fait à Paris après sa sortie de prison. Mais voilà le premier indice du sentiment que Joubert inspire à Mme de Beaumont, qui l'a trouvé aimable, enfin digne d'amitié.

A Paris, elle n'évite par les ennuis. Son mari veut la forcer au divorce, qu'elle refuse. Elle va de mal en pis et donne de ses nouvelles d'une façon tout à la fois évasive et alarmante. Madame de Sérilly se fâche : « Vous ne toussez plus que trois heures par jour ; quelle misère ! Vous me dites cela comme si ce n'était rien. Je vais bien vous soigner, de gré ou de force ! » Mais soigner qui ne veut pas guérir ?...

Elle dut arriver à Passy le 14 mars ; et Joubert dut en être bien content. Mais il était, à cette fin d'un rude hiver, très mal portant, lui aussi. Des rhumes et des maux d'oreilles l'avaient éprouvé. Il exagérait le péril où le mettait la maladie et, le 14 février, notait, parmi de subtiles remarques de philosophie : « La paralysie voltige autour de moi, elle m'effleure, mais ne s'accroche pas à moi... Un jour, elle s'accrochera. » Cependant, il allait parfois à la promenade.

Il est au Vallon, le 24 février, regarde les arbres,
médite et aperçoit cette analogie : « Chaque année,
il se fait en nous un nœud comme dans les arbres ;
quelque branche d'intelligence se développe ou se
couronne et se durcit. » A l'arrivée de madame de
Beaumont, quelle disgrâce ! ses douleurs d'oreilles
l'ont repris. Et il écrit, avec un regret qu'il égaye
gentiment : « Je vis, madame, depuis 17 jours sous
l'empire de la médecine. Elle m'a défendu de jetter
mon bonnet de nuit par dessus les maisons. Je me
trouve invinciblement porté à pratiquer cette partie
de ses ordonnances, avec d'autant plus d'exactitude
que le tempéramment dont il a plu au ciel de me douër
me deffend de son côté de faire usage d'aucun autre
de ses remèdes. Ceppendant le costume ridicule qui
m'est prescrit, en m'affublant les deux oreilles, ne
me permet pas de les consacrer à vous entendre. Je
perds à cette servitude tout ce que vous auriez bien
voulu me dire et tout ce que vous m'auriez fait penser. Il y a, madame, de quoi se désoler dans une
perte si fàcheuse, lorsque l'on a le sens commun. Je
le scais ; et je me désole... » Son frère lui a fait, de
madame de Sérilly, tant d'éloges que son regret de
ne pas encore la connaître augmente ses humeurs :
« Les miennes sont tellement aigries que, si on veut
encore m'obliger longtemps à tenir mon bonnet près
de ma tête, je me sentirai la tète près du bonnet et
me décoëfferai de rage. Pardonnez, madame, à l'emportement de ces expressions dont la violence est du
moins adoucie par un calembourg. L'impatience qui
me tourmente, et dont je puis pas prévoir la fin, a
sa source indestructible dans les sentimens dignes
de votre mérite dont je suis pénétré pour vous. » Il

put néanmoins aller à Passy, revit madame de
Beaumont, vit madame de Sérilly.

Seulement, à peine arrivée, madame de Beaumont
ne tardait pas d'annoncer qu'elle partirait. Elle n'allait pas mieux ; et l'on ne parvenait pas à la soigner.
Joubert osa lui écrire : « Je suis bien aise de vous
dire que je ne pourrai vous admirer à mon aise, et
vous estimer tant qu'il me plaira, que lorsque j'aurai
vu en vous le plus beau de tous les courages, c'est
le courage d'être heureux. Il faudroit, pour y
atteindre, avoir d'abord le courage de vous soigner,
le désir de vous bien porter et la volonté de guérir... » Voilà ce qu'elle n'avait pas. Elle avouait sa
fantaisie « de mourir, en courant la poste, dans
quelque auberge de village ». Elle l'avouait à Joubert, ne l'avouait pas à madame de Sérilly ; et Joubert se vantait, comme d'un bon procédé, d'avoir
gardé pour lui cette horrible confidence : mais il la
gardait sur le cœur. Madame de Sérilly l'avait mise
entre les mains d'un médecin de Sens, « honnête
homme », disait Joubert, mais « pauvre guérisseur » ;
et il voulait qu'à Paris elle consultât un vrai guérisseur : « Je suis payé pour vous désirer de la santé,
puisque je vous ai vue ; j'en connais l'importance,
puisque je n'en ai pas... Enfin, madame, je suis tourmenté depuis trois mois de l'inquiétude que vous me
causez à cet égard, à un tel excès que j'aimerois
encore mieux vous savoir cet été à Plombières qu'à
Passy, et assurément c'est tout dire... » Elle n'entendait pas raison. Joubert avait beau lui indiquer le
péril, cette désespérée ne refusait pas de mourir et,
tout bonnement, répondait : « Cela serait plus tôt
fait. » Alors, lui : « Plus tôt ? oui ; mais non pas

bientôt. On meurt longtemps et si (brutalement parlant) il est quelquefois agréable d'être mort, il est affreux d'être mourant pendant des siècles... Enfin, il faut aimer la vie quand on l'a : c'est un devoir. Les *pourquoi* seroient infinis ; je m'en tiens à l'assertion. Elle vous fâchera peut-être ; mais, fût-ce pour vous plaire, je ne puis pas vous taire cette vérité... Je suis quelquefois tenté de me couper les deux oreilles. » Détestables oreilles, qui l'empêchent d'aller à Passy recommander l'amour de la vie !

Le 27 mars, un vendredi, madame de Beaumont lui envoie son page — un vieux serviteur qu'on affuble de ce titre galant — qui lui annonce qu'elle partira lundi. Précisément, il comptait l'aller voir ce lundi, ayant calculé que ses oreilles lui en donneraient la permission. Quel chagrin ! « Dans l'extrémité où me réduit mon mécompte, je vais prendre un parti désespéré. J'ai des sabots et un bonnet bleu : je vais, si la raison ne me revient pas dans un quart d'heure, me coëffer de l'un, chausser les autres et vous apparoître à Passy avec la mine du vicomte de Jodelet quand il sortit de maladie. Si la raison me vient, je n'irai que demain... » La raison ne lui vient pas du tout : « Bon ! je vais partir sur-le-champ. Un peu de honte ne doit pas l'emporter sur tant d'autres considérations importantes ; pardonnez-moi, vous et madame de Sérilly, l'irrégularité et la bizarrerie de mon costume, je me pardonnerai ce soir même... » Et le voici, par les rues de Villeneuve, par les routes et les chemins, en bonnet bleu et en sabots, un peu gêné, puis un peu amusé de son équipage, inquiet de son imprudence et fervent de vraie amitié, tout près d'ailleurs à être charmant et à mêler les sentiments et les idées dans le badinage de sa causerie.

Madame de Beaumont devant partir le 30, il lui écrit la veille : « J'accepte votre absence comme une occasion que le ciel m'envoye de redevenir innocent ; je puis vous assurer que je n'aurai bientôt plus à me reprocher aucune distraction envers le mérite que vous laissez derrière vous. C'est par esprit de pénitence, je crois, que je cède assés facilement à quelques légers obstacles qui ne me permettent pas d'aller vous offrir les vœux que je fais pour votre voyage... » Il se propose de voir madame de Sérilly quand madame de Beaumont sera partie. Mais il craint de rencontrer chez elle des personnes qui ont à lui reprocher sa négligence et qui auraient tort d'attendre de lui aucun repentir. Après les hommages, il ajoute que, certainement, il mourra quelque jour « de l'envie de vous dire ce que je pense ». Il ne le dit pas encore. Et veuille madame de Beaumont lui donner bientôt le bonheur de la revoir !

Madame de Sérilly fut appelée à Paris par une aventure étonnante, le procès de Fouquier-Tinville. Joubert, pendant cette année 1795, ne bouge pas de Villeneuve. A Paris, les deux cousines ne l'oublièrent pas et lui envoyèrent, l'une et l'autre, quelques récits du procès, qui dura tout le mois d'avril. Joubert, le 26, remercie madame de Beaumont et lui parle de Riouffe, qui vient de publier une nouvelle édition de ses *Mémoires* et qui les a trop allongés[1] ; il en blâme les nouveautés et admire pourtant ce que le détenu dit de la nature humaine : « *Sa douleur lui échappe comme son plaisir* ; un mot pareil vaut tout un livre. » Joubert écrit à

madame de Sérilly le lendemain[2] : « Je ne suis pas
digne de vous remercier, madame ; j'ai une extinc-
tion d'esprit et de voix... » Et puis les jus d'herbes
que les médecins lui font prendre l'ont rendu inac-
tif. L'aventure de madame de Sérilly l'intéresse
comme un des épisodes pathétiques de la Terreur.
Au procès de Fouquier-Tinville, où on la fait com-
paraître comme témoin, elle s'écrie : « J'ai vu là
mon mari ; j'y vois aujourd'hui ses assassins. Voici
mon extrait mortuaire ; il est du 21 floréal, jour
de notre jugement à mort !... » Pour cette morte
ressuscitée, Joubert compose une devise et un
cachet : deux foudres qui se croisent, deux branches
de cyprès ; à la base de l'allégorie, une coque et la
chrysalide qui en sort. La légende : « *Io rivivo*
(s'il est italien), ou *cosi*... qui est plus laconique.
Et l'orage qui annonce la chaleur, le coup de foudre
à qui vous devez l'existence conviennent également
au corps et à l'âme de cet emblème... » Il avoue
qu'on pourrait trouver mieux.

Sur une petite feuille aux tranches bleues, madame de Beaumont, vers la fin de mai, écrit à Joubert : « Comment ai-je pu être si longtems sans vous
écrire, moi qui aime tant à recevoir de vos lettres ?
Sans expliquer cette bizarrerie, je vous dirai seulement qu'à l'heure de la poste je me dis : si j'avais
écrit, j'espérerais une lettre, et que je maudis ma
bêtise... » Il paraît que Joubert va mieux ; pourtant
on parle encore d' « un certain luxe de bonnets »,
qui n'est pas un bon signe : « Rassurez-moi, monsieur, car il est impossible de ne pas vous désirer
du bonheur et je sais trop bien que la santé est un
des éléments qui le composent... » Madame de

Staël, qui venait de publier ses *Réflexions sur la paix adressées à M. Pitt et aux Français*, était rentrée à Paris ; madame de Beaumont l'avait vue : « J'ai été bien touchée de la revoir, après plus de deux années d'absence et des siècles de malheur. Quand elle ne serait pas aussi remarquable qu'elle l'est par son esprit, il faudrait encore l'adorer pour sa bonté, pour son âme si élevée, si noble, si capable de tout ce qui est grand et généreux. Elle est ce que madame Roland se croit, mais elle ne songe pas à en tirer vanité... » Madame de Beaumont préfère la « simplicité » de madame de Staël à l'orgueil de madame Roland, pour qui elle serait injuste si elle ne veillait à ne pas l'être : « J'ai besoin... » en la lisant : les mémoires de madame Roland venaient de paraître... « J'ai besoin de me rappeler sans cesse qu'elle est sous la glaive pour lui pardonner et, malgré sa mort, elle ne sera jamais pour moi que la Providence du 10 août... » Les malheureux qui venaient d'échapper aux abominations de la Terreur lisaient avidement les mémoires, documents, apologies et plaidoyers qui commençaient de paraître en assez grand nombre : quelle évocation de leurs plus atroces journées ! Il fallait un effort de liberté mentale pour garder l'esprit d'équité à l'égard des imprudents et des coupables qui avaient leur peu d'excuse dans le malheur des temps. Madame de Beaumont, comme Joubert, lit Riouffe et, pour caractériser la manière de cet écrivain, trouve cette jolie formule : « Il sent bien plus qu'il n'exprime... » Fouquier-Tinville a été guillotiné le 6 mai. Cela fait, madame de Beaumont veut compter que « nous voilà sages pour long-tems ». Elle laisse d'ailleurs à sa cousine le soin d'en raconter davantage. En effet, le 1er juin, madame de Sérilly rentrait à Passy et n'amenait pas madame de Beaumont, qui avait le projet de ne pas tarder à la suivre et ainsi de revoir Joubert, de le voir souvent. Ce ne fut pas du tout ce qu'il advint.

Madame de Sérilly ne rentrait à Passy que pour un peu de temps, après quoi elle devrait aller en Auvergne et débattre la succession très compliquée de son frère. En attendant, elle éprouve une joie singulière de se retrouver à Passy, par un bel été : « Je vois aussi bien que personne, écrit-elle, les désagréments de cette habitation ; elle est aride, les arbres n'y sont pas beaux, les promenades maussades. Et cependant, en arrivant, mon premier soin a été de courir partout ; je me suis surprise regardant chaque feuille avec intérêt et charmée de me sentir ici. Cela tient sans doute à cette heureuse disposition que vous me connaissez, de vouloir à toutes forces accrocher le bonheur... » La voilà très justement définie par elle-même : son goût de la vie, son ardeur à vivre, un extraordinaire entrain que rien ne décourage, cette puissance de résurrection qui la fait renaître quand ses calamités l'ont accablée. Elle ne céde jamais : les condamnations à mourir ne l'atteignent pas et elle survit à son acte de décès. Présentement, elle sort du procès Fouquier-Tinville, où elle a comparu à titre de fantôme : elle ne songe qu'à ne pas manquer d'accrocher le bonheur. La voilà dans son étonnant contraste, avec la triste Beaumont qui refuse de vivre et qui méprise la durée.

Avant d'arriver à Passy, elle s'est arrêtée à Sens ;
et voici ce qu'elle raconte : « Je ramasse les pièces
à la louange de Guesnot ;... je vous les enverrai.
Il y a quelques jours, la chaîne... » et c'est la
troupe des forçats... « la chaîne a passé par Sens.
Quelqu'un a cru reconnaître Guesnot et l'a nommé.
Guesnot, se sont écriés les galériens, *un gueux
d'espion qui a fait périr des milliers de personnes !
S'il était parmi nous, nous l'assommerions.* Voilà ce
que les camarades présumés de Guesnot disent de
lui. Soyez tranquille, je ne l'oublierai pas ». Voilà
comme elle est combative.

Sa correspondance avec sa cousine est à peu près
quotidienne. Ses lettres sont abondantes, intelligentes, vives. Qu'il s'agisse d'affaires, où elle a
autant de discernement que de zèle, ou qu'il s'agisse
du cœur, elle est la même, originale avec simplicité,
amusante, charmante et pathétique de ferveur.

Madame de Beaumont voyait à Paris François
de Pange[3], qui lui donnait de l'inquiétude par sa
tristesse et tant de fatigue : « Je voudrais qu'il fût
ici, répond madame de Sérilly. Il se tue à Passy... »
l'autre Passy près de Paris... « Il ne peut pas sortir
pour se promener. La moindre course est trop considérable pour sa faiblesse... Il n'en ferait ici que
ce qu'il pourrait ; rien ne l'attirerait trop loin... Ce
qui m'effraye le plus en lui, c'est que je le vois,
ainsi qu'il l'a remarqué lui-même, plus sujet à
l'ennui. Il n'en était jamais atteint autrefois dans
la solitude. Engagez-le à venir ici promptement... »
Comme Pauline de Beaumont, François de Pange
ne surmontait pas l'émoi que lui avait laissé l'époque
monstrueuse. Il avait vu se pervertir et tourner à

l'infamie quelques-unes des idées auxquelles jadis il accordait un généreux crédit de confiance et de dévouement. Auprès de l'étonnante Sérilly contre qui la destinée s'acharne en vain, Pange et madame de Beaumont figurent la défaite et le désespoir. Ces pauvres êtres, après leurs tribulations d'épouvante, avaient à vaincre une lassitude mortelle, à laquelle se résignait François de Pange, à laquelle madame de Beaumont ne résistait pas et que madame de Sérilly, la plus éprouvée cependant, n'acceptait pas.

A Passy, voici l'existence de madame de Sérilly. Parfois elle a du monde. Et il s'agit de nettoyer, frotter, placer les tableaux, les estampes, les bustes qu'elle a obtenu que le district voulût lui rendre. Elle a résolu de réinstaller sa vie et sa maison comme devant, d'effacer le souvenir affreux et de revivre. Un jour, Paqueraut l'est venu voir : « Mais, écrit-elle à madame de Beaumont, c'est à votre intention. Il venait savoir de vos nouvelles et me prier de vous offrir de sa part une miche ; il vous avait aussi gardé des haricots, mais il a bien pensé que vous n'en aviez plus besoin ; quant à la miche, elle est toujours à votre service et toutes les fois que vous en voudrez. Bougant m'a fait la même offre. Je les ai bien remerciés de votre part. Ils me demandent tous quand vous viendrez et je crois en vérité que vous m'avez coupé l'herbe sous le pied dans ce pays ; heureusement j'ai l'esprit bien fait et je vous le pardonne. » Madame de Beaumont n'arrivait pas : elle s'occupait, à Paris, de vendre sa maison, n'y parvenait pas et manquait d'argent.

Ce mois de juin, Joubert fut assez souffrant pour qu'il n'y ait presque rien dans ses carnets de cette

époque. Le 19, il écrit à madame de Sérilly : « Je
n'ai plus, madame, qu'un seul reproche à faire à
ma santé ; c'est de n'être pas encore assés bonne
pour me permettre d'avoir l'honneur d'aller vous
voir. Elle devient d'ailleurs insensiblement meilleure d'un moment à l'autre, et d'ici à deux ou trois
jours j'espère avoir acquis définitivement assés de
bonheur et de force pour admettre dans mon régime
de fréquents voyages à Passy... Je n'ai pas osé
écrire à madame de Beaumont avant de pouvoir lui
parler de vous. Je vous rends grâces mille fois du
plaisir que vous me donnez en me parlant d'elle. Je
voudrais bien que la fortune et la société ne vous
donnassent plus, madame, à l'une et à l'autre, que
les tracas et les traverses inséparables de l'état
même des heureux... Vous êtes née bien décidément, à ce qu'il paroît, pour voir impunément tous
les dangers. Que le ciel les détourne, à l'avenir,
même de votre voisinage ! ou, s'ils viennent, qu'ils
fassent tous comme ils ont fait et qu'ils crèvent à
votre porte[1] ! » Hélas, elle n'était pas au bout de
ses peines.

Joubert et madame de Sérilly avaient, pour les réunir, la grande amitié de madame de Beaumont, le
souci que leur donnait la santé de cette pauvre femme.
Il était question qu'elle fît une saison, vers l'été, à
Plombières. Joubert l'y avait engagée. Au mois de
juillet, madame de Sérilly écrit là-bas et demande
des renseignements ; puis, recevant une visite de
Joubert, elle l'interroge. Les réponses de Joubert
et les renseignements qu'elle reçoit coïncident d'une
manière à ne laisser aucun doute : « Quel vilain portrait on me fait de ce lieu ! Je n'y veux plus envoyer

ma cousine », écrit-elle à Joubert. Elle ajoute : « Le temps est bien beau, monsieur ; ne vous verra-t-on pas? ne ferez-vous pas quelque petite infidélité à votre dîner? ne voulez-vous pas parcourir ce bois que vous aimez? *Nourri dans le sérail, j'en connais les détours* : pardonnez-moi de me masculiniser, pour ne pas rompre la mesure du vers ; cela ne passera pas en habitude, je n'aime point à me faire homme, quoique je voulusse fort l'être. Je vous mènerai dans le bois. » Elle se croit sur le point de partir pour l'Auvergne et songe à y emmener madame de Beaumont. Elle sent que sa cousine a besoin de « variété dans la vie » et de « dissipation » ; car on ne peut sans cesse ressasser les durs souvenirs. Madame de Beaumont, pour qu'on ne la divertisse pas de sa rêverie, assure qu'elle va mieux. Madame de Sérilly ne le croit pas : il lui suffit de voir l'écriture de sa cousine pour s'apercevoir du contraire.

Madame de Beaumont n'alla pas à Plombières. Sous le prétexte des affaires qui l'occupent, elle reste à Paris : c'est faute d'avoir envie d'être ailleurs. Je ne sais pas pour quelle affaire ni pourquoi, elle est à Rouen le 11 juillet[5] : sa cousine ne sait pas combien de temps elle y restera ; elle y est pour peu de jours. Et puis elle rentre à Paris ; elle a pensé venir à Passy et n'y vient pas.

Réagir, se délivrer du passé qui empoisonne le présent, vivre dans le présent, rattacher les nouveaux jours au temps que la Terreur a interrompu : c'est où la pauvre Beaumont ne réussit pas, où l'énergie de madame de Sérilly montre sa vivacité. Joubert lui est d'un inappréciable secours. Il l'amuse à des causeries dont elle n'avait pas l'idée. Elle lui écrit : « Vous m'avez donné, monsieur, deux ou trois points de méditation qui m'ont occupée depuis que j'ai eu le plaisir de vous voir et qui n'ont encore produit dans mon imagination que des nuages que je ne désespère par d'éclaircir un jour. Ce sera l'occupation de mon voyage et prenez-y garde, monsieur, vous pourriez bien souffrir des rêveries que vous aurez élevées dans mon faible cerveau. Si j'ai besoin de discussions, d'éclaircissements, du développement d'une idée que je sentirai sans la pouvoir bien exprimer, je m'adresse impitoyablement à vous. Vous serez victime de mon désœuvrement, comme vous l'êtes à présent de la bêtise que m'inspire ce monsieur si bien portant... » C'est un certain M. Tronc, bonhomme de là-bas, qui s'était épris d'elle, s'efforçait de l'obliger et lui faisait une cour assidue... « Il est en ce moment auprès de la table sur laquelle j'écris, feuilletant un livre qu'il n'entend pas, m'en lisant finement quelques phrases au hasard, qu'il loue ou blâme pour paraître avoir du goût, car il a des prétentions, monsieur ; je suis convaincue depuis longtemps qu'il n'y a que cela qui nuise. Si ce pauvre homme consentait à être bête, il ne le serait pas plus que beaucoup d'autres qui sont supportables ; mais sa fantaisie d'avoir de l'esprit et des grâces, oui, monsieur, des grâces, en dépit de la nature, le rend très ennuyeux... » Ce badinage n'est pas médiocre, et cette gaieté a une exquise élégance de bravoure. Pendant ce temps, madame de Beaumont se fait mourir d'une douleur obstinée : Joubert ne peut rien pour elle, et il en souffre tendrement.

Madame de Sérilly devait quitter Passy le 13 ;
elle ne partira que le 18 et passera quelques jours
à Paris avant d'aller en Auvergne où décidément
on la réclame. Elle écrit à sa cousine. M. Joubert a
été malade, « à ce qu'il dit ». Sa maladie ? « Ce sont
des vapeurs, ce qu'il ne dit pas ; mais ce n'en est pas
moins une maladie. Au reste, il n'en est pas moins
aimable... » Une fois, au château de Passy, Joubert
rencontre le soupirant de madame de Sérilly. Plus
exactement, il entrait lorsque sortait M. Tronc...
« Il m'a dit que nous étions trop difficiles et qu'il
était impossible de s'ennuyer avec un homme qui
paraissait si frais, si bien portant. Je veux les mettre
ensemble, un jour : ils seront un peu étonnés l'un
de l'autre. » L'enjouement de Joubert enchante
madame de Sérilly ; son originalité lui semble drôle
et charmante.

Elle s'est promis de revivre ; et elle revit assez
pour donner un dîner d'une douzaine de couverts le
10 juillet. Seulement, elle s'aperçoit qu'elle a perdu
l'habitude mondaine ; la table était trop petite, et les
plats. Le vieux Saint-Germain, qui pour le moment
sert au château de Passy, ne sait plus son affaire :
il est rouillé, comme aussi elle craint de l'être. Elle
tâchera de faire mieux une autre fois... L'autre fois
ne fut qu'à deux jours de là ; et elle écrivit à sa cousine : « Je vous donnerais en mille à deviner ce que
j'ai fait aujourd'hui, vous n'en viendriez pas à bout...
J'ai donné à dîner à mesdames de Voves, de Vaumorin, MM. Joubert et Chomorceau. Toute la bande
est arrivée de bonne heure. Avant dîner, je l'ai promenée dans le parc. Je ne savais trop que faire des
femmes après... J'ai proposé à M. Joubert de voir

des livres qu'il désire ; les femmes ont voulu en être ;
on a tout retourné, tout vu : voilà encore une heure
et demie d'employée. On veut voir ma chambre : ah !
voilà un piano ; madame de Vaumorin devrait bien
nous donner un morceau. Moi d'insister... Elle chante
assez joliment un premier air et s'accompagne tout
de travers. Applaudissements, instances pour un
deuxième : il est chanté... Jusqu'ici il n'y a rien de
bien merveilleux... » Non ! et l'on se demande où
elle veut en venir. Elle essaye d'amener quelque
chose ; elle a soin de l'amener sans maladresse. Et
le voici, le merveilleux : « J'ai un piano ; sans doute
c'est pour mon usage. Il est ouvert, plusieurs airs
sont encore sur le pupitre, je ne peux me dispenser
d'être aussi complaisante que madame de Vaumorin. Je m'y refuse, on insiste ; enfin, réfléchissant
sur la disposition applaudissante de mes auditeurs,
je m'y décide et l'accompagne un premier, puis un
second air. Je chante aussi, il faut chanter. Enfin,
ma chère amie, en tremblant d'abord et en me ras-
surant par degrés, j'ai passé trois bons quarts
d'heure au piano en présence de témoins, moi qui
pouvais à peine annoner devant vous. Convenez
qu'il y a de l'impudence dans mon fait ! » Non, ce
n'est pas de l'impudence. Mais, le 12 juillet 1795, il
y avait à peine un peu plus d'un an qu'en ce même
château de Passy se déroulait ce drame, une famille
prise et conduite à destination de la mort. Madame de
Sérilly comptait parmi ces malheureux. Les autres
sont morts. Elle revient seule, et chante au piano.
Il semblait que ce château fût désormais consacré
au silence : elle y réveille une chanson d'autrefois.
Ce n'est pas de l'impudence ; et il n'importe pas

qu'elle ait risqué de mal chanter : ce n'est pas cela. Qu'est-ce donc?... Elle le sent, ne le dit pas et ne dit pas tout de go à sa cousine ce qu'elle a fait d'un peu extravagant. Ce n'est pas elle qui l'a voulu : c'est le train que la journée avait pris, et par hasard, qui l'a poussée ou malgré elle ou sans qu'elle pût résister à une espèce de logique ou de fatalité. Elle a chanté. Voilà revivre! Et l'on revit, comme on vit, en faisant de l'oubli d'heure en heure.

Madame de Sérilly passa les derniers jours de juillet et les premiers jours du mois suivant à Paris, où elle trouve madame de Beaumont très malade, comme en témoigne cette lettre du 1er août qu'elle adressait à Joubert : « J'ai bien envie de vous quereller, monsieur; et en vérité je suis en belle disposition, car madame de Beaumont est malade et cela me donne bien de l'humeur... Malade? oui; depuis six jours. La goutte! A vingt-sept ans : « il y a de quoi se jeter par la fenêtre! » La goutte s'est portée d'abord à la main droite : excellente raison pour ne pas écrire! Et lui, Joubert, pourquoi ne pas écrire? Il a mal au doigt? Il le dit. Madame de Sérilly veut bien le croire. Mais elle aussi, naguère, avait mal au doigt et s'est promptement guérie par l'eau chaude. Elle a donné le remède à Joubert : est-il rebelle à ses avis? Veuille-t-il, en tout cas, vaincre sa paresse : elle ne partira pas pour l'Auvergne avant quelques jours et peut encore recevoir une lettre à Paris. « Je souffre, ajoute-t-elle, à l'idée de laisser ma pauvre cousine dans l'état où elle est; heureusement, elle ne manque pas de société, et pour le mal qu'elle éprouve, il n'y a rien à faire que de tâcher de l'oublier. Cela est difficile; elle s'attriste, se tourmente.

Son imagination, jointe à l'habitude du malheur, fait qu'elle se voit déjà podagre et infirme pour toute sa vie. Ecrivez-lui, monsieur, ne la plaignez pas de sa goutte, moquez-vous-en, faites-la rire si vous pouvez, c'est le grand remède... » Le seul remède qui soit tout à fait impossible à madame de Beaumont... « Portez-vous bien, soignez-vous bien, promenez-vous, mangez des oranges et pensez à moi quand vous n'aurez rien de mieux à faire... » Elle ajoute quelques folies... « Je peux, dit-elle, déraisonner de temps en temps ; mais c'est avec tout mon bon sens que je vous assure de mon sincère attachement. » Elle a une grâce qui est la grâce d'un sourire.

Elle partit pour l'Auvergne le 10 août et y resta jusqu'au mois de décembre. Alors elle montre ce qu'elle a d'endurance et de combativité. Elle ne craint ni les mauvais chemins ni les auberges ignobles. Sans cesse en lutte contre les gens de toute sorte qui rendent plus difficile son projet de posséder ce qui est à elle, par tous les temps et qu'il vente ou qu'il neige, souvent à cheval, elle est en course, va au Puy se quereller avec les politiciens du département, à Meyronne et à Vernassal voir ses châteaux hypothétiques. Dans tout ce tracas, elle garde une sérénité charmante, un entrain de courage, une vivacité d'imagination merveilleuse. Elle regarde le paysage et le décrit joliment, borné d'un amphithéâtre de montagnes, un vallon que décorent des moulins, des villages, des pâturages, du bétail et des rangées d'arbres ; le soleil et les nuages font passer de la lumière à l'ombre les montagnes et c'est un jeu plaisant d'examiner ce perpétuel changement des couleurs. Elle regrette madame de Beaumont,

« si sensible à un beau site ». Elle ne la regrette
pas, quand il lui faut s'enfoncer dans les sentiers
profonds ou escarpés de la montagne. Il y a, tout
à côté des pays où elle circule, des troubles révolutionnaires : est-ce que les atrocités recommencent ?
Elle ne se laisse pas alarmer. Joubert, à la nouvelle
que madame de Beaumont souffrait de la goutte, a
répondu que ce mal n'était pas le pire qu'on eût à
craindre. Mais elle ne croit pas que ce soit la goutte ;
et « Cela y ressemble beaucoup ; rougeur, douleur,
chaleur et faiblesse, tout s'y trouve ; mais elle n'a
pas le tempérament des goutteux, où l'humidité
domine en général ; le sien au contraire est sec.
J'attribuerai plutôt ses douleurs à une très violente
crispation nerveuse. Ce mal, monsieur, comme tous
les maux de douleurs, demande beaucoup de
patience : l'absence de ce beaume réel augmente
le mal et il manque totalement à ma pauvre cousine... Elle dira plutôt *mourons, ne souffrons pas.*
Sans doute elle est née avec du courage, mais les
chagrins l'ont affaiblie en perdant sa santé... Il lui
faudrait un peu de bonheur pour lui donner le courage de vouloir vivre et une meilleure santé lui
rendrait le bonheur plus facile... » Or, si par hasard
le mal dont elle souffre était la goutte, son régime
serait détestable et est détestable en tout cas à l'état
de ses nerfs : « Ne lui en parlez pas, car j'ai déjà eu
plusieurs querelles avec elle sur ce sujet et pour en
avoir parlé aux personnes qui s'intéressent à elle.
L'habitude qu'elle a prise de café et de thé extraor-
dinairement fort, d'acides qui lui picotent les nerfs
et d'éther pour peu qu'elle se sente la tête embar-
rassée, lui est absolument contraire et cependant la

privation de ces boissons actives la jette dans l'assoupissement. » Voilà, hélas, Pauline de Beaumont, à qui la souffrance et le chagrin ne donnent point de relâche et qui se déprave!... Madame de Sérilly la comprend et la juge avec beaucoup de finesse et de sûreté : une désespérée qui n'a plus le courage de vivre, ou qui n'a plus le courage de souffrir, et qui, en dépit de soi, cherche le dangereux divertissement.

Le même jour qu'elle écrit à Joubert, elle écrit à sa cousine et la gronde un peu d'une chose qu'elle se fût gardée de dire à Joubert : « Est-ce que, tout de bon, ma chère amie, vous ignorez que les choses piquantes et même dures fussent un moyen de coquetterie ? » Coquette, Pauline de Beaumont : mais avec qui? « Je crois bien que vous n'avez eu aucun désir de l'être avec Marie-Joseph Chénier ; mais enfin vous avez cherché à le piquer. Donc vous l'avez remarqué et avez voulu l'être par lui. Avec l'amour-propre qui lui est naturel, il a bien pu prendre vos duretés pour des agaceries. Tout est coquetterie avec des gens de ce caractère... » Qui a raison? Madame de Sérilly ! Elle ne serait point fâchée d'apprendre que sa cousine eût montré un peu de coquetterie : mais ce Marie-Joseph la dégoûte. Il aurait dû dégoûter aussi Pauline de Beaumont, si délicatement judicieuse et qui a été l'amie d'André Chénier. Mais elle se déprave !

Les nouvelles de Paris sont inquiétantes. Tallien proclame le danger de la patrie. En Auvergne, l'agitation terroriste se propage : et les troupes que l'on envoie en petit nombre suffiront-elles à la réduire? A Paris, Pange a une aventure très périlleuse :

madame de Sérilly ne l'apprend que par lui, une fois qu'il est hors d'affaire [6]. Le 14 octobre, seule, à Brioude, un peu perdue dans ces montagnes, elle célèbre avec mélancolie un double anniversaire : le 14 octobre 1779, elle a épousé Sérilly ; le 14 octobre 1794, elle a pu sortir de prison... « Ces deux époques ont renfermé entre elles tant de maux que ce souvenir est bien pénible. Quel cercle que ces quinze années ! Je voudrais pouvoir les ôter de ma vie. »

Le 8 novembre, elle a reçu de sa cousine une lettre datée de Forges. Qu'est-ce que madame de Beaumont fait à Forges ? L'on n'en sait rien. Pour une saison d'eaux, il est tard. Le 21 novembre, madame de Beaumont, qui est sur le point de quitter Forges, ne sait pas où elle ira. Comme elle n'a pas vendu le château de Theil, peut-être va-t-elle s'y établir pour l'hiver. Elle est indécise. Elle croit qu'on la décidera pour Paris et madame de Sérilly n'en doute pas. C'est que Joubert n'a pas voix au chapitre.

L'année 1795 s'achève ainsi. Madame de Sérilly rentre à Paris, où elle retrouvera madame de Beaumont plus triste et plus malade qu'elle ne l'avait quittée.

Toute l'année, Joubert a été mal portant. Il n'a pas beaucoup vu madame de Beaumont, qui n'a séjourné à Passy qu'un peu de temps. Il a médité ; il a noté quelques points très importants de la philosophie morale et sociale que la Révolution lui inspire, et qui est une philosophie du repos. Il juge les événements, les institutions et les systèmes dans leur rapport avec l'utilité générale et comme facteurs de la tranquillité ou de la folie, car il a senti le danger des idées qui ne sont pas soumises à la sanction de leurs conséquences.

A Paris, pendant les deux mois qui suivirent le retour de madame de Sérilly, que se passa-t-il? Je n'en sais rien. Toujours est-il que, le 24 ou le 25 janvier, madame de Sérilly épousa François de Pange.

C'est assez imprévu. Fallait-il le prévoir? Le 6 septembre, de Brioude, elle écrivait à sa cousine : « Je conçois la douceur de votre conversation avec François et je vous remercie de m'en faire part. Ce tête-à-tête a dû vous faire du bien à tous les deux. Vous avez besoin l'un et l'autre (et quel être sensible ne l'éprouve pas comme vous?) des moments d'épanchements auxquels l'intimité seule peut donner lieu. On ne s'épanche pas avec tout le monde : il faut plus qu'une liaison de société, il faut être sûr d'un certain rapport dans la manière de penser, et vous et François avez ce rapport nécessaire. Que n'étais-je en troisième à cette conversation?... » Et c'est tout ce qu'elle dit. Mais François de Pange « avait toujours beaucoup aimé » sa cousine ; voilà ce que dit son frère le chevalier de Songy [7].

L'on raconte que madame de Pastoret, dans ce temps, montrait à François de Pange une « préférence » très vive [8]. Elle avait divorcé, un moment : et l'on disait que c'était pour épouser François de Pange. Elle a tracé de lui ce portrait : « C'est un homme laid, mais d'une figure assez noble, très spirituel, très animé, dont le caractère réunit de la force, de la bizarrerie, des vertus généreuses à des mouvements injustes et durs... C'est un homme qui m'a dit qu'il n'avait point d'amour pour moi, non

plus que pour la vertu, non plus que pour la morale,
qui tâche de me le prouver et qui ne peut y réussir. »
Le mariage de François de Pange avec madame de
Sérilly fut « le plus vif des déplaisirs » de madame
de Pastoret.

Une autre femme s'était éprise de François de
Pange, avec une passion qu'elle mettait d'ailleurs en
toutes choses, madame de Staël ; en pareil cas, elle
avait de l'entrain. Lui, ne répondait point à cet
amour avec beaucoup de vivacité. Il y a un écho de
cette aventure, dans ce passage d'une lettre de
madame de Sérilly à sa cousine, datée, le 22 août
1795, de Brioude : « On n'emporte pas un cœur de
haute lutte ; un projet ainsi affiché doit inspirer, ce
me semble, plus de désir de résister que tous les
charmes moraux et physiques n'en peuvent donner
de se rendre... » Madame de Sérilly déteste l'entreprise de madame de Staël ; mais elle ne dit pas et
laisse à peine deviner qu'elle y mette aucune jalousie.

Le mariage se fit à Paris. La petite Aline était en
pension, depuis le mois de mai de la précédente
année, à Saint-Germain, chez madame Campan ;
les garçons étaient à Passy. Vers la fin de janvier,
la nouvelle madame de Pange écrit à son fils aîné
qu'elle comptait rentrer à Passy le 3 février, mais
qu'elle doit retarder son départ : « Adieu, mon cher
Armand... *Mon mari* vous fait mille amitiés et vous
embrasse. Tu l'appelles encore *ton cousin* dans ta
lettre : ce ne peut être son nom et le mari de ta
mère ne peut plus être ton cousin ; il t'aime comme
un père. » Il fallait organiser à nouveau la vie quotidienne ; et madame de Pange allait vite : ses
enfants avaient un peu de peine à la suivre.

Madame de Staël était retournée à Coppet. Deux
semaines plus tard, elle pleurait encore. Elle écrivait
à l'infidèle ou à l'indifférent : « Je m'étais habituée
à vous regarder comme inacessible à ce sentiment,
le seul que je conçoive parfaitement, et je vous sup-
posais un être d'une nature à part. Aujourd'hui que
j'ai vu que vous étiez des nôtres, il m'a semblé que
je vous avais perdu, que vous auriez pu m'aimer à
peu près comme une autre... » Admirable raisonnement, tel qu'en fait la passion qui épilogue à tout
hasard ! L'objet aimé, s'il ne vous aime pas, on le
croit insensible à tout amour ; s'il aime ailleurs, il
vous a frustré de l'amour qu'il vous devait. Alors,
on se repent de ne s'être pas emparé de cet amour.
Madame de Staël, pour se divertir d'une pensée
cruelle et parce qu'elle avait, comme la fureur d'aimer, la fureur d'écrire, continuait son livre des Passions. Elle dit à son infidèle qu'il y a, dans ce qu'elle
écrit à présent, « beaucoup de mélancolie et par
conséquent plus de vrai ». L'amour de madame de
Staël pour François de Pange est dans le livre des
Passions.

Le nouveau ménage fut à Passy le 24 février.
François de Pange n'allait pas du tout bien ; madame
de Pange était fort enrhumée, assez souffrante. A
Lieursaint, qui est avant que l'on n'arrive à Melun,
Pange se sentit las au point qu'il fallut s'arrêter ;
madame de Pange aussi était lasse et bien effrayée
du chemin qui restait à faire. Le lendemain, les
voyageurs s'étaient reposés. Mais il y avait un vent
froid contre lequel madame de Pange n'était pas
assez prudemment vêtue ; et le voyage ne put être
repris que le surlendemain. Le 26 février, M. de

Pange, qui n'était que depuis deux jours à Passy, croyait déjà éprouver le bienfait d'un air vif et pur; elle, se félicitait surtout d'être arrivée. Elle trouva bonne mine à ses enfants : Armand, le teint plus frais que d'habitude, Amédée pareil à une rose, et le plus petit, Victor, grandi et d'une figure charmante, très polisson, très amusant. L'ennui fut d'apprendre que les administrateurs du département, cassés par le Directoire, avaient été remplacés par des Jacobins. Madame de Pange, d'ailleurs, ne les craignait pas et contre l'un d'eux, qu'elle accusait de lui avoir jadis volé du sucre, elle préparait de rudes représailles.

Elle écrit à madame de Beaumont quelques jours plus tard. Pange va mieux; elle, ne va pas mieux. Elle tousse, le mauvais temps ne l'aidera point à vaincre ce rhume : « Cette misère me tourmente parce qu'elle inquiète M. de Pange et diminue le plaisir qu'il a à aller mieux. » Elle réunit une petite assemblée de personnes en qui elle a confiance, afin de les consulter sur les affaires de ses enfants : M. Joubert en est. M. Joubert et M. de Pange feront connaissance, dont elle est bien aise... « La connaissance s'est bien faite. Chacun de ces deux messieurs m'a paru avoir le désir d'être remarqué de l'autre et ils ont réciproquement réussi », dont elle se réjouit. M. Joubert s'est beaucoup informé de madame de Beaumont : « Il demande de vos nouvelles, si vous viendrez bientôt. Il se donne beaucoup de *meâ culpâ* de sa paresse, je l'en ai raillé, mais la paix est faite et tous les torts oubliés jusqu'à une nouvelle absence. » M. Trouc, somme toute, a pris son parti avec bonne grâce ; il était embarrassé de faire son compliment; après cela, il s'est remis et il a dit à madame

de Pange qu'il ne souhaitait que le bonheur d'elle,
« et tout a été dit ». Quant aux enfants, qui, les
premiers jours, continuaient d'appeler M. de Pange
leur cousin, les enfants « sont à merveille ». Ils
témoignent à leur beau-père un gentil attachement;
leur beau-père est sensible à de tels égards, « de
sorte qu'en supposant qu'il y ait eu au commencement quelque exagération dans leurs démonstrations
de tendresse, elles deviendraient vraies par le retour
qu'elles ont eu ». Ainsi, tout s'arrange.

Et madame de Staël? M. de Pange lui écrit le
5 mars. Il aurait dû le faire plus tôt, mais « l'entreprise n'était pas sans difficulté ». C'est que madame de
Staël vit dans un monde de sentiments qui n'est pas
celui où M. de Pange a établi sa pensée. Ils n'ont pas
la même opinion du bonheur : « Si je vous disais à
quels signes je le reconnais et dans quels biens je le
fais consister, l'insipidité de ma description vous en
ferait bientôt perdre de vue l'objet. Vous le voyez
dans une grande passion mêlée d'événements tumul-
tueux, d'inquiétudes, de jouissances, de sacrifices...
Moi je ne voulais que la paix et des affections
douces, une amie qui fût assez sûre de moi pour ne
pas avoir besoin de chercher dans le trouble de ma
vie les marques de ses droits. Il fallait aussi que son
attachement m'inspirât la même confiance et je n'aurais pas accepté les biens qu'il me donne sous la condition d'avoir à craindre qu'un jour ils pussent me
manquer... » Madame de Pange est donc cette
amie en qui François de Pange a trouvé la tendresse dont il était curieux. « Ce que j'attendais,
vous le voyez, ce n'était que des mains du tems que
je pouvais le recevoir. Il a dû travailler quinze ans

à composer cette dot à mon amie... Un sentiment
que rien ne contrarie et qui cependant ne s'affaiblit
point, qui, conçu dans l'ardeur de la première jeunesse, finit par s'acclimater à tous les âges de la vie,
est un vrai prodige dans une destinée humaine. C'est
cependant sur ce prodige que je suis parvenu à
compter, comme les Israélites apprirent à compter
sur la manne céleste, fondés seulement sur l'habitude de l'avoir toujours vue tomber. Voilà l'état de
mon cœur... » Cette lettre, d'un sentiment doux et
d'une tranquillité pathétique, M. Joubert l'aurait
aimée, s'il l'avait lue.

N'oublions pas M. Joubert. Il se laisserait oublier,
par la discrétion quasi nonchalente qu'il a de rester
à l'écart, tout fervent qu'il est. Seulement, on lui
annonce que madame de Beaumont vient à Passy.
Arnaud Joubert vient aussi et sera le compagnon de
son voyage; cet Arnaud se vante d'être le plus heureux des hommes : « Je l'en défie! écrit Joubert à
madame de Beaumont; je serai plus heureux que
lui quand j'aurai l'honneur de vous voir. J'ai l'imprudente hardiesse de vous attendre sans rien craindre
et, malgré le silence opiniâtre dont vous avez eu la
bonté de vous apercevoir, je me livre en toute sécurité
aux délices d'une espérance qu'aucune honte ne corrompt. C'est, madame, que mes sentimens me rassu-
rent, quand mes procédés me dénoncent. Mes torts
sont une affaire de pure méchanique. Mes nerfs ont
été coupables, mon cœur fut toujours innocent... Je
vous prierai d'employer quelques minutes à aprendre
deux ou trois règles d'anatomie; elles me suffiront
pour vous démontrer sans réplique que pendant un
an entier il m'a été également impossible de vous

écrire une seule fois et de vous oublier un seul instant. Je vous ai écrit plus de deux cents fois dans
ma tête creuse et rêveuse; et, si la navigation que
allez entreprendre... » madame de Beaumont venait
par le coche d'eau... « étoit celle de l'Inde et que le
sort m'embarquât sur le même vaisseau, j'aurois de
quoi vous assourdir pendant toute la traversée seulement à vous raconter ce qui reste dans mon souvenir de toutes ces lettres secrettes. Mon silence
n'est que le crime de ma main, et non celui de ma
pensée... » Voilà l'une de ces lettres « originales
d'un bout à l'autre » qui étonnaient et enchantaient
madame de Sérilly, et toutes pleines de bonne foi.
Joubert ne dit que la vérité, mais il a une manière à
lui de la dire. Sa manière est une élégance un peu
ornée, et joliment... « Je vois souvent, dit-il encore,
madame de Sérilly... » car il continue de l'appeler
du nom sous lequel il l'a connue... « et je vous
désire dans son parc. Je n'ai pas fait à son extrême
mérite l'horrible injustice de ne pas me plaire excessivement avec elle; mais vous avez des droits d'aî-
nesse qui ne me permettent d'être souverainement
heureux à Passy que lorsque je vous y verrai. J'y
vois M. de Pange avec une grande utilité... » Il
ne dit pas, avec un grand plaisir... « Son esprit est
austère et fort, et son rire même est profond. En
m'en retournant, je pense volontiers à tout ce qu'il
m'a dit, mais en allant je me sens plus pressé du
désir de courir l'entendre que de celui de lui parler.
Si vous étiez ici, madame, en grimpant la haute
montagne je me sentirois mû, poussé et soutenu par
une double impatience. Avec lui, mon imagination
est un peu contrainte et n'ose pas se livrer à tous

ses caprices. Avec vous, elle est plus à l'aise. Il veut qu'on marche ; et j'aime à voler, ou tout au moins à voleter. Mes petites ailes de mouche me démangent, pour ainsi dire, et tendent à se déployer aussitôt que je pense à vous... » Et Joubert prie madame de Beaumont de lui apporter un ouvrage de madame de Staël, s'il en est qu'il ne connaisse pas. Il ajoute : « De toutes les femmes qui ont imprimé, je n'aime qu'elle et madame de Sévigné. » C'est un grand compliment. Il ne restera pas un tel admirateur de madame de Staël ; car il note, le 18 mai : « Ses profondeurs ressemblent pour moi à celles d'un abyme ; elle m'effrayent. » Plus tard, il aura, pour madame de Staël une espèce d'antipathie, la trouvant une très mauvaise compagnie pour madame de Beaumont.

Celle-ci était arrivée le 19 avril. Désormais le parc de Passy fut, pour Joubert, un enchantement. Les deux cousines l'accueillaient comme il fallait pour qu'il eût confiance et fût parfaitement heureux. Mais François de Pange devenait un malade auprès de qui l'on n'ose plus garder beaucoup d'espoir.

Le 9 juillet, madame de Pange écrivait à sa fille Aline : « Ton papa est fort malade... Il me cause les plus vives inquiétudes. Il m'est impossible de songer à le quitter dans l'état où il est. Tu recevras, j'espère, en même temps que cette lettre, du linon pour te faire une robe. Si j'ai le bonheur de voir la santé de ton papa se rétablir, je t'irai chercher moi-même... » Ce sont les vacances ; mais, si M. de Pange ne va pas mieux, une femme de chambre amènera cette pensionnaire à Passy : « Tu y verras tes frères. Je voudrais que tu y pusses avoir beaucoup de plaisir ; malheureusement, la santé de M. de

Pange y sera un obstacle... Mais enfin, tu partageras
ma satisfaction si ton papa va mieux, ou ma douleur si son état de santé subsiste. Je te verrai, et ce
sera un soulagement pour moi. Adieu, mon enfant. »
Cinq jours plus tard, François de Pange était mort.

Le 29 juillet, madame de Pange arrivait à Paris.
Le lendemain, elle écrivait à la petite Aline qu'on
n'avait pas eu le temps de faire venir à Passy et
qu'on allait enfin chercher à Saint-Germain :
« N'apporte que du blanc, tu es en deuil : et je te
ferai habiller ici... J'ai été fort touchée de ce que tu
m'as mandé d'aimable sur la perte affreuse que je
viens de faire. Mes enfants auraient eu tort de la
voir avec indifférence : M. de Pange les aimait et
n'aurait négligé aucune occasion de le leur prouver... » Six semaines après la mort de son mari,
madame de Pange adressait à son fils Armand,
qu'elle avait laissé à Paris, une lettre qui montre sa
fine et tendre sensibilité. Cette femme, qui paraît
avoir tant d'élan vers l'avenir, a cependant le goût
fidèle du souvenir. En quittant Passy, elle a com-
mandé au menuisier de poser des sièges fixes en
divers endroits du parc, et lui a désigné les endroits :
le menuisier ne s'en est pas souvenu. Que faire?
demande le jeune et attentif Armand. De loin, c'est
difficile à dire. Mais veuille Armand retrouver les
places, y mettre des piquets, de façon qu'il fût possible de les reconnaître « quand bien même les
arbres mourraient ou changeraient de forme » ; car,
n'est-ce pas ? tout change ici-bas de forme et d'apparence et déjouerait le souvenir. Dans le bosquet,
du côté de la chapelle, au bas de cette touffe de
chèvrefeuille si emmêlée : madame de Pange y avait

mis, comme repère, un fond de chaise cassée. Cela peut avoir été retiré : vite, un piquet! Dans l'autre bosquet, celui-ci en face de la pièce de blé, sous un lilas qu'ont dévoré les cantharides, près d'un genêt, « on doit voir encore sur l'herbe la place d'une chaise et d'une table. J'ai fait jeter une pierre à la place où était la table. Votre papa était assis un peu derrière ; c'est là que, pour la dernière fois, il a vu le soleil et a formé d'inutiles vœux pour le revoir le lendemain. Une autre place dans le même bosquet est celle où il était le matin; elle est presque à l'autre bord du bosquet, cependant plus près du milieu que du bord ; cela est assez remarquable par l'espèce de voûte qu'y forment deux ou trois lilas face au blé. C'est sous cette voûte que son fauteuil et le mien étaient placés. Son frère a planté une petite branche à cet endroit; il y croît un petit baguenaudier qui peut aussi servir de renseignement ; je ne me rappelle pas si j'y ai mis d'autre signe que la petite branche... » Une quatrième place, dans le même bosquet, tout juste au milieu, sous un grand arbuste : « Votre papa y était placé un peu en avant de quelques broussailles qui environnent la base de cet arbre et tourné du côté du potager. Son frère et moi y étions assis par terre ; je suis persuadée que nos places sont encore marquées sur l'herbe... » Armand notera ces endroits ; et, quand elle sera de retour, elle y fera mettre des bancs, où elle viendra se souvenir et rêver. La pauvre femme est pathétique, dans ce désir de résister à l'œuvre de l'oubli : elle lutte comme elle peut contre la nature et ne songe pas que les cœurs sont oublieux comme la nature ».

CHAPITRE V

EN 1797

Madame de Pange revint à Passy vers la fin de cette année 1796. Madame de Beaumont, qui l'avait quittée avant la mort de François de Pange, la rejoignit : et Joubert était trop souffrant pour gravir la haute montagne. Les deux cousines lui annoncèrent l'intention d'aller le voir. Il avait son médecin Beauchesne auprès de lui quand leur lettre lui arriva. Il répondit à madame de Beaumont : « Beauchesne est à côté de moi... Quand je le vois, je ne sais plus comment je me porte. Ce qu'il y a de sûr, c'est que, depuis près de deux mois, je n'ai pas pu exposer ma tête à l'air extérieur et que pendant tout ce temps-là j'ai constamment pensé que je me portois mal quand Beauchesne étoit reparti. Je me croirai probablement en bonne santé lorsque j'aurai le plaisir de vous recevoir... Vous viendrez, madame, dans une maison bien attristée... » C'est que la vieille madame Moreau ne quitte plus sa chambre et « ne paroît plus y être vivante que par intervalles ». Cependant, madame de Beaumont viendra, étant si bonne, dès qu'on aura trouvé un équipage qui la puisse « élever au-dessus des boues de la terre » : il a plu, les chemins sont mauvais. Joubert écrit plus longuement qu'il ne faudrait. Sa femme le gronde et craint qu'il ne se fatigue : madame de Beaumont serait pourtant la seule personne à qui madame Joubert consentirait qu'il sacrifiât même sa santé. Encore un mot : « Je vous remercie de madame de Staël. J'aime mieux m'occuper de votre retour que de son livre... » c'est le livre des Passions, qui vient de paraître à Lausanne... « et je ne puis avoir deux pensées dans le même jour dans l'état où je suis. Mes sentiments pour vous, madame, sont à l'abri de toutes les vicissitudes possibles. Daignez me croire et m'aimer toujours un peu. » Il arriva que la visite promise fut retardée.

Madame de Beaumont, le 1ᵉʳ janvier 1797, envoie de Passy un « petit garçon » porter à madame Joubert un billet qui, à la fin, demande qu'on lui veuille bien donner de la saponaire : c'est une plante dont les feuilles, bouillies dans l'eau, font une infusion qui sert à nettoyer les étoffes de laine. Madame Joubert s'occupait de madame Moreau et allait la faire dîner, de sorte qu'elle ne lut que les premières lignes. En lisant tout le billet, le soir, Joubert aperçut « l'article de la saponaire » et fut désespéré de n'avoir pas de « courriers de nuit » pour réparer l'involontaire négligence de sa femme : enfin, voici la saponaire. Sa santé? Elle varie à chaque heure et chaque minute; elle n'est jamais bonne. Est-ce que vraiment les cousines voudront faire visite à « l'infirmerie » de la rue du Pont? Il est vrai que madame Joubert ne connaît pas madame de Pange et qu'elle est singulièrement sauvage. En outre, elle ne pourra se consacrer toute aux cousines, à cause de sa mère. Les cousines l'excuseront ; et Joubert se promet un grand plaisir de les voir.

Les cousines sont venues. Cette visite, une merveille ! Madame Joubert, si farouche, avoue qu'en voyant ces deux jeunes femmes, elle regrette (dit Joubert) « d'avoir renoncé au monde et au désir de plaire à qui que ce fût sur la terre excepté à son fils et à moi, qui voudrois bien qu'elle vous plût. » Le petit Victor de deux ans et demi a retenu le nom de madame de Pange et le répète fort souvent. « Voilà les seuls grands événements de la maison. Quant à moi, votre apparition m'a ranimé. » Il prie les cousines de revenir le prochain lundi, c'est dans trois jours, et de bonne heure : « Je voudrois pouvoir passer auprès de vous tous les momens de cette journée qui sera désignée dans mon almanach par la marque des quatre étoiles. Ce que j'ai l'honneur de vous dire, madame... » il écrit à madame de Pange... « je le dis à madame de Beaumont. Je voudrois que vous fussiez inséparables et je ne vous sépare point. » La vérité est que Joubert aime d'abord madame de Beaumont ; mais il aime aussi madame de Pange, et il les aime le mieux toutes les deux ensemble.

L'attente où il fallait que l'on fût d'un prochain trépas de madame Moreau apportait, dans la vie tranquillement installée de Joubert, une tribulation. C'est que la maison, après le décès de madame Moreau, reviendrait aux deux fils de la défunte. Il avait de bonnes relations avec eux ; mais il ne désirait pas d'être chez eux : donc il s'avisa de chercher un autre établissement de son ménage.

Or, il était fort attiré par les cousines. Et il apprend que madame de Pange... Voici la lettre qu'il écrit à madame de Pange, le 6 janvier, quand madame Moreau vit encore : « On dit, madame, que, depuis quatre ou cinq jours, vous êtes rentrée en possession de votre maison d'Etigny. Cette maison vous seroit-elle utile? Si elle vous étoit inutile, voudriez-vous la louer? Si vous consentiez à la louer, en sage et prévoyante administratrice du bien de vos enfans, me prendriez-vous pour locataire? Je me sens quelque envie de devenir votre fermier et j'habiterois sans doute avec plaisir un pays où tout me parleroit de vous quand je ne pourrois pas vous voir. Il vous est impossible d'imaginer, madame, mais il ne vous sera jamais possible de connoître jusqu'où se porte mon tendre et respectueux attachement pour vous. » Madame de Pange ne songeait pas à louer sa maison d'Etigny ; elle y logeait un brave homme nommé Dujeu, agent de la commune et gardien de la maison. Elle répondit un peu vaguement : oui, mais que faire de Dujeu? et quelles conditions? Il repartit : « Voici, madame, mes conditions. Je veux votre jardin pour ce qu'il vaut, et votre maison pour ce qu'en donneroit un amateur de jardinage... » Et Dujeu? Il n'est pas gênant ; au contraire! « Je veux votre agent de la commune pour rien, c'est-à-dire par dessus le marché du jardin et de la maison. A la vérité, si vous me cédez gratuitement un si honnête homme, vous serez trop généreuse et je serai trop bien traité... » Veuille au surplus madame de Sérilly consulter ses gens d'affaires... Joubert ajoute, en post-scriptum, de sensibles et jolies choses, et l'une qui lui tient au cœur : il voudrait que les deux cousines fussent à même d'apprécier madame Joubert et qu'une amitié parfaite reunît les divers éléments de son bonheur et de sa tendresse. Il écrit : « Ma femme me charge de vous dire qu'en renonçant au monde, par une résolution plus forte que les vœux les plus solemnels, elle n'a pas renoncé à aimer et à admirer ce qu'il y a de bon et de beau. Elle ne partageroit volontiers les plaisirs et les amusemens de qui que ce fût ; mais elle a partagé bien vivement vos peines. Vos dernières pertes surtout n'ont pas trouvé d'âme plus empressée à les sentir... » Je ne suis pas sûr que madame Joubert eût chargé son mari de cette commission pour madame de Pange ; mais ce que dit Joubert est bien dans le caractère de cette personne qui a beaucoup de pente vers le malheur... « Quand vous l'aurez apprivoisée, vous scaurez si elle vous honore. Elle ne vous le dira pas cependant, mais vous pourrez l'apercevoir. Je compte beaucoup sur votre discernement pour démêler ses sentimens et son mérite qu'elle a la mauvaise habitude de ne pas étaler assés. Autrefois, quand je la rencontrois dans sa société, il me sembloit toujours voir une violette sous un buisson. Depuis, ses douleurs l'ont foulée aux pieds, le destin a marché sur elle ; ses feuilles la cachent aux yeux [1] ». Les deux cousines vinrent à Villeneuve ; Joubert fut content d'elles et de madame Joubert : « Ma femme, écrit-il à madame de Pange, n'est point du tout effarouchée des devoirs que lui imposera le plaisir de vous avoir vues... Cela est merveilleux ! » Joubert en éprouvait une joie presque un peu effarée.

Une telle joie qu'il en perdait son ancien usage extrêmement réservé ; car il ne se tenait pas d'écrire à madame de Pange : « Je vous prie de vous en aller, votre cousine et vous. Vous me faites un mal affreux. J'étois accoutumé à me passer de vous, et vous m'ôtez cette habitude. Vos dernières bontés, votre présence, le temps, ma sensibilité qui a pris son pli plus fortement, je ne scais quoi enfin m'a tellement assujetti que je vous vois avec effroi l'une et l'autre me devenir indispensables ; ce seroit un très grand malheur... Vous m'ôterez toutes mes patiences et toutes mes résignations !... » Voilà comme il est pris d'un sentiment qui ressemble à l'amour. Et la tendresse n'est pas étrangère au désir qu'il a de s'établir dans une maison qui appartienne à madame de Pange. Elle ne sera pas là, mais il sera chez elle.

Il alla visiter la maison d'Etigny. Déception : ce n'est pas du tout ce qu'il lui faut. Puis, des fenêtres d'Etigny, l'on ne voit que le haut des cheminées de Passy : l'on s'aperçoit de l'éloignement plus que du voisinage. Hélas !... Il eut alors une autre idée : « Pouvez-vous vous résoudre à me louer un recoin de Passy ?... » Non pas dans le château, mais à « la frontière » seulement. Il a vu, en face du pavillon du portier, près des fossés, un autre pavillon : c'est là que son imagination le loge. Qu'en dirait madame Joubert ? Elle serait en fréquent voisinage et très intime avec madame de Pange. Or elle continue à ne point aimer le monde. Mais elle sait que madame de Pange est au-dessus du monde et ainsi hors du monde : en voyant beaucoup madame de Pange, elle ne violerait donc pas son vœu d'une retraite rigoureuse... Cet accommodement fait sourire Joubert et il compare madame Joubert à ce dévot qui avait promis à Dieu de ne jamais manger de sel et qui se permettait le sucre,

Ce petit pavillon, sur lequel Joubert avait fondé tant d'espérance, n'était rien du tout. Madame de Pange le dit à Joubert, qui dut s'en rendre compte. Alors, établissez-vous au château ! répondait madame de Pange. Mais il ne prenait pas son parti d'une telle indiscrétion : pour s'en défendre, il assurait qu'il serait là trop malheureux quand les cousines n'y seraient pas. Cependant, il ne se dépêtrait pas du désir d'être locataire de madame de Pange, et du désir non plus d'habiter assez près de Passy pour y aller facilement. Bref, il retournait à sa première idée de se loger à Etigny, dans cette maison qu'il avait demandée, qu'il avait dénigrée pour ses chemins, pour sa nudité, pour ses fenêtres, qu'il avait refusée, qu'il demandait de nouveau : « il y a là de quoi mourir de confusion ! » Il se souvient d'une allée de charmille dans un enclos ; et il aurait un jardin, un verger, une cour, une vache, des poules et une chambre basse à deux lits : « et je serois chez vous ! » Dujeu ? Mais il s'entendrait à merveille avec Dujeu ! Et le voici déjà qui s'amuse à ordonner les conditions d'un bail et les accommodements d'une souriante bonhomie.

Or, il était environ sept heures un quart ; on le vint avertir que madame Moreau était morte. Il dut interrompre sa lettre et la reprit sur les dix heures du soir : « Ma belle-mère, madame, vient de mourir. J'ai à consoler sa fille et son petit-fils, qui se désole des larmes de sa mère. La première, malgré la fermcté de son caractère, est toujours restée dans la timidité de l'enfance à l'égard de la durée de ses parents et son esprit n'avoit jamais osé scavoir qu'ils étoient mortels[2]... » Les frères de madame Joubert sont « de bonnes gens assés peu sensibles ». En les regardant, elle a dit à Joubert : « Il faut bien que je me désole : sans moi, qui pleurerait ma pauvre mère? » Joubert lui répondit : « Les pauvres. » En effet, dit-il à madame de Pange, « cette excellente femme avoit, sous une écorce de rudesse très remarquable, le cœur le plus compatissant et les mains les plus libérales, avec l'air le plus négatif ». En peu de mots, voilà un portrait.

Les deux cousines devaient venir le prochain lundi : la mort de madame Moreau va déranger tous ces projets. Alors Joubert, si les cousines ne venaient pas, les irait voir. Il faut d'abord qu'il se repose : le trépas de sa belle-mère le fatigue déjà.

Il n'y aurait plus qu'à noter les assurances d'un profond respect, puis à tracer, en manière de signature, un J bien fait, son point en bonne place. Mais Joubert, dans une telle tribulation, n'en finit pas. « Adieu, madame... » Et tout de suite, il ajoute : « En ce moment... » depuis trois heures... « nous nous trouvons chez mon beau-frère. On ne nous en chassera sûrement pas et on faira même, je crois, tout ce qu'on pourra pour nous déterminer à y fixer nos pénates. Mais je ne veux pas qu'ils y achèvent l'année et, quoiqu'ici nous fussions bien, j'aimerois mieux être chez vous. J'ai voulu vous écrire ce soir ; qui scait ce que j'aurai à faire demain matin? » Que fera-t-il? « Je me reposerai demain, et je fairai mon possible pour ne plus écrire d'un an. Suppléez par votre bon esprit à ce que je puis avoir omis. Je ne relirai ni mes grandes pages ni ces petites. Je suis persuadé que j'ai mal pensé et mal dit. Mais qu'importe, quand on ne peut mieux ? » Etc. Joubert enfin souhaite à madame de Pange le bonsoir et met la date du jeudi 19 janvier, l'heure qui est la dixième du soir. Il se ravise et il ajoute : « Hélas, scais-je ce que je veux? Je voudrois être retenu par le clou de quelque nécessité auprès de vous et de madame de Beaumont. C'est tout ce qu'il y a de fixe pour moi au milieu des vens qui soufflent sur ma tête de tous côtés... Je vous quitte pour consoler ce que j'aime le plus au monde d'une perte que je sens moins vivement que je n'ai senti les vôtres. » Cette formule est bien charmante. Au fin fond de la vérité, dans l'intime secret d'une vérité où il n'ose pas lui-même aller, Joubert ne rêve que de Passy et des cousines. Certes, il n'oserait point accepter Passy ; mais, à mots cachés, et cachés à lui-même, il supplie qu'au lieu de le lui offrir on le lui inflige, en quelque sorte.

Je ne sais pas quel jour madame Moreau fut mise en terre. Elle était morte le jeudi. Joubert écrit à madame de Pange le dimanche : « Nous sommes en deuil... » Eh ! oui. Ce n'est pas cela : « Nous sommes en deuil de Passy, madame... » Il a renoncé à son rêve.

Etigny, alors? Oui ! Et il supplie madame de Pange de rédiger le bail. Il se promet d'aller voir bientôt sa nouvelle propriétaire ; et il ne restera auprès d'elle qu'un peu de temps, il ne dînera pas : il ne le ferait pas sans imprudence. Il n'en peut plus, depuis deux ou trois jours : « J'ai trop pensé à vous et à vos habitations... Mes sentimens et mes pensées me tuent. Dès qu'il me revient des forces, elles s'exhalent par ma tête ou par mon cœur comme la substance du bois qui brûle s'exhale par la cheminée... » En lui écrivant, madame de l'ange l'assurait de son amitié : ce mot l'enchante. Il se bornera néanmoins au profond respect : « Ce sentiment, dit-il, en moi, est assez vaste pour contenir tous les autres en lui. D'ailleurs, j'ai une âme immuable, avec un esprit fort changeant. La première manière dont vous m'avez frappé sera la seule et la dernière ; mais toutes celles dont on peut vous honorer et vous chérir se placent et se rangent sans se gêner dans celle-là, comme de petits ronds dans un grand cercle. » En post-scriptum, il ajoute mille choses et, notamment, des nouvelles de madame Joubert : elle est « raisonnable, mais un peu malade ; toutes les douleurs la tuent, comme moi tous les plaisirs... » Enfin : « Ah ! ça, me voilà d'Etigny. Cela est arrêté, conclu. Je serai désormais une girouette qui est clouée. Que grâces vous soient rendues ! Je vais en dormir mieux et plus ! » Non, Joubert ne fut pas d'Etigny. La maison de la rue du Pont resta indivise et les Joubert continuèrent d'y demeurer.

Le chagrin de madame Joubert était grand, car elle ajoutait à son chagrin personnel celui que ses deux frères auraient dû éprouver et dont elle se chargeait. Un jour que les cousines devaient venir à Villeneuve, Joubert écrit à madame de Beaumont : « Je vous prie de ne pas venir, vous fairiez encore pleurer ma femme... » Cependant, le 2 février, l'apaisement commence ; et Joubert invite les cousines à dîner, le surlendemain par exemple. C'est qu'il a reçu de son

Périgord une dinde aux truffes qui veut être mangée par madame de Pange et madame de Beaumont. Les cousines allèrent probablement dîner rue du Pont. Quelques semaines plus tard, elles invitèrent à leur tour les Joubert : madame Joubert, si retirée, consentit à cette frivolité ; Joubert en fut émerveillé, comme d'un miracle. Et lui? « Vos dîners me font un peu de mal, mais votre demeure me fait du bien... Ce temps mouillé m'a nui. S'il se sèche, le Poussif et moi irons mettre à vos pieds tout ce qui nous reste de forces ; mais nous ne dînerons plus hors de notre écurie... » M. Joubert avait son cœur qui le jetait à l'aventure, et son estomac qui le retenait à la maison.

A la fin de mars, je crois que madame de Pange était retournée à Paris, pour le soin de ses affaires[3]. Madame de Beaumont, dès le départ de sa cousine, avait quitté Passy pour s'établir à Theil. Elle écrit à Joubert : « Je serais bien heureuse ici, si j'étais moins éloignée de vous, si vous pouviez venir vous promener avec moi, ouvrir, feuilleter mes livres, quand ce serait même pour gronder mon cher ami Condillac... » Elle est philosophe... « Je désire passionnément vous voir ici, parce que j'y jouis d'un bien-être qui m'est inconnu partout ailleurs... » Si elle y pouvait passer trois mois, elle y gagnerait le visage de jubilation et de contentement de soi que porte M. Tronc. Mais elle va se jeter dans le tourbillon. Madame de Staël est à Paris ; on lui reproche déjà de ne pas l'être allée voir. A Theil, elle songe doucement à M. de Pange et aux amis qu'elle a perdus ; c'est une douce mélancolie, aussi éloignée du désespoir que de la gaieté. Elle espère aller bientôt voir les Joubert : mais ce sera pour un adieu.

Elle offrit à Joubert de passer à Villeneuve le dimanche de Pâques ; elle y coucherait et partirait le lendemain pour Paris. Certes ! Et Joubert lui donne un compagnon de voyage, son frère Elie, « un bon chirurgien tout uni, qui ne scait pas parler, mais qui scait agir ; il taillera, coupera, rognera et fendra l'air et tous les obstacles devant vos pas ». Elle · aura, chez les Joubert, une petite chambre et analogue à une cellule ; elle pourra s'y croire religieuse « et cela a son agrément ». Joubert la prie de faire resserrer la gourmette du cheval : elle a beau dire qu'elle possède l'art de tomber, Joubert lui recommande l'art de brider. Elle vint, et puis s'en alla.

Ce qu'elle fit ensuite, Joubert ne l'approuvait pas. Dès que madame de Staël était là, Pauline de Beaumont négligeait le conseil de tranquillité que lui donnait Joubert : elle cédait à l'exemple de remuement que lui donnait madame de Staël. Au mois de mai, cette femme célèbre passa quelque temps à Ormesson chez Mathieu de Montmorency. L'on invita Pauline de Beaumont : elle ne sut pas résister à une invitation qui tentait en elle son goût blessé du divertissement. L'on n'invita point madame de Pange : madame de Staël ne demandait point à la revoir. Le 12 mai, madame de Beaumont se hâte, dit-elle, d'écrire à Joubert, tandis qu'elle ressemble encore à la personne pour qui naguère il avait de la bienveillance : elle craint que le divertissement ne la rende une autre femme... Elle ne se plaît pas dans le monde ; et il a de l'influence sur elle, qui s'en aperçoit : « J'y éprouve une sécheresse de cœur qui est un état pénible lorsqu'on en a éprouvé un plus doux. Je vous dois de savoir positivement que celui que je regrette est le meilleur. C'est beaucoup. Et je m'applaudis de vous avoir établi le juge de mes sentimens... » Elle n'avait pas encore écrit à Joubert sur le ton d'une telle amitié ; elle ne lui avait pas encore soumis avec cette docilité charmante le gouvernement de son âme : dans ses lettres, du moins, et il faut croire que maintes causeries avaient préparé cette douceur de confiance. Elle est alarmée ; elle s'abandonne : « Votre indulgence passée m'encourage et empêche que l'ennui profond qui m'accable ne se répande jusque sur ma solitude. Je suis quelquefois prête à douter des instans de bien-être dont j'y ai joui. Si votre souvenir ne s'y mêlait, je les placerais peut-être au rang des chimères qui ont abusé ma vie... » Cela est tendre, aimable et gracieux. Elle ne se plaît pas du tout à Ormesson : « Mon esprit s'y use sans fruit pour moi, sans jouissance pour les autres... » Cette fois, la première fois, elle est déçue de madame de Staël, qui lui paraît déraisonnable et comme un peu affolée. Telle était de longtemps l'opinion de M. Joubert ; madame de Beaumont ne l'admettait pas : elle défendait son amie. Elle la défend derechef et attribue à des influences une déraison qui n'est pas naturelle à cette femme d'un cœur noble et généreux. Mais, en avouant que madame de Staël a pris « une route qui n'est pas celle du bonheur » et que sa compagnie n'est pas délicieuse, elle dit beaucoup plus qu'elle n'avait dit encore. M. Joubert dut en être content.

Elle tâchait de s'évader de l'ennui par la lecture. Elle lisait *Tristram Shandy* avec un vif amusement : « Je m'imaginais, dit-elle à Joubert, que vous lisiez par-dessus mon épaule... » Elle lisait le *Phédon*, qui éveillait en elle le souvenir des causeries de M. Joubert, le souvenir aussi d'une promenade qu'ils avaient faite ensemble, une promenade qu'elle se rappellerait avec bonheur, si M. Joubert n'en avait été bien fatigué. Elle n'a pas été si frappée de l'*Apologie de Socrate*; et elle donne cette raison : « Je crois que cela tient aux circonstances. Nous avons vu tant de procès aussi injustes et tant de magnanimité parmi des victimes qui nous intéressaient plus vivement ! » Au bout de trois semaines, elle revint à Paris.

M. Joubert était à Sens, où il passa quelque temps pour que l'on vaccinât Victor : une histoire ! Il n'écrivait presque plus à personne, cette année-là, et disait que ce n'était pas sa faute, mais il était « ensorcelé ». Madame de Pange le pria de venir à Paris, où il suffirait de parler aux deux cousines, sans leur écrire... « Je ne finirai pas sans vous mander ce que ma cousine veut que je vous dise : c'est qu'elle vient de passer trois semaines dans une certaine société d'où il est très difficile de sortir simple et aimable comme on y est entré. Et, sur le compliment que je lui ai fait à cet égard... eh ! bien, m'a-t-elle répondu aussitôt, mandez-le à M. Joubert. Je n'ai pas voulu vous laisser ignorer un détail qui prouve tout le prix qu'elle attache à votre opinion... » Mais oui : plus gentiment que jamais, Pauline de Beaumont se livre à la conduite de Joubert.

Il s'en aperçut. Je crois même que la joie qu'il en eut le rendit, on n'ose pas dire, indiscret, le rendit un peu expansif. C'est une chose que l'on devine entre les lignes d'une lettre qu'il adressait à madame de Pange le 24 juin.

Environ huit jours après son retour d'Ormesson, madame de Beaumont vint, pour l'été, s'établir à Theil. M. Joubert était à Sens, toujours ensorcelé. Il n'allait pas fameusement. Le médecin ne le trouvait pas malade : « Il me voit guéri, depuis qu'il n'a plus de nouveau remède à m'ordonner. La vérité est que je suis toujours également malade, mais avec plus de variété, ce qui au moins est un agrément... » L'air de Sens ne lui est pas défavorable : « J'y habite un petit tertre qui m'enchante. J'ai sous les yeux dans le lointain la verdure la plus riante et la plus riche. Mes ruelles sont bordées de maisons où le bonheur semble habiter, derrière des hayes et sous des treilles. Un peuple poli m'environne et il n'a pas l'air malaisé. Rien de ce qui me touche, de ce que je contemple ici ne me déplaît et j'ai souvent souhaité que vous et madame de Beaumont pussiez m'y voir... Et cependant je suis malade, quoi que prétende le docteur. Les vens, à la vérité, en sont un peu la cause ; mais, quand on a une santé qui dépend éternellement du beau temps et de la pluye, on est condamné à se porter mal partout et toute la vie. Si telle est ma destinée, je m'y résignerai, madame, en rendant grâce à la Providence si, dans la situation où je serai réduit, elle me laisse toujours la capacité d'être heureux par des idées et des sentimens fort doux qui me remplissent assés souvent de leurs délices, et si à ce bienfait elle ajoute celui de me laisser disposer librement une fois par mois de ma main et de ma pensée pour écrire à votre cousine et à vous quand je ne pourrai pas vous voir... » Malgré les vents, il est allé à Theil. Il a trouvé que Theil avait de grands restes de beauté. Il n'écrit pas à madame de Beaumont, parce que... « Dites-lui, je vous prie, que, depuis qu'il m'est arrivé d'être immodéré avec elle en épanchemens, j'ai de grandes précautions à prendre avec moi-même, toutes les fois que j'aurai à lui parler de quoi que ce soit. Il s'est fait de moi à elle comme une pente, comme un vrai saut de moulin, où les pensées affluent avec trop d'abbondance toutes les fois qu'elle est au bas ; et, pour ne pas me mettre à sec et la noyer, il faut nécessairement que j'attende que le temps ait aplani ce terrain où d'ici là je ne laisserai rien couler. » Il avoue que sa comparaison peut sembler bizarre. Ce qu'il dit n'était pas très facile à dire et n'est pas exactement clair : madame de Pange, informée, le devait mieux entendre que nous. Il est probable que Joubert, causant avec madame de Beaumont, ne s'est pas tenu tout le temps sur la réserve : elle l'a gentiment averti de n'être point un fol.

Du reste, il n'y eut pas de brouillerie. A la fin de juillet, Joubert était rentré à Villeneuve : le 23 août, madame de Beaumont lui écrit. Elle a vu qu'il était, comme toujours, mais plus particulièrement alors, mécontent de sa santé ; le mieux qu'il avait goûté à Sens ne durait pas. Elle s'en afflige : « N'est-ce pas un chagrin poignant de penser qu'on ne peut ôter à ses amis la plus légère douleur, même en consentant à en être accablée et à fléchir sous le poids? Je suis sûre au moins que vous avez du courage ; cette pensée me console. Mais moi je vous ferais pitié. J'ai retrouvé ma solitude avec humeur, je m'occupe avec dégoût, je me promène sans plaisir, je rêve sans charme et je ne puis trouver une idée consolante. Je sais bien que cet état ne peut durer

long-tems; mais la jeunesse se passe, les ressources
s'usent et il ne reste que des regrets... » Ces mots
sont bien significatifs et montrent la mélancolie de
madame de Beaumont, grande mélancolie, et qui
parfois allait jusqu'au désespoir, et qui pourtant laissait à cette jeune femme une ardeur singulière. Cette
ardeur ne lui donnait pas la force physique et morale
dont elle aurait eu besoin, mais lui donnait l'ennui
de ne pas vivre à son gré. D'ailleurs, elle redoutait
que Joubert ne l'accusât de lire, pour avoir tant de
peine, les *Nuits* d'Young. C'était alors une lecture
où se complaisaient toutes les tristesses : Joubert
l'avait jadis interdite à la sensible demoiselle Moreau;
il l'interdit à madame de Beaumont.... Pas du tout!
Madame de Beaumont lit — et M. Joubert l'approu-
vera, qui est si grand admirateur de Sterne — le
joyeux *Tristram Shandy* : « Vous voyez avec quel
fruit! Si j'avais le temps de récrire, je ne vous enver-
rais pas tout ce noir. Car je ne crois pas que le mal
des autres soit une consolation; ce remède n'est
point à mon usage, et je ne le crois point au vôtre.
Est-il vrai que vous songez à venir me voir? que
vous serez assez aimable pour venir rendre quelque
charme à ce lieu désenchanté? que cela ne vous fera
point de mal? Il est bien sûr au moins que l'espérance seule de vous voir me donne le désir de sortir
de cet état d'abattement, et c'est beaucoup... » Si
M. Joubert, un jour, a été, comme il le disait à
madame Pange, immodéré dans ses épanchements
avec madame de Beaumont, la gentille femme le lui
a pardonné : peut-être aussi l'a-t-elle oublié.

M. Joubert répondit, cette fois, sans retard : il n'y
a pas de sorcellerie que l'on subisse et qui vous

rende insensible à une lettre si charmante ; sa réponse est du 26 août. Mais oui, certainement oui, M. Joubert avait le projet d'aller à Theil, et non seulement d'y aller, mais d'y emmener sa femme et son fils, et non seulement d'y aller, mais d'y rester une demi-semaine. Il attendait que madame de Beaumont pût mettre à sa disposition Obadiah — vous vous rappelez *Tristram Shandy*? — et deux forts chevaux : en outre, avait-elle assez de lits pour coucher tant de monde?... Et puis : « Je vous recommande à tous les saints et à toutes les saintes de Theil, à sa caverne de verdure, à ses lacs d'air et de clarté et à ce fleuve de lumière qui coule du côté de Sens. Je vous recommande aussi à ces trumeaux où se mirent toutes vos herbes. M. Shandy vante beaucoup les pièces d'eau ; il prétend qu'il sort de leur sein une vertu consolatrice. Puisse votre âme être imbibée d'une si divine vapeur... » Ces lignes sont de préambule et propitiatoires, en quelque sorte. Suivent les conseils et les remontrances, avec beaucoup de gentillesse et de fermeté cependant : « Je sais très mauvais gré à ceux dont la société vous a dégoûtée de la solitude ; et, s'ils s'en font compliment, moi je leur en fais injure. Mais pourquoi aller vivre aussi avec ces esprits remuants? Ils ont pour tête un tourbillon qui court après tous les nuages... » C'est le nom que donnera Joubert à madame de Staël, le Tourbillon... « Ils veulent brider tous les vents dont ils ne sont que le jouet. Leur tournoiement vous a gâtée ; mais vous vous raccommoderés. Je ne crois pas que rien au monde soit plus ennemi du bonheur, ainsi que de toute sagesse, que les passions de l'esprit, quand on les éprouve à toute heure. Celles du sang sont plus sensées. Car remarquez, je vous prie, que les premières ne peuvent être satisfaites ni tous les jours, ni tous les mois, ni tous les ans, ni quelquefois tous les vingt ans. Or, y a-t-il rien de plus mal vu et de plus propre à tourmenter que de retenir dans son sein et d'alimenter en soi-même, à tous les instans de sa vie, des désirs sans possession et des voracités sans proye? La passion même du bien public seroit en ce moment une folie. Le monde est livré au hasard. Ceux qui prétendent l'arrêter en jetant à ses vagues le gravier et le sable fin des petites combinaisons sont ignorans de toutes choses. Je leur préfère de bien loin celui qui, sans prétention, s'amuse à ses heures perdues à faire des ronds dans son puits : il se croit du moins inutile. Les autres se croient importans, et Dieu seul sait tout ce qu'ils perdent de tems, de raison, de mérite pour le devenir en effet. Je ne vois en eux qu'un besoin de tracas et de mouvement semblable à celui des enfans, une puérile activité qui les excite à déplacer, non des chaises, mais des couronnes, et à façonner de leurs mains des débris de sceptres brisés... L'inquiétude se démène, va, revient, monte et redescend; la sollicitude attentive est aux aguets et se tient coi. Voilà ce que nous devons faire... » Les importants, les agités, les vains chercheurs de bien public, ce sont les Staël, les Benjamin Constant, un Adrien de Lezai, tant d'autres... « Ayez le repos en amour, en vénération, je vous en supplie à mains jointes. C'est, je vous assure, en ce moment, le seul moyen de ne faire que peu de fautes, de n'adopter que peu d'erreurs, de ne souffrir que peu de maux... » Lui, Joubert, ne veut plus recevoir de journaux; il consent à savoir ce qui se passe, mais il ne veut pas s'en occuper.

Joubert écrivit encore à son amie le lendemain. C'est qu'une petite Marie, envoyée de Theil, lui apportait une lettre fort pressante. Madame de Beaumont n'admettait aucun délai, car elle avait un cocher, des chevaux, des lits ; elle suivait un bon régime et allait mieux : elle réclamait sans retard tous les Joubert. La petite Marie attendait ; et Joubert dut se dépêcher, contre son habitude. Voici donc une lettre de lui, promptement écrite et charmante : « Votre lettre me fait un bien infini, *rien seulement que d'y penser*. Je suis persuadé que vous vous en trouverez à merveilles. Je ne vous ai pas dit que ma femme était *enclouée*, c'est-à-dire a un fort gros clou sous le bras. C'est probablement un rejeton de la petite vérole de son fils soignée avec trop de hardiesse. Elle me charge de vous dire que, sans ce désagrément qui durera quelques jours, nous vous aurions priée de nous envoyer sur-le-champ Obadiah et les grands chevaux. Je vous ai écrit hier une grande lettre où je me suis embourbé dans le temps présent comme Coulange, quand il voulut plaider, s'embourba dans la mare à Collin. Je conseille à vos attentions de sauter à pieds joints ce long article et d'aller droit à la moralité : aimez le repos, le repos !... J'ai mangé beaucoup de fruits ces jours, et je m'en trouve si bien depuis hier après-midi que, ce matin, j'ai été tenté deux ou trois fois de faire claquer mes doigts comme Yorick *redevenu gai*. La belle disposition pour aller vous voir et qu'il est fâcheux qu'Obadiah ne soit pas là et que le clou ne soit pas loin ! Je coupe court, parce que la petite

Marie se dit fort pressée... » Il ajoute quelques mots encore ; mais « Marie insiste... » Je ne sais pas combien de temps mit madame Joubert à se désenclouer, si les Joubert purent aller à Theil et quand ils y allèrent. Il n'y a plus de lettres jusqu'à la fin de septembre. Et alors madame de Beaumont n'est plus à Theil, mais à Paris, comme sa cousine.

Le 1er octobre, elle écrit à Joubert. Sa lettre est fort triste : « Vous savez trop bien qu'on pense à ses amis sans leur écrire pour que je vous demande pardon de mon silence, qui n'est point de la paresse, mais du découragement et du malaise. Je n'aime point à causer avec vous dans une pareille disposition d'esprit et, si je m'y détermine, c'est que je vois beaucoup de raisons de m'y plonger et pas une pour m'en tirer... » Les circonstances sont terribles, à l'automne 1797 : « Tout le monde est dans l'incertitude, se préparant à faire son paquet et courbé sous le joug de la déportation, comme autrefois sous le joug de la guillotine. J'attends ma destinée avec assez de sérénité, peut-être uniquement parce que je me crois invulnérable pour avoir échappé à un sort qui paraissait inévitable. Cependant, si je ne me fais pas illusion, je suis assez bien préparée pour tous les voyages et celui dont on ne revient pas n'est pas celui que je ferais avec le moins de plaisir. Si j'en avais le courage, je n'attendrais pas qu'on m'y forçât... » Voilà le point de désespoir où elle arrive. Elle ajoute : « Le moment où je souffre le plus est celui où je sens que, si les circonstances étaient différentes, que si telle ou telle chose existait, il y aurait encore du bonheur pour moi, parce que j'en ai le sentiment et le besoin. Alors, je n'ai plus

de résignation et je conçois très bien ce que c'est
que l'Enfer... Pardon de mon triste galimatias ;
j'espère que vous n'y comprendrez rien et je vous
prie de ne pas vous en tourmenter. J'ai un accès de
fièvre morale qui passera bientôt... » Elle se dénigre
à elle-même sa tristesse et en ôte la qualité profonde
et vraie : c'est le plus grand désespoir. Au surplus,
dire à Joubert de ne pas se tourmenter, après qu'on
lui a donné toutes raisons de n'être pas tranquille,
ce n'est rien dire. Elle essaye de lui montrer quelque
sourire et achève sa lettre en ce badinage : « Je ne
sais si c'est une manière de vous calmer, de vous
assurer que Benjamin est autant haï que possible...
Lui-même ne peut parvenir à s'aimer. Au reste, il
n'est pas content ; mais cela prouve seulement son
imprudence pour jouir. J'ai eu, malgré la gravité
des circonstances, une plaisante scène avec lui, lui
avouant tout franchement ma haine pour sa personne et pour ses opinions et mon mépris pour ses
moyens. Ma cousine et moi vous aimons tendrement
et pour la vie, chacune à notre manière. » Que
madame de Beaumont déteste enfin ce Benjamin, ce
n'est point assez pour consoler M. Joubert : et pourtant c'est bien quelque chose ! En tout cas, il y a de
la finesse dans le jugement qu'elle porte sur ce Benjamin, sa détestation de lui-même et son impuis-
sance à être heureux ; elle a l'air de deviner en
lui certains traits qui n'apparaîtront clairement que
plus tard et que nous ne voyons en plein qu'après
la lecture d'*Adolphe*. Un autre jour, elle revient à ce
garçon bizarre : « Votre Benjamin fait ce qu'il peut
pour n'être pas oublié ; malheureusement, comme
tous les animaux venimeux, il n'appelle l'attention

qu'en blessant. C'est sa seule existence. Toutes les sensations douces sont nulles pour lui : il lui faut pourtant des sensations pour l'arracher à l'ennuy, et c'est en bouleversant la France qu'il travaille à ses plaisirs. J'ai bien tort de vous parler de ce que vous voulez ignorer. Il est bien ridicule de s'appesantir ainsi sur des maux sans remède ; mais ils nous touchent tellement dans tous les sens qu'il est difficile de les oublier. Elle promet, quand elle sera de nouveau à Passy, de ne plus parler politique à Joubert : elle ne s'occupera que de leur amitié.

Ce n'est pas à Passy que Joubert et madame de Beaumont devaient prochainement se revoir, mais à Paris, où va se rendre Joubert. Il écrit à madame de Pange, le 4 novembre : « Je perds patience et je prends mon parti, madame ; résolument, je vais vous voir. » Il n'a pas vu Paris depuis l'été 1794. Et il se plaît à se dire qu'alors il songeait aux deux cousines et ne croyait pas les connaître jamais. Il les connaît maintenant et vient à Paris pour elles... Mais, à Paris, il y aura la politique. Elle sera inévitable. Comment la supportera-t-il ? « Je n'aime pas, dit-il, ce qui est obscur et il n'y a plus en ce monde que la clarté qui me cause un certain bien-être. J'évite de m'occuper du tems présent, parce que je n'y entends rien. Je n'aime pas à y penser, mais j'aimerois à le connaître. Vous en parlez si bien, madame, que votre politique m'a fait autant de plaisir qu'un conte de nourrice... Ce n'est pas tout à fait ma faute si Benjamin Constant m'ennuye. Vous êtes la fée lumineuse et il est l'ange du chaos. Vous guérirés tous mes dégoûts, mais non pas celui qu'il m'inspire ; le ciel même n'y pourroit rien. Il vous sera fort difficile de guérir mes débilités. Je vais mieux cependant depuis quelques jours et je commence à concevoir que l'on peut avoir quelque force. Je n'en tremble pas moins de retrouver tout mon anéantissement quand je serai votre voisin. L'hyver m'y attend. L'été et lui sont deux magiciens redoutables pour un pauvre être comme moi qu'ils ont tous deux pris en guignon... » Mille gracieusetés pour madame de Pange ; et ce post-scriptum : « Quiquonque chante pouilles à B. C. semble prendre une peine et se donner un soin dont j'étois chargé. Je me sens soulagé d'autant. Je crois donc vous devoir de la reconnaissance à madame de Beaumont et à vous. Je remercie madame de Beaumont de tout le mal qu'elle m'en dit ; et je vous remercie, vous, madame de celui que vous en pensez. » Dans huit jours, il aura vu les deux cousines.

Il arriva le 18 novembre. Il s'établit dans la maison de la rue Saint-Honoré, qui n'est pas loin de la rue de Chabanais, où demeuraient mesdames de Pange et de Beaumont. Et il dut très souvent les voir, cet hiver-là[1].

CHAPITRE VI

LES DEUX COUSINES
ET LA MORT DE L'UNE D'ELLES

Au commencement de 1798, madame de Pange
dut s'absenter quelques semaines pour aller à Passy.
Madame de Beaumont, elle, était à Paris; et Joubert
également. Mais l'hiver lui fut très mauvais. Il note,
le 4 janvier, qu'il est « très malade » et ne note
que le 17 janvier qu'il va mieux. Pourtant, il note
aussi, pendant ce mois, divers achats d'estampes
et, le 14, il écrit : « Dans la société, on parle de ce
qu'on effleure; mais, dans l'intimité, on ne parle
guère que de ce qu'on approfondit. » Je crois que
sa maladie ne l'empêcha point constamment de voir
madame de Beaumont et de goûter auprès d'elle
le plaisir de la causerie dans l'intimité.

Au printemps, elle partit pour Theil; et lui, Joubert, demeurait à Paris. Elle lui écrit le 14 avril. Ce
n'est pas, à beaucoup près, la date de son arrivée en
Bourgogne : mais, pour écrire, elle attendait « un
rayon de soleil et un instant de bien-être ». Le

soleil est venu, non le bien-être ; et elle écrit :
« J'ai retrouvé ici d'anciennes lettres de vous qui
me recommandent l'art du repos et de la solitude.
Vous aviez raison, je le savais ; mais j'étais alors
indigne de la solitude et incapable du repos. Il n'en
est pas de même aujourd'hui. La vie que je mène
est celle qui me convient le mieux, et je sens tout
le mérite du repos, sans en excepter celui qui est
voisin de l'anéantissement. Il me semble que je
végète assez bien, quoique beaucoup moins agréablement que les plantes qui m'environnent... » Beauchêne dit qu'elle a engraissé : elle n'en est pas sûre.
Elle ne peut digérer qu'en marchant. La rêverie
lui est funeste. Il lui faut donc, pour ses promo-
nades, s'accoster de M. Perron, qui l'ennuie. « Je
lui fais chaque jour les mêmes questions et je reçois
les mêmes réponses, que je n'écoute pas toujours
jusqu'à la fin. De son côté, régulièrement aux
mêmes passages, il me raconte les mêmes histoires.
A quelques pas près, je me les annonce sans jamais
me tromper d'une minute. Je suppose qu'il en fait
de même de mes questions. Ce petit commerce, qui
repose si bien l'âme, l'esprit et l'imagination, ne me
déplaît pas toujours et me divertit quelquefois... »
Elle ne plaint pas Joubert d'être à Paris, où le printemps est agréable. Mais elle lui cite quelques
lignes de *Werther* en l'honneur de la campagne ; et
elle ajoute : « N'allez pas croire, d'après ma citation,
que je lis des romans ; je lirais plutôt les Pères de
l'Eglise ou l'Alcoran. Malgré toute ma pédanterie,
je serai ravie de vous embrasser. Votre imagination
ranimera la mienne. Vous ne me reprocherez pas
du moins trop de vivacité. Vous verrez ce que c'est

d'avoir été à l'école de M. Perron... » Elle attendait Joubert en Bourgogne, à ce qu'il semble.

Mais il ne devait pas y arriver de si tôt. Il répond le 15 mai seulement. Ce délai ne prouve pas qu'il fût négligent ; car il cherchait, pour son amie, les livres les plus dignes de la rendre attentive et d'être placés, non dans sa bibliothèque, mais dans son alcôve : « Si je parviens jamais à me les procurer, il me semblera que je n'ai plus rien à faire au monde. » Charmant plaisir, de diriger la lecture de cette jeune femme et de voir fleurir en elle maintes idées qu'il avait choisies déjà pour siennes !... « Votre lettre était excessivement agréable, ce qui me donne toujours bonne opinion de votre bonheur et de votre santé. Ces deux choses ont besoin de soins, soignez-les bien et, ne fût-ce que par bonté pour moi, obstinez-vous à vous maintenir grasse et employez-y *le repos...* Beauchesne s'est vanté à moi-même de vous avoir fait de ma manière de vivre une description où il n'y a rien d'exact que le temps qu'il dit que j'employe à dire du bien de vous. Si je disois tout celui que j'en pense, les jours ne me suffiroient pas... Portez-vous bien. C'est tout ce qui vous reste à faire et ce que je vous recommande le plus. J'ai dit. » Cela est tendre, avec douceur et gentillesse.

Au mois de juillet de cette année 1798, Armand de Sérilly, âgé alors de dix-huit ans, avait passé quelque temps à Paris ; et, le 19, il était de retour à Passy. Madame de Pange lui écrit : « Je suis trop fatiguée pour écrire aujourd'hui à ma cousine, tu l'embrasseras de ma part... J'ai oublié, je crois, de te dire de ne pas lui parler de son divorce... » Est-

ce que l'affaire du divorce était engagée [1]? Et par
qui? Dès l'année 1795, madame de Pange y faisait
allusion ; et l'on dirait qu'alors ce fût le mari qui
voulût divorcer... « et, si elle t'en parle, tu paraî-
tras l'apprendre par elle. Si elle te demande si nous
avons signé pour Theil, tu diras que tu le crois,
sans entrer dans aucun détail... » En 1795, madame
de Beaumont, qui manquait d'argent, s'était avisée
de vendre Theil : ce projet n'avait pas eu de suites.
Sa cousine voyageait en Auvergne et tâchait d'y
recueillir la succession de son frère ; elle avouait
que, pour rentrer en possession de Theil, elle eût
donné beaucoup. Et, à présent, elle va donc racheter ce château : à présent, et c'est-à-dire au moment
que madame de Beaumont s'y trouve et s'y plaît
mieux qu'ailleurs. Que s'est-il passé ? Il semble que
la chose n'aille point sans créer quelques difficultés
entre les deux cousines. On le voit aux demi-cachot-
teries que madame de Pange prie son fils d'observer ;
on le voit quand elle ajoute : « Dis-moi comment
t'aura reçu ta cousine. »

Trois jours plus tard, elle écrit encore à son fils :
« Je sais combien tu es timide ; cependant il faut
t'efforcer de vaincre cet embarras qui ne peut que
te nuire, poussé à l'excès. M. Joubert est retourné
à Villeneuve ; va le voir, accepte à dîner chez lui.
S'il t'en prie d'une certaine manière qui annonce le
désir de te voir, comme je n'en doute pas, retour-
nes-y un jour sans être prié... » Elle se trompe : ce
22 juillet, Joubert est à Paris ; il ne sera de retour
à Villeneuve qu'un mois plus tard. C'est la preuve
que les relations de madame de Pange et de M. Joubert ont subi quelques vicissitudes. Madame de

Pange a l'air aussi de vouloir que son fils aille voir M. Joubert, non pas seulement pour le voir, mais afin de lui montrer qu'on ne se cache pas de lui. « Ne néglige pas non plus ta cousine... » C'est à la même fin.

Joubert, au mois d'août, quand il était encore à Paris, n'allait point à merveille. Il signale, dans ses carnets, le 2 août comme un « jour d'accablement ». Le 3, il se sentait mieux ; et il se promenait à Bagatelle. Le 4, il visitait, au Louvre, une exposition de peinture et de sculpture ; mais il avait, dans la soirée, un malaise. Après une « nuit excellente », il notait une « matinée assés bonne ». Etc., de jour en jour et, quelquefois, d'heure en heure, des alternances d'accablement, de réveil ; du mieux, des assoupissements, de la fatigue, etc. Il partait de Paris le 21 août et arrivait à Villeneuve le lendemain. Il note le 27 comme un « jour d'emportement » ; je ne sais pas ce qui l'avait fâché.

Ce même jour, madame de Pange donne à son fils de fâcheuses nouvelles. N'est-elle pas sur le point de « succomber sous les attaques de ses créanciers » et de voir vendre ses meubles? Elle s'en dit « menacée sous quatre ou cinq jours ». Elle redoute cette affreuse scène. Elle cherche des fonds et n'en trouve pas. Elle dit : « M. de Montesquiou est touchant de soins, d'égards et de douleurs ; hier il avait les larmes aux yeux... » C'est la première fois que paraît ce nom dans la correspondance de madame de Pange.

M. de Montesquiou était un homme de cinquante-sept ans, le vainqueur de la Savoie. Il avait été, aux États généraux, l'un des représentants de la noblesse de Paris[2]. Je ne sais depuis quand madame de Pange le connaissait. Le 27 août, elle paraît aux abois : « Mon pauvre enfant, ma vie est un enchaînement de maux. Si je ne comptais sur toi et tes frères pour adoucir et consoler ma vieillesse, je ne l'attendrais sûrement pas. Je ne sais si la nature me la destine, mais je sais que la route qu'il me faut traverser pour y arriver est bien pénible. M. de Montesquiou est en course aussi ; si le zèle suffisait, sans doute il me tirerait d'affaire. » Les créanciers se fâchent ; et, à Passy même, il faudra que le jeune Sérilly vende n'importe quoi « pour apaiser les crieurs ». Deux jours plus tard : « Je te mandais, mon cher ami, que si le zèle pouvait me sauver, M. de Montesquiou me sauverait ; j'ai trouvé plus que du zèle, je suis pénétrée de reconnaissance et presque de douleur de causer des sacrifices à mes amis : cependant je sens qu'il est bien doux d'être aimée ainsi... » Pour le moment, elle est sauvée. Elle est encore tout étourdie de ses craintes, du bonheur inattendu qui l'en a tirée. Elle s'était résignée au désastre : elle avoue que cette résignation la tuait. Maintenant, elle veut « sortir du bourbier » ; elle réformera son existence ; aucun renoncement ne lui coûtera pour ne plus vivre dans les inquiétudes qui, depuis un an, lui ont fait la vie bien pire que la mort. Puis : « As-tu vu ta cousine ? quelle grimace fait-elle ? gémit-elle beaucoup de renoncer à Theil, de mes embarras qui ne l'empêchent pas de dormir, de sa destinée, de son divorce, enfin de toutes les occasions possibles de gémir ? Quel triste rôle elle a choisi dans ce monde, celui de l'indolence malheureuse ! » Les deux cousines ont perdu leur amitié.

Trois jours plus tard, encore une lettre de madame de Pange à son fils. Elle le prie de venir à Paris. Et promptement. Il recevra le 2 septembre la lettre de sa mère : il se mettra en route le lendemain... « J'ai réellement besoin de toi ». Pourquoi ? et que va-t-elle faire ?

Elle va épouser M. de Montesquiou. Elle ne le dit pas encore à son fils. Mais le contrat sera signé le 3 septembre. M. de Montesquiou a vingt et un ans de plus qu'elle. Et elle est déjà deux fois veuve ; et elle a déjà trois fils et une fille. Mais il faut sortir du bourbier : elle l'a dit ; et elle agit en conséquence. Elle n'est point une indolente comme sa cousine.

Peut-être madame de Beaumont n'approuvait-elle pas ce mariage, elle qui n'avait pas l'esprit à lutter contre la mauvaise fortune. Mais l'étonnant, c'est qu'elle ne bougeait pas de Theil, qui n'était plus à elle.

Joubert lui écrit, le 14 septembre : « Je vous préviens qu'à l'avenir nous ne voudrons de vous que lorsque vous serez insupportable. Vous avés donc eu tort de prendre votre médecine. Une autre fois, gardés votre ippecacuanha pour les gens qui ne sont pas dignes de vous aimer triste et maussade. Réservez-leur tous vos rayons et portez-nous tous vos nuages... Venés quand il vous plaira. Vous trouverés nos bras, nos cœurs et nos portes ouvertes. J'arrive avec la pluye : je vous écris avant le débotté : j'en aurai plus de plaisir à me sécher quand je vous aurai dit qu'en aucun temps et en aucune circonstance nous ne recevrons jamais personne avec autant de plaisir que vous. » Et le post-scriptum, qui est l'usage de Joubert : « Si je scavois quand, comment et à quelle heure vous viendrez, il seroit possible que je me misse en frais pour aller au devant de vous. J'ai retrouvé mon ancien cheval de la poste et, par l'amitié grande que je lui porte et dont il a renouvellé en moi le sentiment, j'aime presque autant le monter que d'aller à pied. Or, en le montant, je puis aller plus loin qu'à pied... » Il pourrait aller prendre madame de Beaumont, tout près de Theil, au sortir de ses bois... « Donnez-moi vos ordres. M. Beauchesne ne nous donne point les siens. Il nous oublie. Apparemment il se ménage pour madame de Montesquiou. » A la dernière ligne, on aperçoit, de la part de Joubert, un petit trait de malice à l'égard de l'étrange cousine.

Joubert savait l'aventure de ce mariage. Il n'en fut informé par madame de Montesquiou que le 18 septembre. La lettre de madame de Montesquiou n'a point le ton des précédentes. La familiarité n'est plus la même, ni tout à fait la même l'amitié. Il y a plus de réserve, la crainte de ne pas obtenir l'assentiment ; mais il y a une excellente vérité, un ton parfait de dignité sûre de soi : « Je ne vous ai point écrit depuis votre départ, monsieur, et je me le reproche ; vous savez bien cependant ce qui m'en a empêchée, c'est un parti brusque que j'ai pris : il a dû vous surprendre, mais vous êtes trop juste pour l'avoir blâmé irrévocablement. Je ne me dissimule pas cependant qu'à moins de connaître M. de Montesquiou et tous les motifs qui m'ont déterminée, ce mariage doit paraître étrange, quoique j'aie trouvé dans ce pays-ci plus d'approbateurs que je ne

croyais... » Ce pays, c'est Paris... « Mais ce sont pour
la plupart des indifférents et leur suffrage me l'est
également. Il n'en est pas de même de vous, monsieur ; je tiens au vôtre et à celui de madame
Joubert et j'ai l'orgueil de croire que vous avez
pensé que je n'avais pu me décider sans motifs suf-
fisants, impérieux même, et qu'apparemment à mon
âge... » elle vient à peine d'avoir trente-six ans...
« je n'avais pas fait une étourderie... » Elle vante la
bonté, l'esprit, l'égalité d'humeur de son nouveau
mari. Elle compte que M. Joubert en pourra bientôt
juger par lui-même ; car elle a le projet d'arriver
dans quinze jours à Passy. Elle ne dit pas un mot
de sa cousine.

Sa cousine était toujours à Theil ; et Joubert lui
écrivit le 22 septembre, avant de répondre à madame
de Montesquiou : « On vendangera mercredi prochain dans ce pays-ci ; mais nous ne commencerons
nos propres vendanges que dans la semaine suivante. Cette opération cause assés de tumulte et de
désordre dans les maisons ; mais on n'y dîne et on
n'y soupe pas moins et, si ce tracas pouvoit vous amu-
ser, je vous assure que vous ne gêneriez ici personne.
Je ne prends personnellement à tout cela que la part
qui me fait plaisir ; mon régime ordinaire et les soins
qu'il exige n'éprouvent aucune interruption, mes
beaux-frères n'en perdent pas un coup de dent, ma
femme garde la maison. Nous vivons enfin à peu près
comme de coutume. Les servantes sont un peu en
l'air et un peu déroutées : mais, à quelques petites
attentions près dont je suis sûr que vous scauriez fort
bien vous passer, elles auroient du temps de reste
pour vous rendre tous leurs devoirs. Venez donc

hardiment vendanger, si le bruit ne vous fait pas peur ; venez avant que l'on vendange, si vous aimez mieux le repos. » Et puis : « Madame de Montesquiou a eu la bonté de m'écrire il y a deux jours ; elle me marque qu'elle sera à Passy dans quinze jours. Vous fairiez bien de nous donner cette quinzaine... Votre chambre a déjà été balayée trois fois pour vous recevoir. Ma femme a peur que vous ne soyez mal ; je lui dis, moi, que vous vous trouviez bien chez Dominique Paquereau et je me mocque de ses craintes... » Puis Joubert, à mots couverts, avoue l'embarras de sentiments où le mettent le mariage de la cousine et l'obligation d'en écrire : « Je n'ai rien sçu que par le public, et brusquement, et sottement, et par un grand bourdonnement... C'est un malheur que vous ne m'en eussiez rien dit ; j'aurois fait bonne contenance, mais je fus pris au dépourvu. Tout cela m'a fait un chaos où je me sens tout empêtré. Je vous attendois pour m'aider à me débrouiller ; mais vous me laissez dans ma nuit. Je vois clair dans mes sentimens, ils sont et ils seront les mêmes, mais je ne scais comment parler. Rien ne reluit dans mes idées et je ne scais ce que je pense ; j'ai besoin de me consulter. C'est un embarras très fâcheux: et, ne scachant à qui m'en prendre, je crois que je m'en prends à vous. Rancune tenant, donc, je vous attends, je vous désire et je vous prie de vous hâter... » Madame de Beaumont ne lui a rien dit ; et que lui a-t-elle dit des ennuis qu'elle a au sujet de Theil ? Il sait qu'elle ne tardera pas à quitter cette demeure... En attendant, elle lit les voyages de Cook, dont il la félicite : « Ces sauvages ont fait dix ans les délices de ma pensée. Je connoissois Otahiti beaucoup mieux que

mon Périgord. Je me souviens encore de Tupia, de
Teinamaï, de Towa, de Toubouraï Tamaïdé, etc... »
Il coupe court ; il sent que, sur les charmes de l'île
étonnante, il rêverait longtemps et même écrirait
encore.

Joubert, qui avait à se consulter, ne répondit pas
à madame de Montesquiou avant le 20 septembre :
« Que puis-je vous dire, madame ? M. de Pange
avoit un grand mérite, M. de Montesquiou a de plus
une grande réputation. Je veux que vous soyez heureuse ; je crois que vous n'avez pu l'être et je crois
que vous le serez... Enfin je suis déterminé par une
pente insurmontable à approuver ce que vous faites
et tout ce que aurez fait. Je ne puis donc vous présenter, dans cette grande circonstance, qu'un suffrage qui n'est pas libre, mais aussi qui n'est pas
aveugle. J'aimois celui que vous aimiez : je l'aimois
à cause de lui et surtout à cause de vous ; il vit toujours dans ma pensée. Je respecterai sa mémoire,
je garderai son souvenir. Je serai fidèle au passé ;
mais j'honore votre avenir. M. de Montesquiou (à
en croire sa renommée et votre propre témoignage)
est peut-être, de tous les hommes, celui qui, à
toutes les époques, vous auroit le mieux convenu.
J'ai regret qu'il soit venu tard. Je lui scais gré d'être
venu... Redevenez assés contente pour oublier toutes
vos pertes, et perdre toutes vos douleurs sans
oublier leur digne cause ! Tous mes vœux seront
satisfaits et tous mes sentimens d'accord. A ce prix,
je vous donnerai, avec un plaisir sans mélange, un
nom que je trouve fort beau et qui est d'un favorable augure, car il semble être fait pour vous. Je
le trouve doux à l'oreille, à l'esprit et à la mémoire,

et tout y est en harmonie avec cette suavité qui distingue votre mérite et dont le charme continu, portant un sentiment de paix si pénétrant et si intime dans les âmes qui vous approchent, rend impossible à votre égard, même dans votre éloignement, toute triste sévérité. Si le public vous blâme, il suit la règle et il fait son métier : si vos amis vous louent, ils suivent l'équité et ils s'acquittent d'un devoir. Je les approuve et je les imite. Voilà tout ce que j'ai pensé et voilà tout ce que j'ai fait au sortir des étonnemens où me jeta cette nouvelle si grande et si inattendue en l'apprenant par des profanes.. Elle me frappa de surprise, mais je ne fus point ébranlé. Le temps et les réflexions m'ont de plus en plus affermi. Vous avez fait un choix illustre. Cet événement trop subit (je veux dire trop peu prévu) avoit besoin de quelque excuse, mais aussi il la porte en soi. Vous demeurez irréprochable. Vous ne pouviez pas refuser un tel maître à votre maison, un tel chef à votre famille, un tel modèle à vos enfans, un tel conseil à vos affaires, un tel repos à votre vie. Tout, excepté la bienséance (je suis forcé de l'avouer et me plais à le reconnoître), tout, excepté la bienséance, quand un tel homme effroit sa main, vous forçoit de tendre la vôtre à des nœuds d'un tel caractère... Ce sera là mon dernier mot. Que pourrois-je ajouter, madame ? J'ai dit tout ce qu'il falloit dire pour ne vous rien dissimuler. Vous m'avez paru l'exiger et je m'en suis fait une loi. Ma franchise a été extrême, mais vous me la pardonnerez. Vous verrez dans ses excès même à quel point vous m'êtes sacrée... » En post-scriptum : « Ma femme vous prie de croire qu'elle vous a trop estimée pour oser vous juper deux fois. » Si cette lettre n'était pas une merveille de subtile ingénuité, elle serait un chef-d'œuvre d'ironie : Joubert n'aimait aucunement ce jeu perfide de l'esprit. Seulement, l'un des stratagèmes de l'ironie consiste dans l'affectation de cette clairvoyante ingénuité que Joubert avait toute naturelle ; et elle s'entoure de précautions feintes, par moquerie pateline, comme Joubert couvrait de jolis ornements la vérité, pour la protéger et garder pourtant sa politesse. Une telle indécision où l'on est parfois laissé, entre la plus élégante plaisanterie et la naïveté presque angélique, c'est l'art de Joubert, son art tout pareil à son âme, éclairée de la lampe et du ciel.

Armand de Sérilly, après le mariage de sa mère, retourna au château de Passy. Madame de Montesquiou désire à présent tirer de Theil quelque avantage ; et Armand devra s'informer de ce qui peut être livré à elle, en fait de poulets, canards et dindons, par décade ; il n'oubliera pas les gros légumes, tels que fèves, pois, pommes de terre, carottes, navets, oignons, etc. Ce n'est pas tout. La prochaine fois qu'il ira au château de Theil, il y prendra sans maladresse les mesures des glaces : c'est afin de les transporter à Paris, dans la nouvelle demeure des Montesquiou : « Tu pourrais, pour cela, aller coucher un jour à Theil et prendre tes mesures de bonne heure, un matin, avant que madame de Beaumont ne fût levée ; car, quoiqu'elle sache bien qu'il faut renoncer à Theil, il ne serait pas obligeant de méditer ce dépouillement en sa présence... » N'est-ce pas ? Armand s'informera de ce qu'on pourrait gagner en coupant des arbres à Theil : « Si je n'étais pas si misérable, je n'aurais pas l'idée d'abattre de grands arbres... Il y a le grand bosquet d'aulnes, les peupliers, ce qui entoure la pièce d'eau et, je le dis presque en pleurant, ma chère allée d'ormes : tout cela pourrait faire quelque argent. » Elle le dit avec chagrin.

Elle voudrait qu'Armand parût aimer M. de Montesquiou de tout son cœur : « M. de Montesquiou t'embrasse tendrement, lui écrit-elle. Quand tu parles ou écris de lui, tu devrais dire *mon beau-père* : cela t'éviterait des circonlocutions et n'a rien d'embarrassant... » La pauvre femme doit se rappeler, avec un peu de mélancolie, qu'elle faisait à son même fils, deux ans plus tôt, les mêmes recommandations lorsqu'elle venait d'épouser M. de Pange.

Le 19 octobre, elle se fâche. Elle a en mains l'acte qui établit, depuis le mois de juin, sa propriété sur Theil, château et les dépendances : donc, elle doit recueillir les récoltes. Madame de Beaumont feint de n'en rien savoir... « Comment veut-on me persuader qu'il n'y a pas d'avoine à Theil?... On trouve commode de payer d'anciennes dettes avec le produit des récoltes et cela ne doit plus me regarder! » Et les dindons? « Je ne les ai pas comptés, mais ce qu'il y en a m'appartient. Je suis bien libre d'en disposer et de les manger ici, si bon me semble. Au reste, j'aimerais bien mieux les manger là-bas... » Seulement, madame de Beaumont ne veut pas déguerpir : « Entre nous soit dit, l'indiscrétion de madame de Beaumont n'a pas d'exemple... » Impossible d'aller à Theil donner des ordres, tant que madame de Beaumont ne déloge pas : « Je cherche tous les moyens de le lui faire entendre... Je crains bien qu'il ne faille le lui dire crûment ; c'est le parti que je prendrai très incessamment, si elle ne prend le sien... » Elle est fort en colère. A-t-elle tort ?

Madame de Beaumont ne bougeait pas. Elle lisait une histoire de l'Inquisition et la vantait à Joubert : « L'auteur a l'air de demander pardon au lecteur d'oser attaquer un tribunal si respectable ; il n'exprime pas toute l'indignation qu'il a dans l'âme. Un auteur plus moderne en aurait exprimé plus qu'il n'en ressentait ; il m'aurait beaucoup moins intéressée et point persuadée... » Elle lit aussi, et qui l'occupe, l'intéresse, l'étonne, l'histoire de Port-Royal : « Il me semble, dit-elle, que, dans un dévot, je désirerais l'esprit janséniste et le cœur un peu moliniste. Peut-être que la dernière partie de mon souhait est due aux préjugés de ma jeunesse : ma vieille tante était un peu amie des jésuites... » Des remarques de ce genre, si intelligentes et d'une finesse délicieuse, étaient ce qui enchantait Joubert en Pauline de Beaumont et qui lui faisait dire qu'elle était excellente sur les idées.

Mais voici une nouvelle qui est de nature à intéresser M. Joubert, quitte à ne pas lui agréer. Madame de Staël retourne en Suisse : elle a donné rendez-vous à madame de Beaumont sur sa route et propose de la rencontrer soit à Sens ou à Villeneuve[3]. Joubert répond : « Si vous aimez mieux voir madame de Staël ici qu'à Sens, votre chambre verte est à votre service. Je serai, je crois, assés fort pour ne pas céder au désir de la voir et pour fuir le danger de l'entendre. Ainsi, consultez votre commodité. » Il avait peur de madame de Staël.

Et il était en train de lire Aristote. Il avait achevé les morales et se jetait dans les métaphysiques : « Il faudra le lire tout entier ; il me tuera, mais je ne puis m'en défendre... Soignez-vous bien, portez-vous bien, gardez mes livres, écrivez-moi. Avez-vous chaud ? Ma femme vous recommande de vous rendre agréables les derniers jours que vous passerez à Theil. Et, si nous étions au printemps, elle consentiroit, dit-elle, volontiers à vous y aller soigner en famille pendant une quinzaine de jours. Aller quinze jours hors de son ménage ! J'ai trouvé cela très galant de sa part. Mais vous faites ici des miracles. Bonjour. » La chambre verte, c'était, au fond de la vieille maison des Moreau, près de la chambre des Joubert, et la bibliothèque entre les deux, une belle chambre où les Joubert recevaient leurs amis, Pauline de Beaumont, puis, après la mort de celle-ci, les Chateaubriand. Si Joubert cédait, pour un peu de temps, à madame de Staël le privilège de la chambre verte, il ne fallait pas lui demander davantage.

Madame de Beaumont le comprit, et comprit même qu'il ne fallait pas demander cela. Elle souriait, en écrivant à son ami très bizarre et charmant : « Non, assurément, je ne ferai point entrer ce tourbillon dans la paisible chambre verte. Vous ne seriez pas maître de ne pas la voir, quand même vous auriez le courage de résister à la tentation. Elle m'a déjà entendu parler de vous, il faudrait lui en parler encore, et malgré tout mon désir d'assurer votre tranquillité, ce ne pourrait être de manière à éteindre son insatiable curiosité. Vous seriez attiré, troublé, et cette pauvre chambre verte ne serait plus un lieu de recueillement. L'Ecu ou le Chapeau-Rouge... » deux auberges de Villeneuve... « seront le lieu de l'entrevue ». Et Joubert admira le discernement, la sagesse, le goût de madame de Beaumont.

Elle continuait de lire Port-Royal : « Savez-vous bien que, si Port-Royal eût encore existé, j'étais en danger d'y courir?... » Elle est tourmentée du zèle que Joubert accorde à cet Aristote, : « Je voudrais bien que vous fussiez convaincu d'une chose, c'est qu'on n'est jamais riche en dépensant autant que vous... » Et voici qu'elle donne à Joubert des conseils que lui donnait Joubert. Ces deux êtres de petite santé et de vive intellectualité pouvaient échanger de pareils remèdes et ne les utilisaient pas. Au surplus, madame de Beaumont, cette saison-là, dit qu'elle se porte « très bien » : c'est le bienfait de Theil, qu'il faut quitter !

Cependant, madame de Montesquiou enrage. Elle est sur le point d'arriver à Passy, avec M. de Montesquiou : à Passy d'abord, et puis à Theil. Et madame de Beaumont ne bouge pas. Madame de Montesquiou écrit à son fils le 23 novembre, qui est l'avant-veille du jour qu'elle devait quitter Paris. Impossible de partir : « La banqueroute de M. de L'Age nous force de différer. Quels que soient mes arrangements, avec madame de Beaumont, il est impossible d'en exiger l'exécution immédiate : car alors elle n'aura pas où reposer sa tête. On assure, et je le crois, qu'elle ne court aucun danger pour le capital; mais peut-être sera-t-elle deux ans sans toucher un sol d'intérêts... » La faillite de L'Age ruinait madame de Beaumont.

Elle apprit ce désastre par sa cousine ; et elle ne se pressa guère de lui répondre. Madame de Montesquiou écrivit à son fils : « As-tu vu madame de Beaumont ?... Comment est-elle ? Elle est fort à plaindre ; mais sa négligence a bien contribué à son malheur. Je ne sais s'il la rendra plus sage et lui fera abandonner son système d'inertie ; ce qu'il y a de sûr, c'est qu'à moins d'une grande suite et de beaucoup d'activité... je ne sais de quoi elle vivra. » Comment madame de Beaumont supporte cette catastrophe ? Elle écrit à madame de Staël[1] qu'elle est dans un abîme d'affaires, que d'être ruinée lui paraît dur ; et elle ajoute : « Il me semble qu'après n'avoir pu éviter aucun malheur, je ne pourrai encore éviter aucune contrariété ; c'était bien la peine de naître ! » Elle ne l'eût pas dit à M. Joubert : elle le savait trop sensible.

Madame de Montesquiou écrit à son fils, le 11 décembre : « Je vois que madame de Beaumont tient à Theil comme si elle y était née. Je ne sais plus qu'y faire. Car enfin je lui ai dit nettement, avec toute la politesse possible, mais très clairement, qu'elle m'y gênait : elle me répond, avec une aisance admirable, que cela ne peut être, qu'elle n'a jamais considéré Theil comme devant lui appartenir et qu'elle me verra sans peine y donner les ordres que je voudrai... » Madame de Montesquiou l'exhorte à venir s'occuper de son affaire, à Paris : non, la menace de la ruine ne la remue pas. Elle dit qu'elle empruntera, « ce qui est plus simple et plus facile que tout » ! Et madame de Montesquiou : « Ma foi, quand on est de cette sottise, il ne faut s'adresser à personne pour ses affaires et surtout

renoncer à intéresser. Je ne m'en mêle plus. »
Enfin, les deux cousines, tant amies récemment,
sont brouillées.

Pour peu de temps !

Le 17 décembre, madame de Montesquiou écrit
à son fils : « M. de Montesquiou est malade ; il ne
manquait que cela pour me tourmenter. On a cru
d'abord que ce ne serait rien, mais il est certain
que c'est une maladie. Il est au sixième jour...
Adieu, mon enfant, je t'écris auprès de mon malade ;
j'espère encore que cette maladie ne sera pas grave,
mais j'en suis inquiète. » M. de Montesquiou ne
fut pas de longs jours malade : il mourut le 30 décembre de cette année 1798, moins de quatre mois
après son mariage. Et voici la « pauvre grande »,
comme l'appelait madame de Beaumont, veuve pour
la troisième fois.

Le 30 décembre, madame de Beaumont avait
reçu de sa cousine une lettre inquiétante. Quatre
jours plus tard, aucune nouvelle ne lui était parvenue ; elle l'écrit à Joubert, qu'elle devait aller
voir à Villeneuve le 6 janvier : « Il m'est impossible de n'être pas extrêmement inquiette. Peut-être
n'est-ce qu'une lettre mise trop tard à la poste ; je
le désire. Mais si, le courrier prochain, je n'en
reçois pas, il faut absolument que je parte. Ce ne
sera pas sans vous en avertir. Si je ne vous écris pas
et si je n'arrive pas, c'est que je serai encore dans
l'incertitude de la marche de ma cousine et de la
mienne, ou totalement engourdie par le froid, ce
qui n'est pas sans vraisemblance... » Joubert, ayant
appris le désastre qu'était pour elle la faillite de
L'Age, avait offert de lui prêter de l'argent. Elle n'ac-

cepte pas cette offre et s'en excuse, prie Joubert de
ne pas lui en vouloir, de ne pas la gronder, car elle
a « dix fois raison », dit-elle. Et puis, gentiment
« Si j'avais quelqu'un à douer, je lui donnerai
votre esprit, votre caractère, votre femme et tou
votre intérieur. Il ne me reste donc qu'à vous souhai
ter une forte santé. Nous autres bonnes gens qu
aimons les mœurs patriarcales, nous pouvons nou
souhaiter une bonne année... » Sa lettre finie, ell
ajoute, au dernier moment : « Beauchêne me mand
que M. de Montesquiou est mort de la maladie noire
qu'il avait quatre médecins et deux ou trois chirur
giens, que lui n'a fait que les fonctions d'avertisseu
et d'ami. Il est extrêmement regretté de toute si
famille. Adieu. Je vois qu'il est difficile de vou
quitter, même lorsqu'on ne peut vous entretenir que
d'objets lugubres. » Elle n'a donc été avertie que
par Beauchesne de la mort de M. de Montesquiou.

Et je n'ai plus de documents d'aucune sorte jus
qu'au 20 avril : madame de Montesquiou venait de
mourir, le 17 avril. Elle avait soigné son mari de la
variole noire : ce fut la maladie qui l'emporta
Madame de Beaumont n'était plus à Theil, mais à
Paris, où il ne faut pas douter qu'elle assista de son
mieux la pauvre grande. Joubert lui adressa, le
20 avril, cette admirable lettre : « Vous vous occu-
pez peut-être en ce moment du triste soin de m'annoncer l'événement qui vous afflige. Je le scais déjà...
Ayez soin de vous-même, ménagez-vous, prenez de
loin des précautions pour arranger un jour votre avenir et revenez dans ce pays au plus tôt, si vous êtes
peu nécessaire à vos affaires dans les lieux où vous
êtes. Ne revoyez plus Theil ; venez chez nous. Nous

y parlerons à notre aise de celle qui n'est plus et dont personne dans le monde, pas même vous, ne pourra regretter la perte autant qu'elle l'eût mérité, si sa destinée eût permis à ceux qui l'aimoient de ne s'occuper que de ses qualités. Il est impossible de se désoler autant qu'on le voudroit et j'avoue que cette réflexion me désespère. Le cœur et la mémoire, le jugement et le sentiment se heurtent et se froissent l'un contre l'autre dans ce premier moment. Le temps épurera les souvenirs et je suis persuadé que dans dix ans l'idée de cette pauvre grande sera plus doucement et plus intimement présente à la pensée de ses amis qu'elle ne peut l'être aujourd'hui. Il est des douleurs que les âmes délicates doivent ajourner (passez-moi ce mot trop moderne) pour les éprouver plus entières, plus parfaites, plus absolues. Ne vous livrez pas à la vôtre à contre-temps... » Au moment de juger une âme, et une âme qui vient de monter à son éternité, Joubert a tous les scrupules. Sa lettre donne à penser qu'il y eut, dans cet âme-ci et dans son arrangement ici-bas, quelque désordre, au moins quelque incertitude : il faut dix ans pour que le souvenir d'une âme se dégage des circonstances et des médiocrités où elle a dû se débattre... « Je vous quitte, mais je ne m'en occuperai pas moins de vous et de votre pauvre cousine. J'ai trouvé une manière de penser à elle, qui n'est pas à votre usage et qui me permet de me livrer sans mélange et sans contrainte à tous les sentimens que j'avois pour elle. Je m'y abbandonne à cœur perdu. Grâces à mon secret, je n'ai pas comme vous et le reste du monde besoin du temps, besoin d'attendre... » C'est dommage qu'il ne dise pas son secret.

Je crois que madame de Beaumont vint le voir au mois de mai. Il y a, dans les carnets, la mention d'un entretien qu'il eut avec elle ; et, une fois encore, il lui prêcha le repos. Il ne semble pas qu'il ait quitté Villeneuve au printemps. Après cela, le mercredi 12 juin, il arrive à Paris, où il ne restera qu'une semaine. Il s'en va de Paris le 21 et couche à Arpajon. Le 22, il passe par Etrichy, où il y a une belle vue, à Mondésir, à Thoury ; et il arrive à Orléans. Où donc va-t-il ? En Périgord, où sa mère vieillit ; et il projette ce voyage depuis deux ans. Il ne voyage pas vite et il n'arrivera que le 2 juillet à Montignac.

Peu de jours après, il écrivait ou bien il avait le dessein d'écrire à son amie ; sa lettre tourna en un brouillon : « Je n'ai quitté Paris ni par goût ni par nécessité, mais par devoir. Cette réflexion ferme la porte au repentir à quelque titre qu'il se présente et votre position même (mon cœur scait si je m'en occupe) ne me faira point désirer de n'être pas venu. Je voudrois seulement qu'il me fût permis de m'en retourner pour revenir, car tant que ma présence sera nécessaire au bonheur de ma mère je n'aurai point d'autre séjour habituel que la maison où je suis né. Je lui ai donné de grands chagrins par ma vie éloignée et philosophique et elle en a eu beaucoup d'autres. Je dois et je veux les réparer tous par ma retraite qui comble tous ses vœux en mettant sous ses yeux un fils à qui aucun de ses souvenirs ne peut reprocher de lui avoir donné un chagrin volontaire, ni de l'avoir trop peu aimée. Elle m'a nourri de son lait et « jamais (a-t-elle dit souvent) jamais » je ne mordis son sein un seul instant. Jamais je ne » persistai à pleurer sitôt que j'entendis sa voix. Un

» seul mot d'elle, une chanson arrêtoit sur-le-champ
» mes cris et tarissoit toutes mes larmes, même la
» nuit et endormi ». Je rends grâces à la nature qui
m'avoit fait un enfant doux; mais jugez combien est
tendre une mère qui, lorsque son fils est devenu
homme, aime à entretenir sa pensée de ces minuties
de son berceau. Mon enfance a pour elle d'autres
sources de souvenirs maternels qui semblent devenir
tous les jours plus délicieuses et plus nombreuses.
Elle me cite une infinité de traits de ma tendresse,
dont elle ne m'avoit jamais parlé et dont elle me
rappelle fort bien tous les détails. A chaque moment
que le temps ajoute à mes années, sa mémoire me
rajeunit; ma présence aide sa mémoire... » L'enfance
renaît en lui, pendant qu'il est auprès de sa mère,
dans la petite ville de sa naissance.

Il faut aller jusqu'au dernier jour de cette année
1799 pour trouver encore une lettre de Joubert à
madame de Beaumont. C'est environ six semaines
après le 18 brumaire et il s'agit de politique. Joubert
se méfie des « associés » de Bonaparte. Il se fierait à
Bonaparte, si Bonaparte n'avait pas ces associés. Il
écrit : « Que le ciel désengoue Bonaparte de ces messieurs et à ce prix qu'il le conserve; car, malgré nos
anciens dires, la nature et la fortune l'ont rendu
supérieur aux autres hommes et l'ont fait pour les
gouverner. Mais je n'attendrai rien de bon de son
pouvoir ni de sa capacité tant qu'il sera assez sot pour
croire que Sieyès même a plus d'esprit que lui...
Quel dommage qu'il soit si jeune, ou qu'il ait eu de
mauvais maîtres !... S'il n'y avoit, sous le chapeau de
Bonaparte, d'autre esprit que le sien et, dans les con-
scils, qu'un petit nombre de membres sensés, j'espé-

rerois des temps meilleurs et je croirois que nous y
sommes ; mais, avec cette multitude et une pareille
cohue d'avis et de talens divers, je suis fortement
persuadé que nous allons changer d'époque sans
changer d'esprit et de sort... » Craintif, Joubert
avertissait ainsi madame de Beaumont qui allait aux
« ravissemens » du calme que donnait Bonaparte à
la France.

Mais voici la nouvelle année. Joubert souhaite à
son amie un changement de destinée. Elle est retournée à Theil : sans doute les arrangements que
madame de Montesquiou avait pris avec elle au sujet
de Theil tombent-ils du fait que le pauvre grande
est morte. Et, à Theil, dans les appartemens déserts,
madame de Beaumont gèle. Joubert lui souhaite de
n'avoir pas froid cette année nouvelle. D'ailleurs,
elle va bientôt s'en aller. Il est ravi de penser qu'elle
sera mieux logée, fût-ce loin... « Je désire que nous
nous revoyions un peu longuement en 1800. Si vous
allez au Mondor et que je sois encore ici, dans le
temps de votre voyage, il faudra, je vous assure,
que vous veniez nous prendre au beau milieu de nos
rochers pour nous emmener avec vous. En quelque
pays que cela arrive, je me sentirai tout à l'aise
lorsque nous nous rencontrerons. Car, depuis que
nous nous sommes quittés, je n'ai pas trouvé sur
mon passage un seul homme, une seule femme qui
me donnât envie de lui parler du fonds du cœur et
de la pensée. Portez-vous bien, portez-vous mieux.
Ce sont les seuls changemens que je désire en vous.
Soyez d'ailleurs toujours la même... » Hélas ! le
temps approche où elle ne sera plus tout à fait la
même à l'égard de Joubert.

A Theil, dans la solitude et la rêverie, elle n'a aucun entrain. Elle a reçu la lettre de Joubert; en voyant l'écriture, elle a « fait un cri de joie »; mais elle ne répond que le 2 février. Quant à la politique, elle se range aux idées de Joubert; il lui faut renoncer à ses ravissements. Elle avoue qu'il lui en coûte et que son enthousiasme venait surtout d'espérances. Elle n'estime pas plus que ne fait Joubert les associés de Bonaparte; mais elle affirme que lui, Bonaparte, a pleinement conscience de sa supériorité. Il a laissé à Sieyès le choix des hommes qui seront les collaborateurs du nouveau gouvernement : ce n'est pas sans motif et par une faiblesse du caractère; il a sans doute son projet. Cependant, quelques choix sont de lui et sont mauvais, divers membres de l'Institut, les tenants de la philosophie la moins recommandable. Cela est de lui et ne vaut rien : « Cet homme, par sa passion pour les savants, me donne l'idée de Louis XIV parvenu ! » Elle excepte de l'anathème les membres du Conseil d'Etat : leur expérience fait que tout gouvernement « qui voudra marcher » devra les employer. Parmi les tribuns, certains noms lui agréent : celui de Riouffe, par exemple; mais il a prononcé un discours et l'on a refusé de l'entendre [5]. Et il y a Benjamin Constant, d'autre part ! « Ce Benjamin, novateur perpétuel, ennemi de tout ordre, de toute modération, et qu'on devrait bannir d'un état policé, a pensé être renvoyé en Suisse, et avec lui madame de Staël... Je me désole de voir le sort d'une femme que j'aime lié à celui d'un homme vraiment haïssable. » Ce n'est pas Joubert qui dira le contraire !

Dans les premières séances du Tribunat, du 5 au

6 janvier 1800, où Benjamin Constant et Riouffe n'étaient pas d'accord, on avait vu se dessiner deux politiques. Celle de Riouffe marquait, avec la haine d'un passé monstrueux, la volonté de rompre l'enchaînement des fatalités et de créer la sécurité nouvelle : confiance au gouvernement que Bonaparte inaugure. L'autre politique refuse la confiance : elle a pour elle les amis invétérés ou intoxiqués de l'erreur qui a coûté cher, les ombrageux gaillards qui devinent que Bonaparte les éconduira, enfin les agités de nature et c'est le cas de Benjamin. L'on accusa Riouffe de servilité : on ne comprit pas qu'il cédait à l'espérance où va promptement un homme qui a tant souffert. Madame de Beaumont connaît Riouffe et a pour lui de l'estime. Elle aussi cède à l'espérance et en tout cas, malgré ce que dit Joubert et qu'elle approuve, elle applaudit au changement.

Elle ne croit pas rester à Theil fort longtemps : l'affaire est soumise aux tribunaux qui décideront si le château lui reste ou aux héritiers de sa cousine... « Si vous ne me promettez pas que je serai l'hyver prochain à portée de vous, j'aimerais autant le passer dans mon désert que partout ailleurs. J'y ai passé avec beaucoup de douceur un hyver fort rude, sans un moment de dégoût ou d'ennuy. Ma santé a été passable, ma solitude absolue : que puis-je espérer de mieux, si je ne suis pas près de vous? Le monde ne m'est pas bon. J'en ai mille preuves pour une, et j'ignore encore si j'aurai le courage de m'en tenir éloignée... » Elle se connaît bien, se connaît peu raisonnable et sans cesse tentée de faire ce qu'elle n'approuve pas, incapable de réagir contre le sentiment qu'au surplus il n'importe. Ses affaires sont plus embrouillées que jamais. Elle devine que bientôt elle n'aura plus de patience : et la résignation qui ne se promet pas la durée est imparfaite. Elle ne sait plus si elle ira au Mont-Dore... « Adieu. Il me semble qu'en vous désirant la santé, je désire ce qui manque le plus à votre bonheur. Après m'être fait un plaisir de voir Montignac sur la carte, je commence à trouver ce plaisir bien stérile. J'aurais besoin d'espérer de vous revoir bientôt et de savoir quand et comment je vous reverrai... » Cette manière d'amitié triste a un joli son qui allait à l'âme de Joubert.

Il est toujours à Montignac et ne songe point à en partir. Il travaille et, auprès de sa vieille maman, goûte les tremblantes joies d'une tendresse qui n'est pas sûre de ses lendemains. Il note, le 16 février : « Je ne fais pas tout ce que je dois ni tout ce qu'elle mérite. » Un pareil scrupule est un raffinement de la tendresse et, en la tourmentant, la rend plus délicieuse à la fois et plus alarmée. Il est heureux d'une façon subtile et attentive ; le 26 février, note le plaisir que lui ont fait les violettes et, le 26, le plaisir que lui ont fait les premières fleurs du pêcher ; à plusieurs reprises, le « repos » où il se tient avec sagesse.

Une lettre de son amie le vint émouvoir. Elle divorçait ; et, bien qu'il fût ennemi déclaré du divorce, il le souhaitait pour elle. C'est que les principes, les mieux catégoriques ou appuyés d'arguments les meilleurs, négligent les particularités si précieuses auxquelles vous rend l'amitié très attentif. M. de Beaumont n'avait pas une bonne conduite ; et il y eut, je crois, du scandale. Une demoiselle

Simon ¹ — « terrible personne », dit Joubert, — se donna le droit de le rosser ; un « combat » se livra chez une autre demoiselle. Joubert s'en réjouit et conclut gaiement que « saint Roch est un grand saint » : je ne sais pas ce que saint Roch fait là-dedans ; Saint-Roch était la paroisse des Beaumont, voilà tout ce que je sais. Joubert se demande si cette histoire est décisive et le scandale suffisant, ce qui permet de supposer que l'initiative du divorce venait de madame de Beaumont et contre le gré de l'époux. La lettre de Joubert est la plus inquiète et la plus tendre qui soit, presque jalouse : « Etes-vous bien démariée? il me reste sur ce point une incertitnde qui arrête et tient en suspens tous les mouvemens de ma joye... Votre acte d'affranchissement est-il dressé, signé, paraphé, expédié? C'est ce que je vous prie de me faire scavoir au plus vite afin que je prenne un parti : ce sera d'être bien content si vous parvenez enfin à ne dépendre qui de vous-même et à n'être appellée que d'un nom que vous aura toujours appartenu. » Quel sera ce nom? Il y songe ; il choisit. *Pauline Montmorin* « est bien joli » ; mais *madame de Montmorin* ne se peut accepter : « vous auriez l'air de n'être qu'une de vos parentes, une Montmorin par alliance et par hasard... » Il a une idée qui l'enchanterait et sur laquelle, pour cela, il n'ose insister : *mademoiselle de Montmorin*. L'on devine le désir qu'il aurait que Pauline de Beaumont, qu'il aime comme une âme, redevînt une sorte d'âme parfaitement pure, une jeune fille : mademoiselle!... Mais, vite, il a peur de ce qu'il a osé dire. Alors, qu'elle soit *madame de Saint-Héran* : « une madame de Saint Héran est une Montmorin voilée... Au couvent que vous aimiez tant, on vous appelait Saint-Héran... » Ce nom de jeune fille ou le nom de mademoiselle !...

Depuis sa précédente lettre, il s'est mis a compter sur Bonaparte. Il l'appelle « un inter-roi admirable ». Il l'admire décidément plus que madame de Beaumont ne se risquait à le faire : « Cet homme n'est point parvenu ; il est arrivé à sa place. Je l'aime. Sans lui on ne pourrait plus sentir aucun enthousiasme pour quelque chose de vivant et de puissant... Nous avions grand besoin de lui. Mais il est jeune, il est mortel, et je méprise toujours infiniment ses associés... » Joubert ne devine pas encore tout à fait que les associés de Bonaparte seront réduits à peu de chose, puis au néant, de sorte qu'il n'y ait plus que lui, pour le salut de tout le monde.

Et puis : « Je ne vous ai pas encore parlé de ma bonne et chère maman. Il faudroit de trop longues lettres pour vous dire tout ce que notre réunion me fait éprouver de triste et de doux. Je vous en parlerai pendant tout le temps que nous nous reverrons, car je serai occupé d'elle tout le temps que pourra durer ma vie. La sienne est bien affoiblie ; elle ne mange presque pas... Elle dit cependant qu'elle se porte bien ; mais elle se trompe et nous trompe. Sa résignation domine maintenant sur toutes les autres perfections, qui avoient autrefois tant d'éclat... Mais je la retrouve la même en la cherchant et je la révère toujours au fonds de mon cœur comme en mes premières années. Elle vous aime beaucoup, parce que je vous aime... » Il ne parle pas de revenir bientôt. Mais, pour le prochain hiver, et qui n'est pas si proche, il veut le passer à Villeneuve, si madame de

Beaumont promet d'y venir ; ou, si elle passe l'hiver
à Paris, c'est à Paris qu'il le passera.

Au mois de mai, madame de Beaumont s'est installée à Paris[6]. Elle s'amuse des nouvelles qui sont
la causerie de tous les jours. Elle en a écrit à Joubert. Elle lui a dit que « la dévotion de La Harpe
était un tour que le diable jouait à Dieu » ; elle lui
a conté les querelles qu'il y a entre Lalande et Mer-
cier, touchant Newton. Et tout cela divertit Joubert.
Cependant, à propos de Dieu et du diable, elle s'est
risquée à quelque philosophie, elle a cité le nom de
Manès. Horreur ! « Je déteste ce vilain nom, et je ne
me souviens pas de m'être jamais permis de l'écrire ou
de le prononcer, même en badinant. J'aime assés les
erreurs naïves et les sottises naturelles ; mais, quant
aux scavantes erreurs qui se fabriquent avec art, je
les hais autant que ces erreurs de mauvaise foi, ces
erreurs fausses que notre Benjamin Constant m'a le
premier fait distinguer. Je crois même que je n'aime
pas les vérités qui ne sont telles que par réflexion :
autre grief contre ce siècle où l'on n'a guère que
des idées et des sentimens calculés. Votre Manès
était un fourbe qui se trompait par vanité... » Joubert ne veut pas que Madame de Beaumont laisse
entrer [dans son « esprit aimable » cette opinion
« gigantesque et ténébreuse » des deux principes. L'on croit au diable ; et c'est naïveté. « Mais
imaginer deux principes... Quelle erreur laborieuse !
Il n'y en a qu'un, et il a fait ce qu'il a pu !... Vous
ressemblez quelquefois à un filleul que l'on m'ap-
porta hier et dans les petites mains duquel on
mit quelques écus. Vous avez au fonds de vous-
même une foule d'excellentes pensées et de vérités

admirables ; mais vous aimez mieux les jetter par terre et les faire rouler qu'en faire un véritable usage. Ne vous gênez pas cependant, ne contraignez pas votre esprit ; mais, parmi ses plaisirs, choisissez les plus grands. En vous livrant toujours aux seuls amusemens de la pensée, vous perdrez souvent ses délices. » Que cette remontrance est jolie, sûre et d'un usage excellent !

Joubert lit les *Questions encyclopédiques* de Voltaire, les ouvrages de l'abbé Nollet, la *Préface sur Euclide* de Donnot de Bar-le-duc. Les savants le pénètrent de l'idée qu'il avait déjà, que l'ignorance a des clartés naturelles que l'étude obscurcit.

Et le divorce ? « M. de B. est bigame, cela est clair ; et ne m'ôtez pas cette idée, car elle m'amuse beaucoup... » Je ne sais pas ce qu'il est arrivé à M. de Beaumont : quelque chose d'assez plaisant, car Joubert lui chante de loin la chanson de Pourceaugnac, *La polygamie est un cas, est un cas pendable.*

A l'automne, madame de Beaumont, qui sans doute n'était pas encore tout à fait démariée, — pour que son mari fût bigame ! — revint passer quelque temps à Theil. Elle avait mené tout l'été une « vie errante[7] » ; mais la voici dans son « ancien azyle » ; elle n'a pu « résister au désir de s'y reposer encore une fois et de lui dire un dernier adieu ». En effet, le château n'est plus à elle : le 4 juillet, le tribunal de la Seine l'a décidément adjugé aux enfants Sérilly.

Joubert a quitté Montignac le 22 septembre et, pour retourner en Bourgogne, il a fait tout un petit voyage. Il a été un mois en route. Il se portait assez bien ; il s'amusa des paysages et s'amusa d'y promener sa méditation, d'imaginer quelquefois un accord de hasard ou d'ingéniosité entre sa pensée philosophique et la nature analogue à un emblème. Ses notes de voyage sont ensemble sérieuses et enjouées ; l'on y reconnaît le badinage de son esprit sans cesse réfléchi. Les moindres détails du chemin le trouvent curieux et attentif. Au passage de la Vézère peut-être et, en tout cas, à la traversée d'un pont, comme les chevaux se rangeaient bien, il songeait à la double entité du juste et de l'injuste et il écrivit sur son carnet : « Eh ! les chevaux eux-mêmes semblent en avoir quelque notion. » L'itinéraire était de Périgord en Auvergne et, pendant ce parcours, il y eut le clair de lune, de sorte qu'il inventa des symboles de lumière et de clarté : « Toute bonne objection éclaircit la matière qui est en doute ; celle qui l'obscurcit est mauvaise, elle fait perdre l'objet de vue. Mais celle qui montre l'objet en détruisant le systhème est la seule bonne. » Et : « Sans ce que nous appelons inspiration, point de poète ; et, sans ce qu'on peut appeler illumination, point de philosophe. » Sans doute les Joubert, en quittant Montignac, allèrent-ils, dans les environs, voir des parents ou des amis. Et ils flânèrent ; car, en six jours, ils sont à Ussel, qui n'est pas loin. Le 1ᵉʳ octobre, ils sont au Mont-Dore, où naguère Joubert avait pensé rencontrer madame de Beaumont. Inutile de s'arrêter : elle n'est pas là. Ils se dépêchent un peu. Ils sont à Clermont le 2 octobre, à Moulins le 3. A Moulins, un jeune Auvergnat que rencontre Joubert lui suggère cette remarque : « La douleur et le plaisir sont à ces corps, ce que le mal et le bien sont à nos âmes, le motif, le levier, la règle, la borne, la mesure. » Le lendemain samedi, à Saint-Ymbert, où il y a une « charmante ferme »; repos; et les Joubert ne voyagent pas le dimanche. Repos et lecture : Joubert a emporté un Bacon, traduction Golefer, édition de Paris 1632[8]. Le lundi 6 octobre, arrivée à la Charité-sur-Loire; et Joubert, devant le paysage de la Loire tranquille : « Vue de la Loire. La Loire fait penser à Dieu; pourquoi. » Mais le petit enfant Victor, qui avait six ans, fut malade; et il fallut rester dix jours avant de le remettre sur les chemins.

La Charité est une petite ville entre la rivière de Loire et les ruines d'une grande église romane. Je ne crois pas que Joubert ait beaucoup regardé ces ruines; mais il a regardé la rivière, la belle étendue ornée d'arbres d'un paysage simple et ordonné joliment. Il pensait à Dieu, comme l'y invitait la Loire; et il lisait Bacon. Il aima ce que dit Bacon d'une opération de l'esprit tendant à « unir la nature » ou à l'accorder avec elle-même et aussi avec notre entendement. Il y a un style et il y a des pensées, qui « unissent merveilleusement bien la nature » : trouver ce style et ces pensées, n'est-ce pas tout ce que nous faisons de mieux pour acquérir la meilleure intelligence de la nature? en d'autres termes, pour ranger dans notre intelligence la nature?... Seulement, « nos scavans ont peu d'esprit et nos hommes d'esprit ne sont pas scavans »; c'est « ce qui fait tous les maux de la littérature » : elle laisse échapper ainsi la vérité, qui est œuvre de science et d'art aussi. Joubert ne veut pas qu'on sépare la pensée et le style, le style étant la forme que prend la vérité dans notre intelligence. Joubert approuve également ce que dit Bacon de la sagesse ou philosophie pre-

mière. Il écrit, le soir du lundi 13 octobre : « Dire
et scavoir que le monde a commencé en des temps
incertains et infiniment reculés, c'est vérité ! Mais
avoir assigné une époque fixe et calculable à ce
commencement du monde, c'est sagesse. L'esprit
humain est en repos. Sa curiosité est contente. » Ces
lignes caractérisent la nouvelle philosophie de Joubert, qui n'est pas toute objective, mais dont le principal désir est moins d'expliquer la nature que de
composer l'esprit humain.

Les Joubert ne furent pas à Villeneuve avant le
soir du 19 octobre. Joubert et madame de Beaumont
durent se voir plus d'une fois à Theil ou à Villeneuve. Une lettre de lui, du 1ᵉʳ décembre, est
adressée à « madame de Beaumont-Montmorin ». Est-
ce qu'elle a enfin divorcé ? et Joubert lui propose-t-il
ce double nom, de manière qu'elle soit redevenue
Montmorin, même si elle garde, comme elle l'a
gardé, le nom de son mari ?... Avant de partir pour
Paris, elle fera un petit séjour à Villeneuve où les
Joubert l'attendent, sur sa promesse, le prochain
dimanche. Suivant le conseil de son amie, Joubert
venait de lire Condillac. Il ne l'aimait pas. Ses carnets, pendant le mois de novembre, sont tout pleins
d'animosité contre la philosophie sensualiste. 12 novembre : « Condillac. Cet homme est lac, marre ou
bassin, étang ou réservoir, mais n'est pas source. O
vive source de pensées ! ô fontaine d'intelligence !...»
Il n'est pas évident que les derniers mots ne s'adres-
sent pas à madame de Beaumont, comme une louange
et aussi comme un reproche étonné de la voir, elle
qui est source, aimer ce bassin. 28 novembre : « Condillac. Il me dessèche et me roidit l'esprit. » Jou-

bert écrit à son amie : « Votre Condillac m'a roidi et desséché l'esprit pendant dix jours avec une telle force qu'il n'y avoit pas en moi une libre qui ne s'en ressentît et ne se refusât à toute fonction. Il m'a fallu interrompre cette aride lecture et me jeter pour digérer dans d'autres livres. Un Massillon qui m'est tombé par hazard sous la main m'a réussi. Il m'a huilé et détendu. M' Necker qui est survenu ne m'a pas nui. Je suis tombé de l'huile dans la graisse et je me sens tout rempaté. » Le *Cours de morale religieuse* venait de paraître à Genève en trois tomes in-octavo. Joubert trouvait, dans ce gros ouvrage, du ridicule et de l'utilité.

A une date que je ne sais pas exactement, vers l'extrême fin de l'année 1800, madame de Beaumont partit pour Paris ou l'attendaient, sans qu'elle le sût, ses destinées.

CHAPITRE VII

Allons rechercher Fontanes où nous l'avons laissé, à la fin de l'annéé 1794 et quand Joubert fait connaissance avec madame de Beaumont.

Il reparaît le 2 mars 1795, tout pareil à ce qu'il était, plus altéré seulement. Il écrit à Joubert : « Vous voulés donc que je meure de soif, mon bon ami ? Vous avés bien peu de soin de ma cave et de mon esprit... Si vous ne voulés pas me faire part de tout ce que vous voyés dans le monde magique où vous êtes émigré pour votre bonheur, envoyés-moi au moins du vin. » Ce qui l'ennuie, c'est que, par la négligence de Joubert, il a manqué le temps des bons marchés... « Si vous trouviés une spéculation passable de quelques tonneaux, je ne craindrais pas d'en acheter tout de suite pour deux ou trois mille francs... Vous êtes surpris de ce style. Mais morbleu savés-vous que j'achète la viande 3 livres 10 sols et qu'il n'y a plus moyen de vivre si l'on n'est représentant, marchand ou voleur de grand chemin ! » Il conseille à Joubert de rester dans sa « planette enchantée » ; oui! mais d'en vouloir descendre quelquefois pour le service d'un Parisien malheureux.

Jusqu'à présent Fontanes est un pauvre garçon qui tâche de s'approvisionner. Mais une idée naît en lui et qui mène le futur Grand Maître de l'Université à des opérations plus hardies. Le 2 mars, il a dit le mot : spéculation. Deux mois plus tard, il est en possession de sa malice et il présente à Joubert son programme : « Je veux devenir marchand de vin et vous faire commissionnaire. Ce début vous surprend ; or, écoutez-moi... » Qu'un tel début doive surprendre Joubert, s'il n'en doute pas, il a raison. Voici l'affaire. Il a reçu vingt mille francs ; ce n'est pas lui qui les a reçus, mais sa belle-mère : « Peu importe. Continuons... » Veuille Joubert lui acheter, mettons, quarante pièces de vins : « Cette denrée ne peut que croître, et les assignats que baisser ; le profit est clair. » Joubert saura endormir la méfiance du fournisseur, le brave citoyen Hyver, par de subtils mensonges. Le vin restera dans les caves du citoyen ; Fontanes payera les frais de séjour et demandera ses tonneaux à l'heure favorable... « Voilà une grande opération. Mais, mon cher, il faut ne pas perdre une minute et m'accaparer dans un tour de main les caves du pays. » Cet habile écrivain n'essaye pas de rien dissimuler par une expression choisie : les mots disent tout, et avec une cynique loyauté. Spéculation, accaparement, ces mots étaient assez fameux et dûment réprouvés pour qu'on ne pût les employer avec ignorance et pratiquer avec innocence ce qu'ils désignent. Joubert ne répondit seulement pas.

Mais, le 9 mai, Fontanes recommence, et avec quel entrain ! « Chaque heure de retard est ruineuse. Achetés à tout prix, ou si vous ne trouvés rien dites-le-moi vite pour que je me retourne d'une autre manière. » Il va quitter son appartement de la rue de la Sourdière : on a forcé sa porte, on a voulu le voler. Où va-t-il demeurer ? Il ne le sait pas, ou ne le dit pas. Joubert lui écrira par l'intermédiaire de son frère Arnaud. En ce printemps de la III° année républicaine, le citoyen Fontanes est un gaillard aux abois... Il fallut que Joubert se fît violence. Évidemment il refusa d'entrer dans les bénéfices de la combinaison ; mais il promit de causer avec Hyver. D'ailleurs, connaissant Fontanes, il le pria de consigner les 20 mille francs... Les 20 mille francs n'étaient plus que 10 mille. La moitié de la somme, Fontanes l'avait employée vite, pour éviter le désastre de la baisse. Les 10 mille francs — sur lesquels il fallait prélever une dette réclamée par Hyver — étaient là : plût à Joubert de se hâter !... Dire à Joubert qu'il n'a pas une minute à perdre, c'est lui ôter tous ses moyens. Il a passé sa vie à perdre les heures, les jours, les années. Il ne croyait pas les perdre : il aimait ce qui dure et comptait sur le temps pour améliorer la pensée comme les vins ; et il était studieux en flânerie. Cependant, il se dépêcha, fit envoyer du vin, qui arrivait à Charenton, que Fontanes recevait là et Fontanes se débrouillait. Fontanes promettait de payer, le 1er vendémiaire : « On peut compter sur ma parole. Je ne plaisante plus dans ce genre. Si on voulait de l'argent avant cette époque, qu'on le disc, et j'en trouverai... » Il en trouvera ? Est-ce qu'il n'a plus les 10 mille livres de sa belle-mère ? Elles ont probablement fondu, comme les autres qui étaient en assignats et qui ne sont plus en rien du tout. Le terrible garçon ! Joubert, qui l'exhorte à payer, l'engage aussi à ne pas oublier son métier principal, qui est la poésie : et il lui parle des Grecs, de Xerxès et de Salamine. Quant aux vins, il lui conseille de chercher un « représentant », qui le dispenserait, lui Joubert, de ces detestables corvées. Sa lettre est perdue : on ne la connaît que par la réponse de Fontanes. Sans doute avait-il glissé quelques mots de morale et de précaution, car Fontanes réplique : « La nature de mes affaires ne peut compromettre le civisme de personne. Bon patriote moi-même, je m'adresse aux patriotes qui me ressemblent... » C'est joli à dire ! En tout cas, voilà un Fontanes qui, l'été 1795, se déclare bon patriote et, en d'autres termes, fameux républicain.

Il avait acheté un certain nombre de barriques. Peut-être les avait-il payées : du moins il avait fixé le terme d'échéance. Puis il avait laissé dans les caves d'Hyver sa provision, destinée partie à lui-même, et partie au négoce. Le 30 août, il demande un muid pour le boire et demande où il en est de ses bénéfices. L'entreprise n'a point donné tout ce qu'il espérait. Ce fut à cause de quelque négligence que montra Joubert et qui peut-être sauva de certains remords ou de pires ennuis le très éminent personnage qui, parmi les vicissitudes de l'époque, se préparait obscurément. Peut-être aussi Fontanes n'attribuait-il plus tant d'importance à l'entreprise de Villeneuve, tandis qu'une autre affaire avait plus d'envergure. Il avoue à Joubert qu'il a des « intérêts communs » avec son ancien ami normand le citoyen Flavigny et qu'un négociant recommandé par ledit Flavigny va « sonder le terrain » et devenir probablement son commissionnaire.

Cet étrange Fontanes écrit un jour à Joubert : « Je suis comme les vins les plus âpres du citoyen Hyver ; je me mûris tard, mais je mûris pourtant. » C'est la vérité assez drôle. Quand viendra l'Empire, cette piquette d'autrefois aura pris de la bouteille. L'Empereur y pourra coller une étiquette glorieuse de sénateur comte Fontanes et, la monarchie revenue, l'étiquette plus renommée encore de marquis et pair de France.

Après cela, depuis la fin d'août 1795 et jusqu'au mois de juin 1803, il n'y a plus aucune lettre de Fontanes à Joubert ni de Joubert à Fontanes. Ils ont dû correspondre cependant : je n'ai trouvé aucune trace d'une brouillerie entre eux. Lettres perdues, je suppose.

Dans l'intervalle que voilà, Fontanes fit beaucoup de chemin, quelquefois en avant, puis à reculons ; et toujours il se démena.

La Constitution du 22 août 1795 avait créé l'Institut[1]. Fontanes y fut élu, le 15 décembre, dans la section de poésie, grâce à un homme dont l'amitié lui est plus avantageuse que très honorable, Marie-Joseph Chénier. Cette élection mit le pauvre Restif, qu'on avait oublié, en rage. Il inséra, dans son extravagant *Monsieur Nicolas*, ces lignes : « J'avertis ici le public qu'il y a une coalition entre tout ce qui existe de plus vil dans la littérature pour m'exclure de l'Institut national. Hé ! qui croirait-on que sont ces poux de la littérature?... Leur nom infâme salirait cet ouvrage, qui contient mes turpitudes. Mais qui a dit à ces misérables que je voulais être de l'Institut? Ai-je fait une démarche? ai-je assisté à une seule séance? Vils intrigants, misérables intrus, je ne vous ressemble pas! » L'un de ces « poux » est Fontanes, qui s'appelle maintenant « le trigame Scaturin ». Car il a de l'entrain, dans la colère.

Le mois de décembre 1795 est excellent pour Fontanes. Deux semaines après son élection à l'Institut, le voici professeur de belles-lettres à l'école centrale des Quatre-Nations. Les écoles centrales sont une création qui vient de faire le Directoire[2]; et c'est, pour Fortanes, un traitement de cinq mille francs, bientôt portés à l' « octodécuple », vu la cherté de la vie ; c'est aussi le logement.

Réconcilié avec la République, en très bons termes avec de vieux jacobins un peu las, Fortanes passa heureusement l'année 1796. Mais le succès lui donna plus d'entrain qu'il ne lui laissait de prudence. Il se lança de nouveau dans le journalisme, où il aura des ennuis.

Dès le début de 1797, il collabora au *Journal littéraire* qu'avait fondé, au mois d'août précédent, Clément de Dijon, ce Clément que Voltaire appelait Inclément et qui était un intelligent garçon très assidu à son idée. Il publia, dans ce journal, plusieurs articles de littérature, écrits avec beaucoup, de verve et de soin, et, sans le signer, un article très méchant sur la *Philosophie de M. Nicolas*, de Restif.

Le *Journal littéraire* eut son dernier numéro le 20 juillet 1797. Depuis deux mois, Fontanes n'y écrivait plus, ayant fondé avec La Harpe et Vauxcelles *Le Mémorial*, « ou recueil historique, politique et littéraire ». On y voit un Fontanes qui redevient réactionnaire et qui se vante d'avoir été, à Lyon, la victime des Jacobins.

Fontanes se vante ainsi le 2 septembre. Cinq jours plus tard, c'est le 18 fructidor : Fontanes est condamné à la déportation, comme rédacteur au *Mémorial*; et il se sauve, il ε raison.

Une note de police du 27 floréal an XI, signée Le Clerc, donne quelques renseignements sur l'itinéraire de ce fugitif³. Le Clerc dit avoir rencontré Fontanes chez un nommé Bayard⁴, des Cinq-Cents, à Cuxhaven, près de Hambourg, le 18 janvier 1798. Fontanes et Bayard étaient sur le point de s'embarquer : ils gagnèrent l'Angleterre et Londres. C'est alors, et probablement à la fin de janvier 1798, que Fontanes retrouva Chateaubriand; il l'avait connu à Paris en 1789. Le Clerc dit que Fontanes, dès son arrivée, se liait avec Peltier le journaliste et que Peltier le « faufilait » avec du Theil et Chateaubriand. L'un des personnages de l'émigration turbulente, ce Peltier, sous les dehors de l'exubérance, travaillait aux besognes secrètes de la contre-révolution. Du Theil, qui avait accompagné le comte d'Artois dans l'expédition de l'île d'Yeu, puis à Londres, était chargé des affaires privées et politiques. Il tenait la caisse de secours et de propagande. Fontanes l'appelait le « contrôleur général des finances »; il organisait à Londres l'intrigue de la monarchie, avec une habileté inutile et désintéressée. Il est certain que Fontanes fut en relations avec du Theil; et Le Clerc, qui le dit, ne ment pas.

Si l'on en croit Chateaubriand, c'est du Theil qui chercha Fontanes. Et sans doute Fontanes valait alors cette recherche. Mais du Theil aussi valait que Fontanes le voulût connaître ; et, si du Theil appela Fontanes, celui-ci put répondre : j'y allais ! Si l'on en croit Chateaubriand, Fontanes vit du Theil et ne le vit que pour le compte de Chateaubriand. Tous deux allèrent chez l'agent des Princes. Du Theil promit « d'encourager la publication » des ouvrages de Chateaubriand. Quels ouvrages ? Tout uniment *Les Natchez*, qui pourtant ne devaient en rien servir la cause de la monarchie[5].

Quand Fontanes, qu'on avait connu, à Londres, le plus royaliste des hommes, se fut rallié au Premier Consul, Peltier le considéra comme un traître. Dans son *Ambigu*[6] de décembre 1803, il écrit insolemment à Bonaparte : « M. de Fontanes, que vous venez de faire homme d'honneur, m'a dit autrefois vingt reparties ou traits d'esprit qu'il avait prêtés ou vendus plus ou moins cher, selon leur plus ou moins d'antiquité et la fortune des personnes dont il était le fournisseur. Je vous recommande ce nouveau gentilhomme de votre création ; il peut vous être fort utile... » L'accusation de vénalité reste assez vague... Puis, 31 janvier 1804[7] : « Le poète Fontanes, gouailleur et goinfre de son naturel, très friand surtout des guinées britanniques, dont il a déjà tâté, et accoutumé à se moquer même de ceux qui l'alimentent, le désaltèrent et le soudoient... » Toujours vague, l'accusation semble cette fois pleine de souvenirs... 10 avril 1804, à propos de l'exécution du duc d'Enghien[8] : « M. de Fontanes oubliera sans doute que j'eus, il y a peu d'années, le malheur de le présenter au père du duc d'Enghien, et qu'il assura ce prince de son dévouement, avec

toute l'humilité d'un homme condamné à la Guyane
par Buonaparté... » L'insistance acharnée de Peltier
ne lui a point valu un démenti : et il répète qu'à
Londres, en 1798, Fontanes a reçu les subsides des
princes français et du gouvernement anglais qui
secondait les princes.

Que dit Le Clerc? « Du Theil présenta un mémoire
à Lord Grenville et à M. Wickham pour les engager
à faire diriger un journal français par Fontanes et
Peltier et leur faire un sort. Il demanda en même
temps une gratification pour le premier. Les ministres
refusèrent. Alors, cette société fit proposer au duc
de Portland de renvoyer Fontanes en France comme
espion et de l'appointer. Le duc ayant refusé, du
Theil et compagnie engagèrent le comte d'Artois
d'envoyer à Paris Fontanes et de lui accorder
500 louis de pension. Il lui donna, en attendant, une
forte gratification. Le prince choisit Fontanes pour
l'un de ses agens et lui permit de prendre des places
dans l'administration... » Voilà ce que dit Le Clerc.
Et, comme Peltier, Le Clerc déteste Fontanes. Mais
leurs informations, inégalement précises, concordent
assez pour éveiller l'attention la moins prévenue.
L'on voudrait un témoignage que nulle hostilité ne
rendît suspect? Le voici.

Le 28 juillet 1798, Fontanes, qui a récemment
quitté Londres et qui est à Hambourg, écrit à Chateaubriand. Il vient de passer quelques jours dans
la perplexité ; les nouvelles de France étaient fort
alarmantes : on a fusillé des émigrés qui rentraient.
Cela est dû à « l'étourderie des agents et des chefs
que vous connaissez... » les agents des princes et
les chefs des bureaux anglais, du Theil et com-

pagnie... « J'en ai la preuve évidente entre les mains. D'après cette certitude, j'écris *Great-Pulteney Street...* » c'est l'adresse de du Theil... « avec toute la politesse possible, mais aussi avec tous les ménagements qu'exige la prudence. Je veux éviter toute correspondance, au moins prochaine, et je laisse dans le plus grand doute sur le parti que je dois prendre et sur le séjour que je veux choisir... » Voilà précisément confirmées les accusations de Peltier, voire les imputations de Le Clerc, qui affirme que Fontanes a été désigné comme agent ou informateur par le comte d'Artois, sur les présentations de du Theil. Fontanes ne parle-t-il pas d'une « correspondance » qu'il a promise et qu'il juge opportun d'ajourner, à cause des événements, qui rendent la chose difficile, et à cause de la maladresse de du Theil et compagnie, maladresse qui rend la chose périlleuse ?

Chateaubriand, toujours à Londres, répond à Fontanes le 15 août. Il l'engage à n'être plus paresseux, à ne point songer « à autre chose » qu'à son poème de la *Grèce sauvée*. Il ajoute : « Quelques personnes m'ont questionné sur votre compte. J'ai répondu comme je le devais. Il paraît que beaucoup de *petites gens* sont peu contens de vous... » Ces petites gens : du Theil et compagnie, petites gens qui ne mettent pas la littérature et la poésie au-dessus de tout autre souci. Chateaubriand voudrait que Fontanes renonçât bel et bien à satisfaire ces petites gens : « Au nom du ciel, évitez tout ce qui peut vous compromettre, laissez à d'autres que vous un métier indigne de vos talens et qui troublerait le reste de votre vie et celle de vos amis. » Bref, il détourne Fontanes d'un « métier » qu'il n'approuve pas. Quel métier ? Celui que dit Le Clerc ; celui d'agent, d'informateur ou d'espion politique, les mots selon l'estime ou le dégoût qu'on a pour cette profession.

Et voilà Fontanes !

Fontanes était donc à Hambourg au mois de juillet 1798 ; et il espérait faire bientôt sa rentrée en France. Les événements ne favorisèrent pas vite son dessein. Il passa ensuite à Francfort, soit qu'il y eût affaire, — et quelle affaire ? on n'en sait rien, — soit qu'il voulût se rapprocher de la France et être prêt à la première occasion.

A Londres, Chateaubriand délaissait *Les Natchez* pour composer l'ouvrage qui sera le *Génie du Christianisme*. Comment l'auteur de l'*Essai sur les révolutions*, livre d'incrédulité, tourna promptement à s'établir apologiste de la religion : c'est un problème controversé. On a tenté d'attribuer à l'influence de Fontanes ce changement : c'est, à mon avis, se figurer Fontanes plus religieux qu'il ne l'était. On a montré aussi que les émigrés de Londres, vers cette époque, s'apercevaient du service que la religion pouvait rendre à la monarchie, en tout cas au rétablissement de l'ordre : et je ne dis pas que Chateaubriand n'ait pas subi l'ascendant de pareilles méditations. Mais pourquoi ne tenir aucun compte de ce qu'il dit ? C'est qu'il le dit, je l'avoue, d'une manière un peu éloquente, inexacte sur divers points, qui ne donne pas confiance. Il a pourtant écrit ou commencé d'écrire le *Génie du Christianisme* sous le coup de l'émoi qu'il ressentit en apprenant la mort de sa mère et le chagrin qu'il lui avait donné par sa mécréance

et par la publication de l'*Essai*. L'on n'a aucune
raison de ne pas le croire et l'on a toutes raisons de
le croire si l'on remarque l'état de son âme à cette
époque de sa vie malheureuse.

Au mois de septembre 1799°, Fontanes était de
retour à Paris, caché sans doute et en péril certainement, car Chateaubriand lui écrit : « Comment
persécute-t-on un homme tel que vous? Les misérables !... Au nom du ciel, ne vous exposez pas... »
Le Directoire avait assez mal réussi son opération
de police de fructidor, un grand nombre de condamnés ayant éludé la déportation par la fuite. A
plusieurs reprises, dans ses moments de zèle plus
mauvais, il s'avisa de les rattraper. Le 10 novembre
1798, il leur commanda de faire, dans les deux mois,
une déclaration de présence ; après quoi il leur
accordait trois semaines pour se rendre à l'île d'Olé-
ron. Ils ne bougèrent pas ; Fontanes, qui était à
Francfort, y demeura. Le 29 août 1799, les Cinq
Cents dressèrent une nouvelle fois leur liste et
recondamnèrent à la déportation les ci-devant rédacteurs du *Mémorial*, La Harpe, Vauxcelles et Fontanes, qui se cache plus étroitement et qui a, en
écrivant à Chateaubriand, le 17 septembre, les larmes
dans les yeux.

La réponse de Chateaubriand, du 25 ou du
27 octobre, est extrêmement belle, émue de mélancolie et de religion, d'une façon qu'après l'avoir lue
on ne doute plus de la sincérité d'où naquit le *Génie
du Christianisme*. Il vient d'apprendre la mort de sa
sœur madame de Farcy : tous ses liens se rompent,
sur la terre. Elle est morte de chagrin « dans le lieu
d'indigence où l'avait reléguée Celui qui frappe sou-

vent ses serviteurs pour les éprouver et les récompenser dans une autre vie ». Car il y a une autre vie ! Et Fontanes n'en peut douter : « Une âme telle que la vôtre, dont les amitiés doivent être aussi durables que sublimes, se persuadera malaisément que tout se réduit à quelques jours d'attachement dans un monde dont les figures changent si vite et où tout consiste à acheter si chèrement un tombeau... » Il dit que Dieu l'a frappé afin de le rappeler à lui et qu'il dirigera maintenant ses pensées vers la gloire divine, certain que la souveraine beauté est « en ce Dieu immense qui fait cingler les étoiles sur la mer des cieux comme une flotte magnifique, et qui a placé le cœur de l'honnête homme dans un fort inaccessible aux méchants ». La littérature et la religion se réunissent, dans cette lettre, en un sentiment mêlé, le véritable sentiment de Chateaubriand, qui avoue, dans la préface du *Génie*, qu'il n'a point cédé à de grandes lumières surnaturelles et qui montre avec ingénuité son cœur de poète alarmé.

Or, voici Bonaparte qui, rentrant d'Egypte, renverse le Directoire, le 18 brumaire. Un nouvel ordre de choses commence. Fontanes sortit de sa cachette et osa prendre l'air. Mal lui en prit. Quelques jours après le 18 brumaire, il se promenait aux environs du Carrousel : un cheval emballé le renversa[10]. Il fut blessé ; on le releva sans connaissance. L'inconvénient de cet accident : la blessure ; et puis Fontanes était signalé à la police de Fouché. Ses amis, tels que Maret, La Place ou Regnault de Saint-Jean d'Angély, parlèrent en sa faveur : la police ferma les yeux.

Il put ainsi laisser à Bonaparte le temps d'établir son pouvoir et, le 1er janvier 1800, il adressait au consul la fameuse lettre : « Je suis opprimé, vous êtes puissant, je demande justice... L'histoire vous a suffisamment appris que les grands capitaines ont toujours défendu contre l'oppression et l'infortune les amis des arts, et surtout les poètes, dont le cœur est sensible et la voix reconnaissante. » Fontanes, qui sera reconnaissant tout le temps qu'il recevra des cadeaux, mais non pas plus longtemps, fut délivré de toute persécution. Il fut même en très grande faveur, et promptement.

Avant de s'installer aux Tuileries, Bonaparte avait résolu d'exalter l'opinion par une belle cérémonie : le 20 pluviôse, les drapeaux pris sur les Turcs à la bataille d'Aboukir seraient triomphalement portés au Temple de Mars. Or, Washington venait de mourir, le 14 décembre 1799. Bonaparte eut l'idée d'ajouter au programme de la fête un panégyrique du grand citoyen, fidèle serviteur de la liberté; cela ferait bien. Mais qui charger du panégyrique ? Bonaparte désigna Fontanes.

Toute l'histoire est fort bien contée par Arnaud Joubert dans une lettre qu'il adressait à son frère le 5 avril. Et Joubert fut si content de ce récit qu'à peu de temps de là, le 2 mai, il écrivait à madame de Beaumont : « Parlez-moi beaucoup de Bonaparte. Je l'aime toujours. Je lui ai permis de me séduire. Faites-vous conter par Laffonds l'histoire de l'éloge de Wassington fait par Fontanes. S'il la fait bien et aussi bien qu'il me l'a faite, il vous amusera beaucoup... » Maintes gens briguaient le bonheur d'être choisis comme panégyristes : Fontanes n'y pensait seulement pas. Les conseillers de Bonaparte lui proposaient Garat, Chénier : il les refusa ; il désigna lui-même Fontanes, trois jours avant la cérémonie. Encore Fontanes ne fut-il prévenu que le lendemain. Quelle surprise ! Il lui restait à peine trente-six heures... Il allait refuser. Quelques amis, au nombre desquels était Joubert cadet, le supplièrent de ne pas négliger une telle occasion de montrer son talent. Bref, il accepta. « Le lendemain, il avait à peine débrouillé quelques idées, il était en fureur contre nous ; je m'en moquais, pour ma part. Il passa la nuit, s'arracha maint et maint cheveu ; et, de ses fureurs, de ses brusqueries, de son désespoir, sortit, comme la lumière du chaos, le discours... Depuis ce moment, il est recherché, fêté, choyé ; on ne l'appelle plus que le nouveau Bossuet. » Ce discours est un chef-d'œuvre d'habileté. L'on y remarque, sous une forme élégante et parfaite, une agréable sagesse de la pensée politique. Ce qu'on n'y trouve pas beaucoup, c'est Washington. Et Bonaparte y a le pas sur Washington. Les ennemis de Fontanes le lui ont reproché, comme un trait de courtisanerie [11]. Mais, quoi ! Fontanes connaissait peu Washington et, en deux jours, n'aurait pu se lancer dans une étude approfondie de l'histoire américaine. Puis, du moment qu'il avait accepté la commande, il devait livrer ce qu'on attendait et qui était une manifestation, pour ainsi dire, bonapartiste. Or, il était si royaliste, la veille ? Il se rallie au Consulat. Ce n'est pas son premier changement d'opinion ; ce n'est pas le plus déraisonnable.

Retournons à la lettre d'Arnaud Joubert [12]. Fontanes, au Temple de Mars, fut présenté au Premier Consul, « très bien accueilli et très délicatement loué ». Bonaparte « lui fit quelques questions qui annonçaient beaucoup d'intérêt et de bienveillance ». Après cela, il s'attendait à de bonnes choses. Pendant un mois, il n'eut pas signe de vie et se crut oublié. Soudain, vers le 15 ou 20 mars, un billet de la main du Premier Consul le priait à dîner : cinq heures précises. Et Fontanes qui était l'inexactitude en personne ! Par une chance, il arriva dix minutes avant l'heure. « Il ne trouva dans le salon que madame Bonaparte, qu'il a connue autrefois et qu'il n'avait pas vue depuis bien longtemps. Elle le reçut poliment, mais avec froideur... » Eh ! il avait connu madame Bonaparte en ce début de 1793, qu'il essayait d'organiser avec elle et les deux frères Lezai un petit négoce imparfait : sans doute n'avait-elle pas grande amitié pour un tel souvenir... Ne voyant qu'elle dans le salon, puis remarquant ce triste accueil, il crut s'être fourvoyé chez la femme quand le mari l'attendait. D'autres hommes arrivèrent : il fut rassuré. Survint Bonaparte, fort gracieux et qui ordonna qu'on servît. « Le couvert était mis pour vingt-cinq personnes et on était à peine huit. On se mit à table. Fontanes fut placé à côté de madame Bonaparte qui, du moment que son mari l'eut salué, devint de plus en plus affable. Arrivèrent à la file les convives en retard. *Nous n'avons pas tort*, leur dit Bonaparte, *il est cinq heures un quart*. Le dîner était bon, mais très simple... » Fontanes était gros mangeur ; ses ennemis se sont moqués de ses fortes mâchoires. Bref, il était à peine au dessert que Bonaparte jette sa serviette sur la table et tout le monde

se lève. Madame Bonaparte « n'avait pas entièrement fini » ; Fontanes lui tint compagnie. Après
dîner, dans le salon, Bonaparte s'approcha de Fontanes et obligeamment se mit à lui parler littérature : Fontanes, dans ses propos, n'aperçut que de
l'ignorance. Bientôt, Bonaparte se mit à parler politique « et Fontanes dit qu'il n'entendit jamais de
choses si profondes, mieux pensées et dites avec plus
de clarté, de précision, d'énergie... Fontanes le
quitta dans un véritable enthousiasme ». Voilà comment Fontanes s'éloigna de la monarchie. Bonaparte
savait prendre les gens et en a pris de moins faciles
à prendre.

A Londres, depuis le départ de Fontanes et surtout depuis la révolution de Brumaire, et quand Fontanes fut rentré en grâce auprès du gouvernement,
Chateaubriand souhaitait plus impatiemment de
passer l'eau et de revenir à Paris. Il l'écrit à son ami,
le 19 février : Fontanes ne lui écrit pas ; il est trop
occupé, serait-il oublieux ? « Je vous gronderois
bien fort, si j'ignorois les dangers que vous avez
courus. Je suis encore trop alarmé pour avoir le
loisir d'être en colère. Etes-vous bien remis, au
moins ? Ne vous sentez-vous plus de votre chute ?... »
C'est l'accident du Carrousel, que Chateaubriand a
pu apprendre par le journal de Peltier. Chateaubriand compte arriver bientôt, pourvu que Fontanes
veuille s'occuper de lui. Or, il arrivera, sans doute
en avril, avec une moitié de son ouvrage imprimée,
l'autre moitié manuscrite. Fontanes est prié de lui
« préparer les voies auprès d'un libraire » et chargé
d'un autre soin, que Chateaubriand ne dit pas davantage et qui est probablement de le faire rayer de la

liste des émigrés. « Souvenez-vous que vous m'avez écrit que vous ne seriez heureux que lorsque vous m'auriez préparé *une ruche et des fleurs à côté des vôtres.* » Il se fie au zèle et au « crédit » de Fontanes.

Le 21 avril 1800, le baron de Kloest, ministre plénipotentiaire du roi de Prusse à Londres, signait un passeport pour la France au nom de Jean-David de Lassagne, natif de Boveresse près de Neufchâtel en Suisse, âgé de 34 ans et 2 mois, taille de 5 pieds et 2 pouces, cheveux châtains, yeux noirs, nez grand, bouche moyenne, menton long, visage long, qui se proposait de retourner en Suisse par la France et qui débarquait à Calais. Ce Jean-David de Lassagne, c'est Chateaubriand [13]. Il avait pris passage sur un paquebot de Brême, la *Maria,* capitaine Holm ; il fut à Calais le 5 mai ; le 7, il écrivait à Fontanes : « J'arrive, mon cher et aimable ami... Je descendrai chez vous et je vous prie de me chercher un logement tout près du vôtre... Tâchez de redoubler d'amitié pour moi, car j'aurai bien besoin de vous et je vais vous mettre à de rudes épreuves [14] ... » Chateaubriand signe « La Sagne » et, pour que Fontanes n'hésite pas à le reconnaître sous ce nom d'emprunt, il ajoute : « J'ai bien changé, mon cher ami, depuis que j'ai quitté la Suisse pour voyager chez les Natchez et vous aurez peine à me reconnaître. » Le 12 mai, il est à Paris et va, sous le nom de La Sagne, déposer au bureau du préfet de police les pièces que lui a délivrées la chancellerie prussienne. Il obtint une autorisation de séjour, valable pour deux mois ; mais le sujet prussien, natif de Boveresse, fut, par le ministre de la police, placé sous la surveillance étroite du préfet. Celui-ci s'informa et crut savoir que La Sagne était un homme de lettres qui ne voyageait que pour acquérir des connaissances, qui d'ailleurs ne fréquentait que des libraires ou des savants comme le citoyen Neveu, chef de l'Ecole polytechnique; ses opinions? il parle peu [15].

On doit penser que les premiers mois que Chateaubriand fut à Paris manquèrent de commodité. Il était malade et n'avait pas d'argent, comme en témoigne une lettre à Fontanes du 11 thermidor, 30 juillet, dans la soirée. Il le prie de lui rendre deux services : de lui donner un mot pour le médecin et de lui procurer vingt-cinq louis. Il dit, dans les *Mémoires*, que Migneret lui donna d'avance quelque chose pour vivre. Sans doute ne fut-ce pas tout de suite; et, ce 30 juillet, Chateaubriand se demande de « comment faire pour attendre l'autre époque de sa fortune ». Sa famille ne lui est d'aucune ressource; il en a reçu de mauvaises nouvelles. Il écrit, sur le ton d'un triste badinage : « Il est dur d'être inquiet sur ma vie, pendant que j'achève l'œuvre du Seigneur. Juste et belle révolution! Ils ont tout vendu. Me voilà comme au sortir du ventre de ma mère, car mes chemises même ne sont pas françaises. Elles sont de la charité d'un autre peuple. Tirez-moi donc d'affaire, si vous le pouvez, mon cher ami. Vingt-cinq louis me feront vivre jusqu'à la publication qui décidera de mon sort. Alors, le livre payera tout, si tel est le bon plaisir de Dieu, qui jusqu'à présent ne m'a pas été très favorable. » Fontanes fut l'obligeance et l'amitié même pour Chateaubriand, les premiers temps de sa rentrée en France.

Il s'établissait, lui, assez bien. Voire, il était fonctionnaire de la république : mais oui! l'ancien, le récent protégé des Princes, qui songeaient a l'employer pour leur cause. Travaille-t-il donc pour eux, à la manière d'un espion qui se met dans la place et y fait sa besogne de trahison, comme l'en soupçonne ou l'en accuse le policier Le Clerc [16]?... Fontanes est moins vil que Le Clerc ne le ferait croire. Il est vil autrement, par ses faciles servitudes et sa façon de profiter des régimes qu'il n'hésite point à servir tour à tour et pour le bénéfice immédiat.

Il est fort habile. Mais il commence par une imprudence, de se lier avec Lucien Bonaparte et de jouer sur la partie de cet étonnant personnage.

En 1800, Lucien Bonaparte, âgé de vingt-cinq ans, avait remué plus que personne. Dès sa prime jeunesse, il dépensait avec étourderie une espèce de génie tel qu'en l'absence de son frère on peut croire qu'il aurait été — moins bien que l'autre! — le maître de l'Etat, quelque temps. C'était un grand diable, noir de poil, dégingandé, gêné par une myopie à cause de quoi il portait besicles, mais vif et d'une audace qui, d'échecs en réussites, le rendait calamiteux et considérable. Il avait contribué au 18 brumaire. Le Premier consul le fit nommer ministre de l'Intérieur.

Comment Fontanes fut mis en rapports avec Lucien? Dans ses mémoires, Lucien dit que la poésie les rapprocha. C'est possible ; Lucien, qui ne refusait aucune ambition, ne méprisait pas l'espérance d'être aussi poète. Principalement, Fontanes semblait l'un de ces hommes qu'on emploie avec profit [17]. Fontanes fut « rapporteur » au ministère,

Lucien avait créé pour ce Fontanes, si « dévoué au gouvernement consulaire », une place de « réviseur extraordinaire des pièces de théâtre et de littérature, qui en réalité lui assurait plus d'appointements que de besogne ». Bref, une sinécure, et qui suppose un autre emploi : le projet de Lucien n'est pas tout uniment de protéger la poésie en appointant un poète.

Lucien menait un joli train d'existence. Il avait, rue Verte, une maison magnifique et, l'an VII, il s'était procuré une campagne, le Plessis-Chamant, près de Senlis, environ seize hectares clos de murs et le château fort agréable [18]. Née Catherine Boyer, sœur d'un aubergiste de Saint-Maximin, madame Lucien qu'il avait épousée, lui dans sa vingtième année, elle de deux ans plus âgée, mourut laissant deux filles, le 14 mai 1800. Lucien l'aimait et eut beaucoup de peine quelque temps : l'année suivante, on pouvait cependant lui parler des Arianes qu'il abandonnait en partant pour l'Espagne. Durant sa mélancolie, le goût lui vint de resserrer près de lui un petit groupe d'amis : Fontanes fut l'un d'eux et le préféré. Pour veiller sur les deux fillettes sans mère, pour conforter aussi le veuf, sa sœur Elisa, madame Bacciochi, sa tendre sœur et son associée de pensée, d'intrigue, était venue s'établir chez lui, au Plessis-Chamant. Elisa et Fontanes s'entendaient si bien qu'on a dit que leur amitié allait à l'amour. Elle était grande, noire et maigre ; Bacciochi, peu attrayant. Elisa et Fontanes faisaient, au Plessis, les honneurs de la maison du ministre. Fontanes y amenait des gens de lettres, comme La Harpe et Esménard.

Ces deux-ci étaient sur le point de collaborer avec lui à une entreprise importante : la résurrection du *Mercure*. Ledit *Mercure*, autrefois *galant*, avait succombé à la Révolution qui, avant de le tuer, l'avait dépravé. Lucien s'avisa de l'utilité qu'aurait pour lui un journal à sa dévotion, l'œuvre de ses fidèles, et payé par lui [10]. Le *Mercure* appartint à Lucien ; Fontanes en fut le directeur appointé.

Le nouveau *Mercure de France* se proposait de « détruire, dans les idées et le style modernes, ces traces de barbarie que l'influence du 18 brumaire efface de jour en jour dans les lois révolutionnaires ». Il eut son premier numéro le 20 juin 1800 et tout d'abord offrit à ses lecteurs une remarquable étude de Fontanes sur le livre de madame de Staël, *De la littérature considérée dans ses rapports avec les institutions sociales*, qui avait paru au mois d'avril. Ce livre était la reprise éloquente et un peu désordonnée d'une opinion qu'avaient prônée les philosophes et que l'on peut considérer comme la doctrine même de la révolution, si l'on croit opportun de rattacher cette fureur à une philosophie, la doctrine de la perfectibilité. C'est l'idée essentielle du xviii° siècle : et le *Mercure* entend réagir contre le xviii° siècle. Fontanes, ainsi que La Harpe le converti, ainsi que Chateaubriand qui de l'*Essai* tourne au *Génie du Christianisme*, sont réactionnaires. C'est la mode, depuis brumaire ? Bonaparte leur va reprocher d'aller trop vite et sans ménagements. Bonaparte conserve auprès de lui Fouché, qui est un homme de la révolution. Mais Fouché, c'est l'ennemi de Lucien. Car Lucien, de tous les Bonaparte celui qu'on a connu le plus révolutionnaire, devient le contraire de ce qu'il a été. Le *Mercure* de Lucien se constitue l'organe d'un parti nouveau qui, dans le sens du 18 brumaire, va promptement plus loin que la sagesse du Premier consul ne le veut faire. Le *Mercure* attaque l'idée de perfectibilité que madame de Staël « revient encore proclamer au milieu de tant de larmes qui ne sont point taries et sur tant de ruines et de tombeaux qui semblent offrir d'autres leçons à l'expérience ». L'une des remarques de Fontanes est digne d'attention : « Toutes les fois, dit-il, qu'on voit le rêve de la perfection philosophique s'emparer des esprits et produire tant de controverses, les empires sont menacés des plus terribles fléaux. L'espèce humaine doit être affligée de grandes maladies morales, quand elle ne se confie plus qu'aux remèdes de l'avenir. » Cela est juste et est bien dit.

Fontanes, qui attaquait la doctrine, n'évitait pas de houspiller, avec beaucoup d'esprit, l'auteur, une femme, et qui, à son gré, sortait de la place où une femme est si charmante. Il disait qu'il ne la connaissait pas ; mais elle avait, paraît-il, le génie de la conversation brillante : « Voilà ce qui explique les irrégularités qu'on a relevées dans son ouvrage. En écrivant, elle croyait converser encore. Ceux qui l'écoutent ne cessent de l'applaudir. Je ne l'entendais point quand je l'ai critiquée ; si j'avais eu cet avantage, mon jugement eût été moins sévère, et j'aurais été plus heureux. » Tout l'article de Fontanes est assez joliment narquois.

Au bas du premier extrait (l'article parut en deux fois), Fontanes mit en note : « Quand cet article allait à l'impression, le hasard a fait tomber entre nos mains un ouvrage qui n'est pas encore publié et qui a pour titre *Des beautés morales et poétiques de la religion chrétienne.* Cet ouvrage est remarquable par la richesse de l'imagination et l'abondance des sentimens. On en fera connaître quelques fragments où l'auteur a traité d'une manière neuve la même question que madame de Staël. » Voilà très bien marquée la position des adversaires : le *Mercure* prend madame de Staël pour représenter la philosophie, à quoi l'on oppose la rénovation religieuse que le *Génie du Christianisme* annonce.

Dans le numéro du 21 novembre, Fontanes examine le *Cours de morale religieuse* de Necker. Il n'est pas plus aimable pour le père qu'il ne l'a été pour la fille. Et il conclut : « Ce n'est point avec de la philosophie qu'il faut défendre aujourd'hui la religion, mais avec des raisons tirées des passions mêmes et avec tous les enchantements des beaux arts... » On ne saurait mieux désigner le *Génie du Christianisme*; et Fontanes le dit nettement : « C'est ce que paraît avoir senti l'auteur d'un ouvrage inédit qui terminera peut-être la querelle littéraire entre les philosophes et les partisans de la religion... L'auteur, qui est catholique, a envisagé son sujet sous d'autres points de vue que M. Necker... » Suivent de longues et belles citations; puis : « On dit que l'auteur, qui s'annonce par un talent si rare, est un jeune homme que le vertueux Malesherbes aimait particulièrement. Forcé de fuir pendant la Terreur, après avoir vu massacrer une partie de sa famille, il traîne encore des jours malheureux. Espérons que le dernier acte du gouvernement le rendra bientôt à sa terre natale. On est digne d'avoir une patrie, quand on en parle avec autant de sensibilité et de talent. » Voilà Necker, après sa fille, sacrifié à l'auteur du *Génie du Christianisme* et à l'idée d'une réaction religieuse que Fontanes et Chateaubriand rêvent d'ajouter à la réaction politique de brumaire.

Madame de Staël prit fort mal les objections de Fontanes et profita d'une seconde édition de son livre pour se venger. Elle écrivit une préface qui est maligne et qui est rude : elle accusa Fontanes et le *Mercure* de visées monarchistes. Ce fut Chateaubriand qui répliqua, sous forme d'une lettre au citoyen Fontanes. Il pose ses principes et le fait avec entrain « Vous n'ignorez pas que ma folie est de voir Jésus-Christ partout, comme madame de Staël la perfectibilité. » Il a grand plaisir à dire : « Nous autres gens religieux » ; et à dédaigner « la pensée inconstante et versatile » d'une femme. Il badine, à deux ou trois reprises, un peu vivement. Et il signe, l'Auteur du *Génie du Christianisme.*

Le *Génie du Christianisme* et son auteur sont déjà célèbres, dix-huit mois avant que ne paraisse le livre. Aucun livre n'eut un pareil lancement. L'amitié de Fontanes travaillait bien. D'ailleurs, ce lancement d'un livre et d'un auteur est aussi le lancement d'une idée.

Or, cette idée, à ce moment précis, n'était pas une idée de tout repos. Le Premier consul, qui préludait à son immense ouvrage de l'ordre et de l'apaisement, n'approuvait pas tant de hâte plus ardente que politique. Les vivacités affirmatives du jeune *Mercure* ne manquaient pas de susciter une contre-opinion des philosophes et des vieux révolutionnaires attardés. Fontanes et Chateaubriand allaient plus vite sur le papier que, dans la réalité plus difficile, Bonaparte. Ces dogmatistes pressés l'impatientaient parfois. Il y aurait eu, pour les protéger, Lucien ; mais il venait lui-même d'encourir la mauvaise humeur du maître.

Lucien, le 5 novembre, était appelé aux Tuileries. Fouché est là et le secoue. Lucien n'a-t-il pas récemment publié ce *Parallèle entre César, Cromwell et Bonaparte*, qui est un périlleux manifeste en faveur de l'hérédité consulaire? L'héritier, si on écoutait Lucien, serait Lucien. Fouché accable de reproches Lucien, qui essaye de passer à Fontanes la responsabilité : Fontanes aurait mal rédigé la pensée du ministre ; mais Fontanes n'y est pour rien. Le Premier consul décide que Lucien donnera sa démission de ministre et sera sans retard envoyé comme ambassadeur à Madrid. Et Lucien quitte Paris le 8 novembre. Il a pour secrétaire d'ambassade son beau-frère Bacciochi. Elisa reste à Paris. C'est la consolation de Fontanes. Mais il a d'autres ennuis.

Premièrement, il n'est plus rapporteur au ministère. Chaptal, successeur de Lucien, réorganise les services de son département. Arnault, qui était rapporteur avec Fontanes, est nommé chef de la première division : instruction publique, beaux-arts et les théâtres. N'a-t-on rien offert à Fontanes ? Il a tout refusé. Il écrit à Lucien, le 6 décembre : « Je n'ai assurément nul mérite à refuser une place dans un ministère où vous n'êtes plus. Ce n'était pas pour ce métier vulgaire, et où tant d'autres seront plus propres que moi, qu'il m'était doux d'exécuter vos ordres ; c'était pour approcher mon âme de la vôtre... Je ne passe point comme une bête de somme d'un maître à un autre; je reste à celui que mon cœur, la reconnaissance et l'estime m'ont donné... » Il dit que les idéologues sont les pires ennemis de la France et du Premier consul, les deux ne pouvant être séparés. Il souhaite le retour de Lucien, qui est nécessaire à la patrie.

Nécessaire à la patrie? Fontanes confond ses intérêts et les besoins de la France. Voilà ce qu'on se dit d'abord. Mais une lettre qu'il adresse au même Lucien dix-huit jours plus tard, le 4 nivôse, permet de voir comment Fontanes entend l'utilité de Lucien. Ce 4 nivôse est le lendemain du jour qu'a éclaté, rue Saint-Nicaise, la machine infernale. Le Premier Consul n'avait échappé à la mort que par chance. On cherchait les coupables, soit chez les Jacobins ou chez les royalistes. Fontanes écrit à son protecteur. Sa lettre commence d'une façon qui n'avoue pas vite son projet, d'une façon toute amicale et tendre : « J'ai quelquefois le plaisir de parler de vous avec madame votre sœur. Chaque jour, en prolongeant votre absence, redouble mes regrets... Je crois toujours que les destinées de votre famille et l'intérêt de la France doivent vous rappeler bientôt à Paris... » Autrement, il serait content d'aller à Madrid. Sans doute, en partant, Lucien lui a-t-il offert de l'emmener, de l'attacher à son ambassade : et alors Fontanes préférait demeurer à Paris. Mais les circonstances deviennent incommodes... « Je suis prêt à partir, si je peux être utile où vous êtes... Ne voyés en moi que du dévoûment, et nulle autre pensée. J'ai été fort touché des inquiétudes obligeantes que vous avés bien voulu me montrer sur ma situation et sur ma fortune. Cependant, je ne

veux point que vous dérangiés rien à l'ordre établi
maintenant autour de vous pour m'y trouver une
place. J'ai eu de l'aisance; la révolution me l'a ôtée.
J'ai vécu sans me plaindre avant de vous avoir
connu. Je vivrai de même aujourd'hui et j'aurai de
plus le souvenir de vos bontés, et de votre estime
pour me consoler. D'ailleurs, je vous déclare que je
ne veux rien accepter, quoi qu'il arrive, sans votre
approbation expresse. Il n'y a désormais de places
convenables pour moi que celles qui m'attachent à
votre famille. C'est mon dernier mot... » Bien ! Mais
voici le principal : « Un événement arrivé hier soir,
et dont les papiers publics parleront assez, doit vous
avertir à Madrid que les frères d'un homme monté
si haut sont trop loin quand ils ont passé les bar-
rières de Paris. Je sais que le second poste est difficile et dangereux. Mais il est des hommes condamnés à la gloire et aux dangers. Qui est fait pour
la première, comme vous, ne craint pas les seconds ;
et puis après tout je vous dirai comme à Auguste
dans Cinna : *Il est beau de mourir maître de l'univers*, etc. Le langage des grands hommes doit vous
plaire... Je vous embrasse bien tendrement, comme
si vous n'étiés pas ministre, ambassadeur, et bien
mieux que tout cela dans mes vœux et dans mes
espérances. » On voit comment Fontanes adhère à
la doctrine de l'hérédité que présentait le *Parallèle* ;
comment il compte que Lucien serait, le cas échéant,
le premier dans l'État ; et comment il souhaite qu'en
attendant Lucien soit, dans l'État, le second. Bref, il
a misé sur ce Lucien.

CHAPITRE VIII

Je ne sais pas au juste à quelle date, l'un des derniers jours de 1800 ou l'un des premiers jours de 1801, madame de Beaumont revint à Paris. Elle s'installa rue Neuve-de-Luxembourg, dans un appartement que lui céda M. Pasquier[1]. Petite installation, qui ne ressemblait pas du tout au luxe de jadis, gardait pourtant une élégance d'autrefois et avait enfin les grâces nouvelles de la simplicité.

Joubert quitta Villeneuve le mardi 27 janvier. Il était alors très occupé de Platon, lisait le *Timée*, le lut même dans le coche et en nota plusieurs passages. Il songeait à Dieu ; il écrivait, dans le coche : « En changeant de lieux, vous ne le quittez point. Fermez les yeux, et aussitôt vous le verrez... » Le mercredi, Joubert est à Paris, dans sa maison de la rue Saint-Honoré. Il s'attend que madame de Beaumont lui parle de madame de Staël, qui est à Paris depuis un mois. Il lit le livre *De la littérature* ; et il écrit : « Des profondeurs, oui ; mais où l'on voit comme par une crevasse. Si elle eût pensé à nourrir son esprit et à l'achever, plutôt que sa réputation... Ils écrivent si jeunes ! » Madame de Staël avait trente-deux ans : c'est, pour un écrivain, l'âge puéril, aux yeux de Joubert qui approche de quarante-sept ans et qui est encore à nourrir et achever son esprit... Joubert ne tarda point à revoir son ami Fontanes, qu'il n'avait pas vu depuis des années peut-être et, pour le moins, depuis le mois de juin 1799, si Fontanes était alors de retour et caché, quand Joubert passa quelques jours à Paris, avant de partir pour Montignac.

Et Fontanes lui présenta Chateaubriand. Joubert le connaissait-il, ne fût-ce que de nom ? Ce n'est pas sûr. Je ne crois pas que Joubert ait lu l'*Essai sur les révolutions*, qu'il n'eût point aimé : il n'y a, dans les carnets, aucune trace de cette lecture ; et l'*Essai*, quand il parut en Angleterre, passa inaperçu chez nous. Mais Fontanes avait parlé de Joubert à Chateaubriand, qui désirait de le voir. Quelle impression reçurent-ils d'abord de leur rencontre, l'un et l'autre ? Il est impossible de le dire : les premiers témoignages sont postérieurs de quelques mois.

Ce fut Joubert qui présenta son vieil ami Fontanes et son nouvel ami Chateaubriand à madame de Beaumont. Quelle aventure, dont il ne pouvait deviner l'importance ! A quel moment s'aperçut-il de ce qu'il avait aventuré ? Quel émoi en eut-il ? Je n'en sais rien.

Joubert, Chateaubriand, Fontanes, voilà le commencement de la petite société qui bientôt se réunit très souvent, puis chaque jour, dans la soirée, auprès de madame de Beaumont. Et il y eut M. Pasquier, jeune alors et qui cherchait son emploi dans l'incertitude où l'on était; le poète Chênedollé, rentré d'Allemagne et de qui Fontanes imprimait, dans le *Mercure*, des fragments d'un poème sur les sciences; Gueneau de Mussy, Bonald, et la gentille madame Hocquart, et d'autres femmes peu à peu.

Ce salon fut un des premiers qui s'ouvrirent, après l'époque infernale; et timidement, comme avec peur. Les gens venaient de la tribulation, se tiraient de leurs cachettes, rentraient à peine de l'exil, redoutaient de nouvelles Terreurs, étaient en deuil. La vie reprenait; l'inquiétude y persistait. Le salon de la rue Neuve-de-Luxembourg, peu éclairé, simple, gouverné par une femme douloureuse, eut un grand charme. Les souvenirs y demeuraient. La causerie était paisible et jolie. Comme les circonstances s'amélioraient, il y avait une sorte de tranquillité, heureuse déjà, alarmée encore, une sécurité un peu étonnée de sourire.

Donc, un soir, Joubert présente Chateaubriand à Pauline de Beaumont. Ces deux destinées vont se joindre...

Ils avaient trente-deux ans l'un et l'autre. Il faut se figurer Chateaubriand jeune et plein de flamme, auréolé de ses malheurs, de ses aventures. Il porte déjà « son cœur en écharpe », et s'ennuie, mais d'un ennui que son génie éclaire. Il n'est pas grand, ses épaules sont hautes. Mais la tête est magnifique. Les yeux rayonnent chaudement et la grâce gaie des lèvres anime la physionomie. Il est ardent; il a besoin de gloire. Surtout il a le goût de plaire aux douces femmes.

Et Pauline de Beaumont?... Ses portraits ne rendent pas son charme; ils n'indiquent pas ce qu'on voyait de son âme sur son visage. Longtemps après qu'elle fut morte, Chateaubriand se souvint d'elle comme ceci. De figure, « plutôt mal que bien »; mais il y avait les yeux ! « Ses yeux, coupés en amande, auraient peut-être jeté trop d'éclat, si une suavité extraordinaire n'eût éteint à demi ses regards en les faisant briller languissamment, comme un rayon de lumière s'adoucit en traversant le cristal de l'eau... Quand une voix amie appelait au dehors cette intelligence solitaire, elle venait et vous disait quelques paroles du ciel. » Cette voix qui appela cette âme solitaire, ce fut la voix de l'Enchanteur. Quelles paroles échangèrent-ils? Paroles du ciel et paroles de la terre : paroles d'amour.

Puis, le 3 avril, parut cette merveille imprévue, *Atala*[2]. C'est un chef-d'œuvre bien étrange, où l'on remarque des contrariétés d'art et de pensée, des incertitudes et une ambiguïté charmante. Analogue à l'aube où se mêlent la nuit et le jour, *Atala* est à la lisière d'un temps et d'un autre ; et l'on y voit naître des lueurs, mourir des ombres.

Atala est une histoire d'amour ; et l'on admire que Chateaubriand l'ait insérée dans son apologie de la religion. Eh ! n'y a-t-il pas fait entrer maints passages de l'impie *Essai sur les révolutions*. Il était fort habile à ces ravaudages ; et il aimait, je crois, ces disparates. Pour entrer dans le *Génie du Christianisme*, *Atala* dut se transformer un peu. En 1801, Chateaubriand n'était plus un « enthousiaste des sauvages ». Il ne croyait plus que la « pure nature » fût « la plus belle chose du monde ». Il écrivait : « Je l'ai toujours trouvée fort laide, partout où j'ai eu l'occasion de la voir. » Il ajoutait : « Avec ce

mot de nature, on a tout perdu. » Bref, il a changé
d'avis ; et il habilla de ses idées nouvelles sa gentille
sauvage. Elle, complaisante, s'y prêta, comme une
bonne petite amoureuse qu'elle était. Sans doute crut-
il opportun d'augmenter les discours du missionnaire, qui nous semblent aujourd'hui un peu longs.

Ce petit volume d'un jeune homme inconnu étonna,
enchanta par sa nouveauté les imaginations qu'une
vieille littérature très fatiguée ne contentait plus. On
était las des rabâchages des penseurs. Et les penseurs
se fâchèrent. Seulement, les Marie-Joseph Chénier,
les Morellet, en 1801, cessaient de plaire. Et Pauline
de Beaumont disait que le style de Chateaubriand
lui faisait éprouver « une sorte de frémissement
d'amour », lui « jouait du clavecin sur toutes ses
fibres »... Comme elle est bien de son époque, et
voisine de nos contemporaines, cette petite femme
si nerveuse et qui parle de ses nerfs! Madame de La
Fayette, qui eut peut-être la plus vive sensibilité des
contemporaines de Jean Racine, écrivait : « La musique de Lulli m'alarme. » Ce simple mot lui suffisait, qui ne suffirait plus à présent. Pauline de Beaumont déjà ne se contente plus de ce modeste et charmant vocabulaire. Mais, depuis lors, on l'a dépassée.

Ce fut un enchantement, cette histoire tendre et
lointaine, toute parfumée de l'odeur des forêts d'A-
mérique. Il y a, dans *Atala*, quelques-unes de ces
phrases que Chateaubriand a inventées et qui fris-
sonnent d'un émoi extraordinaire. On a beau les ana-
lyser, l'on n'en trouve pas le secret ; non, pas plus
qu'un physiologiste, au bout de ses dissections, n'atteint l'âme. On écoute une mélodie de mots et d'idées,
une mélodie qu'on n'avait pas entendue encore.

Je me figure aussi que la société française fut, en 1801, sensible au soin qu'avait eu Chateaubriand de la mener en Amérique, de la mener en des pays qu'elle ne connaissait pas et concevait à sa fantaisie. Une sensibilité qui a subi de dures alarmes est heureuse de la diversion qu'un art ingénieux lui offre. Et, si l'on eut jamais besoin d'être dépaysé, n'est-ce point alors, après les effroyables années de la révolution? Les forêts américaines d'*Atala* ont été le refuge où les imaginations allèrent avec empressement. Après Bernardin de Saint-Pierre, Marmontel et d'autres, Chateaubriand n'inventait pas l'exotisme : il inventait un exotisme nouveau, abri que demandent les âmes qui essayent de se donner le change.

Dès le 5 avril, Fontanes publia dans le *Mercure* un long article sur *Atala*. Il ajoutait à ses louanges les lignes que voici : « L'auteur est le même dont on a déjà parlé plus d'une fois, en annonçant son grand travail sur les beautés morales et poétiques du christianisme. Celui qui écrit l'aime depuis 12 ans et il l'a retrouvé d'une manière inattendue, après une longue séparation, dans des jours d'exil et de malheur... Il ne faut pas que les muses françoises soient errantes chez les barbares. Puissent-elles se rassembler enfin de tous côtés, autour du pouvoir réparateur qui essuiera toutes leurs larmes en leur préparant un nouveau siècle de gloire! » Chateaubriand n'était point à Paris d'une façon régulière et fort sûre. Il n'y était officiellement que sous le nom d'un sujet du roi de Prusse et à la faveur d'un faux passeport. Mais *Atala* porte sa véritable signature, soit qu'il laisse supposer que, tout en publiant son livre à

Paris, il est ailleurs, soit qu'il se fie à l'indulgence de la police consulaire.

Madame de Staël était venue à Paris au lendemain du jour que paraissait, dans le *Mercure*, la très désagréable lettre de Chateaubriand. Madame de Beaumont, qui la trouvait fatigante par trop d'agitation, l'aimait cependant et la vit rue Neuve-de-Luxembourg. Comment fit-elle? en tout cas, elle ne balança point de présenter à son amie l'auteur de la lettre désagréable et, ces deux ennemis inconnus l'un à l'autre, elle sut les concilier en amis parfaits. Cela est à l'honneur de madame de Staël, qui a ses défauts, mais qui a l'intelligence des grands talents et qui a de la bonté.

Le 21 avril, l'auteur d'*Atala* révèle au ministre de la police que François-Auguste Chateaubriand « est à Paris depuis six mois[3] ». Il ne dit pas toujours la vérité : il a raison. Il dit que d'ailleurs il « s'occupe uniquement de littérature ». Il raconte son émigration d'une façon qui n'est pas l'exactitude même et qui, sur quelques points, est au contraire de la vérité. Veuille le ministre l'autoriser à demeurer « sous la surveillance de la municipalité » : il « espère de la justice des consuls que sa radiation soit bientôt prononcée ». Le ministre de la police ordonna au préfet de police de prendre sous sa surveillance « François-Auguste Chateaubriand, prévenu d'émigration ». Bref, la tolérance qu'on avait pour le faux Lassagne, on la transporte sur le vrai Chateaubriand, que la publication d'*Atala*, si retentissante, a signalé.

Mais l'affaire de la radiation traînait en longueur. L'un des premiers jours de mai, Chateaubriand fait tenir à Bonaparte une pétition qui, de même que sa

lettre au ministre de la police, est toute pleine de
cachotteries et contre-vérités opportunes. Il essaie
de déguiser le fait de son émigration ; et il conclut : « François-Auguste Chateaubriand prouvant
ainsi... » prouvant : c'est beaucoup dire ; mais il a
plaidé... « qu'il ne peut-être compris dans le cas
d'émigration proprement dite, demande d'être considéré comme homme de lettres fugitif pendant la
Terreur ». Le Premier consul fit renvoyer au ministre
de la police la pétition.

Cependant, Fontanes continuait, au *Mercure*, sa
campagne conforme aux idées du prochain *Génie du
Christianisme*. La grande affaire était alors le projet
du Concordat, qui rétablirait le culte catholique. Ce
projet ne s'accomplissait pas sans difficulté ; il y avait
de jour en jour des hauts et des bas de confiance chez
les partisans du raccommodement avec Rome. Au
mois d'avril, tout allait bien. Cacault, révolutionnaire
repenti, Breton catholique, sage diplomate et l'envoyé du Premier Consul, venait d'arriver à Rome et
travaillait en bonne intelligence avec les commissions et congrégations désignées par le Souverain
Pontife. De sorte que Fontanes voyait, pour ainsi
dire, sa politique tourner à son gré. Il écrit à Lucien,
le 17 avril : « Si le culte se rétablit, comme je l'entends publier de toutes parts, c'est un grand pas
vers le but désiré.... » Son opinion, telle que sa
lettre la révèle, est cléricale plutôt que véritablement catholique ; elle est d'un politique, plutôt
que d'un croyant : « Excusez mes vieilles supersti-
tions. Je pense comme le bonhomme Platon, que
je relis et qui dit : point de culte, point de gouvernement. Après une armée victorieuse, je ne connais

pas de meilleurs alliés que les gens qui dirigent les consciences au nom de Dieu. Je vois que les conquérants habiles ne se sont jamais brouillés avec les prêtres. On peut les contenir et s'en servir à la fois. C'est là, quoi qu'on en dise, la bonne philosophie. On peut rire des augures ; mais il est bon de manger avec eux les poulets sacrés... » Ce Fontanes est trop cynique, pourtant. Qu'il soit incrédule et qu'il ait son idée cléricale, cela s'entend ; mais il n'essaye pas élégamment de réunir ses deux opinions dissemblables. Ce qui l'intéresse en outre, et qu'il ne dissimule pas, est de voir triompher la politique du *Mercure* ; il compte, la première année de son règne écoulée, dans deux mois, agrandir son journal et le rendre plus fréquent. Son allégresse prend le tour le plus naïvement positif : « En dépit de quelques alarmes, je me confie à la fortune du Premier consul ; j'ai lu l'histoire et je n'ai jamais vu qu'un grand homme s'élevât si haut pour manquer ensuite à sa destinée... » Cet ancien royaliste, et républicain par moments, joue sur Bonaparte et se promet de manger les poulets sacrés avec lui et les augures.

Le 20 avril, 1er floréal, il donne au *Mercure* un article sur Saint-Lambert ; et c'est un article énormément chrétien. Fontanes, qui a pris le vent, ne doute pas de la direction favorable et s'y élance avec entrain.

Soudain, coup de théâtre. Fontanes lâche le *Mercure* et l'annonce à Lucien le 18 mai. Ses articles sont mal interprétés ou avec mauvaise foi. Bonaparte se fâche : « Le maître a tonné, sans s'appercevoir qu'il faisait trop d'honneur à une fourmi. Je

me contenterai donc de l'admirer en secret, puisque
tous les efforts pour lui plaire deviennent des
crimes. Je suis très malheureux depuis un an... Si je
suis à bon quelque chose, ce n'est pas dans ce moment.
Je me réserve pour écrire l'histoire du nouvel
Empire quand Charlemagne le fondera. L'histoire
sera bonne. Je l'écrirai sous votre dictée. Pourquoi,
me dirés-vous, n'avez-vous pas de prudence et de
circonspection? Je jure au grand ministre, au profond politique, que je mets toutes les ruses de la diplomatie dans ce que j'écris. Du moins, je n'en sais
pas davantage. Mais toute ma science est vaine et je
suis condamné sans appel à chaque mot que je
hazarde. Il faut donc se taire et ne pas encourir l'indignation de Jupiter. Ce n'est pas que Jupiter ne soit
fort bon. Mais les dieux subalternes l'assiègent, et
dès qu'il a froncé les sourcils, on entend un bruit
épouvantable dans les antichambres de l'Olympe[4]...»
Enfin Fontanes quitte le *Mercure* et propose de le
livrer aux philosophes. Qu'est-il donc arrivé?

C'est qu'à Rome les négociations ne vont pas. A
tous les projets que présente Cacault, les cardinaux
répondent pas des contre-projets. Bonaparte s'impatiente et prépare l'envoi d'un ultimatum qui donnera
au Pape cinq jours sans plus pour en finir. Bonaparte, si le Saint-Siège continue d'être indocile, n'a
besoin de personne et réorganisera sans le Pape
l'Eglise de France. Or, Fontanes, dans son *Mercure*,
insiste sur les nécessités de l'accord avec Rome;
Fontanes, quand il faudrait donner au Pape la
crainte de la philosophie, montre qu'on a besoin du
Pape. Voilà ce dont Bonaparte se fâche. Il ne fallait
pas que Rome pût croire l'opinion française trop

catholique et trop soumise au chef de la catholicité. Les philosophes, sur ce point mieux d'accord avec les volontés actuelles du Premier consul, profitent de l'occasion pour dénigrer Fontanes. Voilà pourquoi Fontanes se retire [5].

Chateaubriand, malgré la démission de Fontanes, resta au *Mercure*, dont il était l'un des rédacteurs éventuels et le principal doctrinaire. Joubert voyait souvent l'auteur d'*Atala* et très vite se liait amicalement avec lui. Ses carnets de ce temps contiennent l'indice de cette amitié. Le 2 avril, avec Fontanes et Chateaubriand, il se promène et visite le cloître des Invalides : « Coucher de soleil ; beau temps. » Le 10 avril, résumé de ce que disait Chateaubriand : « Style chaste en toutes choses, etc. » Ce jeune homme, qui a tant de belles idées promptes, l'amuse. Et lui, sent qu'il n'est plus très jeune. 8 mai : « 47 ans... *Fiat voluntas tua !* » Joubert ajoute la rêverie douce à la résignation.

Or, au mois de février de la précédente année 1800, qu'il était à Montignac, il écrivait à sa chère Beaumont : « Nous passerons ensemble l'hiver prochain à Villeneuve, si vous voulez y venir ; nous le passerons à Paris si vous y allez. » Mais voici le printemps. Et, le 20 mai, Joubert, Parisien pour l'amour d'elle, reçut de son amie cette lettre d'une vivacité charmante : « A peine arrivée depuis vingt-quatre heures... » Où est-elle ? A Savigny-sur-Orge, du côté de Juvisy, dans un pays de coteaux et de plaine... « je suis déjà impatiente de vous donner de nos nouvelles... » De nos nouvelles ? Car elle a emmené Chateaubriand. Elle a loué une petite maison de Savigny pour Chateaubriand et pour elle :

ainsi le veut leur amitié, qui est devenue de l'amour... « Il me semble que vous devez être plus curieux du Solitaire que de moi... » En souvenir de son voyage en Amérique et de son triste séjour à Londres, et puis pour la poésie que résume la pensée de la solitude, Chateaubriand s'appelle volontiers le Solitaire : dans ses articles du *Mercure* et dans ses lettres à madame de Staël, plusieurs fois, il réclame cette qualité. Plus tard, quand il rédigera ses mémoires et voudra y peindre Pauline, il l'appellera une « intelligence solitaire ». Ce mot l'enchante. Et ces deux solitudes s'aimaient l'une l'autre... Mais Pauline de Beaumont croit-elle vraiment Joubert curieux de Chateaubriand plus que d'elle ? Si elle le croit, c'est l'ingratitude naïve d'un cœur épris ailleurs. Elle sait, du reste, qu'il faut s'excuser un peu de le croire ou expliquer cette croyance : « Vous savez trop combien la campagne me charme, combien la solitude m'est bonne. C'est donc du Sauvage que je vais vous entretenir... « Le Solitaire est un sauvage, en souvenir d'*Atala*... « Avant même la fin du voyage, il avait oublié sa conversation avec F. [6], ses sujets d'inquiétude et de chagrin. Jamais je ne l'ai vu plus calme, plus gai, plus enfant et plus raisonnable. Il n'y a pas jusqu'à M. Pigeau... » c'est le propriétaire de la maison de Savigny... « qui n'ait été un sujet de joie pour nous. Nous redoutions sa figure sur le seuil de la porte, il était absent. Et ensuite, quand il est arrivé me faire signer son état de maison, et le supplément de douze poules et de deux coqs, et le retranchement de 7 lignes composées de 72 mots, il nous a pris un fou rire qui dure encore... » Après que M. Pigeau se fut retiré, ils allèrent se promener aux fontaines de Juvisy, par un chemin, dit-elle, court et charmant. Le soir, à dix heures, « toute la maison était couchée et profondément endormie. Ce matin, le Sauvage m'a lu la première partie du premier volume, en m'indiquant les chargemens qu'il doit faire... » C'est le *Génie du Christianisme* ; et je crois que jamais la religion ne fut préconisée dans un si amoureux ermitage. On ne doit pas s'étonner si, en de telles conditions, l'apologiste s'est moins soucié de métaphysique et de théologie que de ferveur et de piété sentimentale. Pour la seconde fois, au moins, Madeleine était l'auxiliaire de Jésus... Madame de Beaumont, cette lecture l'a mise dans le « ravissement » ; elle souhaite à l'auteur des conseillers plus froids. Enfin : « Je ne sais si ma lettre partira aujourd'hui, je me hâte de la terminer dans cette espérance. Nous vous désirons sans cesse, c'est tout ce que je veux ajouter. Madame Joubert aurait-elle l'extrême bonté de m'acheter chez Biéni ou chez Sick une demi-douzaine de cuillères à thé en plaqué, je ne veux pas en acheter en argent et j'en ai absolument besoin... » Car elle ne fait qu'une petite installation pour le printemps et l'été. Il y a, au bout de sa lettre, deux lignes très bizarres et qu'on n'entend qu'à moitié : « Si vous trouvez indispensable que j'écrive à M. de F⁰ᴮ, remettez-lui le plus tôt des billets ; si non chargez-vous de lui dire ce qu'il contient, ce qui vaudrait beaucoup mieux. » Qu'est-ce à dire ? Chateaubriand et madame de Beaumont cachent-ils à Fontanes leur départ, ou le lieu de leur retraite ? On le croirait, si elle a laissé à Joubert des billets sans lieu ni date et que remettra Joubert à Fontanes opportunément. Peut-être

l'affaire du *Mercure* a-t-elle mis, entre Chateaubriand
et Fontanes, quelque nuage. Mais il faut donc que
Joubert se dévoue à organiser le secret dans lequel
se retirent son ami récent le Sauvage et son amie de
quelques tendres années Pauline !... « Adieu, j'embrasse madame Joubert et vous répète que le pays
est charmant et que nous vous attendons avec une
extrême impatience... » Cette première lettre de
Savigny, c'est à peu près le seul signe d'allégresse
qu'on ait de Pauline de Beaumont. Ces jours sont
les seuls où sa vie ait fleuri. Que la gaieté est jolie et
poignante, qui soudain naît d'une âme de mélancolie, comme un rayon de soleil intervient dans le
ciel d'une journée longue et voilée de nuages !...
Chateaubriand dit que madame de Beaumont lui
offrit « une chambre à la campagne dans une maison qu'elle venait de louer à Savigny ». N'est-ce
pas la chose du monde la plus naturelle ? Plus naturelle encore s'il ajoute : « Je passai six mois dans
sa retraite, avec M. Joubert et nos autres amis. »
A la vérité, ce n'est pas tout à fait ainsi que l'aventure s'arrangea. Et certes il ne faut pas reprocher à
Chateaubriand d'avoir été, cette fois, un peu discret ;
mais ils partirent comme deux amoureux qu'anime
le récent bonheur !

Il n'a point du tout passé à Savigny les six mois
que dit Chateaubriand ; cela, non. Mais il a fait à
Savigny de petits séjours, dont Chateaubriand se
souvient comme ceci : « Nous nous réunissions, au
retour de la promenade, auprès d'un bassin d'eau
vive, placé au milieu d'un gazon dans le potager.
Madame Joubert, madame de Beaumont et moi,
nous nous asseyions sur un banc ; le fils de madame

Joubert se roulait à nos pieds sur la pelouse. M. Joubert se promenait à l'écart dans une allée sablée... »
M. Joubert était alors très occupé du philosophe Kant. Est-il donc si pressé de connaître un philosophe de plus ? Il attendrait ; seulement Fontanes se propose de parler de ce philosophe dans le *Mercure* et demande à Joubert de le débrouiller là-dedans. Voilà pourquoi Joubert lit Kant, et aussi pour le divertissement qu'il convient de donner à sa pensée quand elle ressent une alarme un peu vive [7].

Joubert est allé à Savigny une semaine après l'arrivée des amoureux. Il y était le 28 mai. Je ne sais pas combien de jours il y resta : peu de jours ; il est à Paris, le 9 juin qu'il se promène dans les galeries du Louvre et y regarde l'Enlèvement des Sabines... Joubert, qu'éprouva-t-il au juste lorsque entra dans la vie de madame de Beaumont cet enchanteur et ce conquérant moins discret, Chateaubriand ? De tels sentiments et de telles souffrances que le plein jour offenserait, un Joubert ne dit rien. Comment épiloguait-il avec lui-même ? on ne le sait, ni comment il installa dans sa pensée les souvenirs, la mélancolie, ce qu'on n'ose point nommer la jalousie, mais une tristesse de ce genre. Il écrit, le 11 mai : « Quiqu'onque ne démêle pas les défauts peut seulement manquer de sens froid. Mais celui qui ne sait pas démêler une beauté et qui laisse son attention glisser dessus sans s'en apercevoir, celui-là, dis-je, manque d'un sens, d'une faculté, d'un mérite. » Eh ! bien, il se pourrait que cette remarque fît allusion à la péripétie sentimentale où se trouve Joubert. Il a dû s'apercevoir des défauts de Chateaubriand, dont ne s'aperçut point Pauline, car elle n'était pas de sens froid. Les beautés qu'il y avait aussi dans le génie de Chateaubriand, Joubert se défend de les méconnaître ; il se chapitre à ce propos et tâche de se persuader qu'en les méconnaissant il se diminuerait d'une vertu, l'admiration. Le 16 mai, je suppose qu'il pense à madame de Beaumont, lorsqu'il note que la sensitive est l'un des noms du mimosa. Le 28 mai, qu'il est à Savigny, Joubert écrit ce peu de mots : « Ces sensibilités maladives. Passions de l'âme sont sa santé dans la jeunesse, sont des maux dans l'âge mûr. » Il avait le sentiment de n'être plus à l'âge où les passions et la sensibilité sont la santé de l'âme. Il songe à lui et à son âge, le 7 juin, lorsqu'il inscrit sur son carnet ces lignes de mélancolie et de sagesse : « Il s'établit entre nos sens et toutes nos perceptions, entre ces chocs de toutes choses et toutes leurs commotions, entre tous les ébranlemens et nos déterminations, une distance, un intervalle, un temps, un vuide, une étenduë où tout se calme, se tempère, s'éteint, se tait, se rallentit. » Les mots sont choisis joliment pour donner un son de tranquillité, de paix récente... Voilà le peu de signes, assez douteux, et en tout cas discrets, mystérieux, que j'ai trouvés, touchant l'émoi de Joubert au moment que le trahit sa tendresse.

Chateaubriand, les premiers temps de son séjour à Savigny, ne fut pas tout à la félicité que la vive lettre de son amie à Joubert indique. Son affaire de radiation, malgré le dévouement zélé de madame de Staël, n'avançait pas et, par moments, paraissait tourner mal[8]. Il dut, à plusieurs reprises, venir à Paris en très humble solliciteur, s'adresser à

Fouché qui, sans plus d'égards, le renvoyait à un secrétaire, etc. Au milieu de juin, il fit un court voyage en Bretagne, un étrange voyage[9]... Ces absences gâtaient à la pauvre Beaumont le plaisir qu'elle avait escompté.

Il ne travaillait pas beaucoup et laissait en suspens ce « grand ouvrage » tant annoncé, qui devait confirmer et agrandir le succès d'*Atala*. Il n'était pas installé dans une vie tranquille et manquait de la sécurité indispensable[10]. Ses voyages à Paris avaient pour objet les démarches auxquelles l'engageait le soin d'obtenir enfin sa radiation. Mais il cédait aussi, n'en doutons pas, à une frivolité qu'il avoue — et ses aveux ont d'habitude un air de vanterie — dans ses mémoires. Les jolies lectrices d'*Atala* étaient curieuses de lui ; et il ne les dédaignait pas. Il recevait leurs billets parfumés, auxquels il répondait le plus volontiers par des visites. « Une Polonaise m'attendait dans des salons de soie... » Pauline de Beaumont l'attendait à Savigny. Enfin, vers le mois de juillet, il commence d'être plus sage et laborieux.

Il en fut récompensé. Le 21 juillet, un arrêté du Premier consul le raya de la liste des émigrés. Madame Bacciochi, à l'instigation de Fontanes, s'était occupée de l'affaire. Elle envoya chercher à Savigny l'auteur d'*Atala* pour le plaisir obligeant de lui remettre elle-même la pièce libératrice. Madame de Staël avait agi auprès de Fouché, lequel fut « très bien » et madame Bacciochi « adorable[11] ».

Joubert était à peu de jours d'un des plus grands chagrins de sa vie. Dans ses carnets, il y a ces lignes d'une brièveté pathétique : « *Samedi 8 août, à dix heures du soir.* Ma pauvre mère ! ma pauvre mère ! *Dimanche 9.* Ma pauvre mère ! *Lundi 10 août, le soir.* Ma pauvre mère ! » Il ajoute, entre parenthèses : « Id., id., id., id., id. » pour emplir l'intervalle du 10 au 20 août que paraissent les premiers signes d'une autre pensée. Puis, le 20 octobre, il écrit : « En songe. Ma pauvre mère ! Matter cette légèreté ; me taire. Cacher — ou modérer. Esprit, bonté, scavoir — modérer. Dieu surtout. » Ces petits mots sont les résumés, peu intelligibles, de la méditation que lui impose le chagrin de la mort de sa mère. Il n'avait reçu que le 8 août dans la soirée la nouvelle de cette mort. La nouvelle n'était pas venue vite ; car, en 1802, c'est le 2 août qu'il écrit : « Le même jour, à la même heure, ma pauvre mère ! emportée hors de sa maison. Eheu ! » Madame Joubert dut être portée au cimetière le 2 août 1801. Elle était morte de la veille ; car, en 1803, le lundi 1ᵉʳ août, le carnet porte ces mots : « Anniversaire. Ma mère ! ! » Ces notes et la fidélité attentive de la commémoration indiquent le chagrin de Joubert ; l'indiquent seulement. Mais, le 30 mars 1804, il écrit à Molé : « La première fois que je vous ai vu, je perdois en ce moment ma mère, la meilleure, la plus tendre et la plus parfaite des mères ! Ma tendresse pour elle fut toujours, au milieu même de mes innombrables passions, mon affection la plus vive et la plus entière... » Il n'alla point à Montignac ; il avait reçu trop tard pour y aller la nouvelle dont il eut tant de chagrin.

Mais il passa une partie de ce qui restait du mois d'août à Savigny ; et c'est le témoignage de l'amitié qu'il avait pour madame de Beaumont, s'il a réfugié auprès d'elle sa grande peine. Il est à Savigny le dimanche 23 août ; et il continue de lire Kant. Ce philosophe l'intéresse et ne le persuade pas. Il appelle « égoïsme transcendantal », et drôlement, « un état de l'esprit où l'on n'admettrait comme réalité que soi... Aussi la nature, de peur qu'on n'abusât d'une telle philosophie, nous l'a rendue difficile à concevoir... » Le 1ᵉʳ septembre, il note sa conclusion : « Kant. Il se trompe. La mesure de toutes choses est (non pas l'homme, non pas l'esprit de l'homme, mais) l'immobile pour le mobile, l'infini pour le limité, le même pour ce qui est changeant, l'éternel pour le passager. Dieu est aussi nécessaire à la métaphysique qu'à la morale. » Joubert, en fin de compte, refuse de sacrifier la métaphysique et de lui substituer la critique.

Ce 1ᵉʳ septembre, Joubert, qui est de retour à Paris, écrit à madame de Beaumont. Il lui envoie la traduction italienne d'*Atala* ¹², qui vient de paraître. Bonne traduction ; Joubert en tire un argument pour encourager au travail, et pour le bien conseiller, l'auteur du *Génie* : « Recommandez-[lui] d'être plus original que jamais et de se montrer constamment ce que Dieu l'a fait. Les étrangers, qui composent les trois quarts et demi de l'Europe, ne trouveront que frappant ce que les habitudes de notre langue nous portent machinalement à croire bizarre dans le premier moment... » La bizarrerie est le reproche que l'on faisait à Chateaubriand ; il avait surpris les gens par tant de nouveauté imprévue... « L'essentiel est d'être naturel pour soi ; on le paroît bientôt aux autres. Que chacun garde donc avec soin les singularités qui lui sont propres, s'il en a

de telles. On doit toute déférence à la raison, on doit
de la complaisance à la coutume; mais on en doit
aussi à sa coutume particulière, dont la pratique
mêle à nos travaux un plaisir de caprice qui devient
bientôt celui des lecteurs. L'accent personnel plaît
toujours. Il n'y a que l'accent d'imitation qui
déplaise, quand il n'est pas celui de tout le
monde... » Que cela est juste et bien dit ! et qu'elle
attention charmante, de consoler Chateaubriand sur
les critiques dont il supportait sans patience la taqui-
nerie !

Joubert comptait rentrer sous peu à Villeneuve.
Il avait reçu de là-bas une lettre d'une bonne demoiselle, qui parlait de madame de Beaumont, qui parlait aussi du joyeux abbé Moreau. Joubert eût
envoyé cette lettre à son amie... « Ma femme prétend que cela ne pourroit vous faire aucun plaisir à
Savigny et que vous avez besoin de respirer le
même air que nous et d'être dans notre atmosphère
pour trouver du goût à de pareilles bonhomies... »
Cette bonhomie, que Joubert faisait fleurir autour
de lui très joliment, voilà ce dont madame de Beaumont s'était écartée en s'écartant de lui. Madame
Joubert a dû l'en avertir ; et il a dû s'en attrister, le
temps de retourner à être sage. Mais il compte sur
la fine entente qui le lie à cette jeune femme, d'âme
si intelligente ; car il lui écrit : « J'ai reçu de nouveaux détails sur les derniers jours de ma pauvre
mère. Je vous les montrerai quand je pourrai vous
parler en secret et dire à votre oreille les *choses de
la douleur*. » Elle était sa confidente pour les sentiments et les idées que l'on a peur de profaner.

Il savait aussi l'égayer. Il l'égaye, ce 1ᵉʳ septembre,

d'une anecdote où voici le vrai Fontanes. Joubert lui prêchait « l'amour des hauteurs et l'horreur des champs de bataille »; mais il ne le trouvait point « assez dépouillé des *choses de la bile et du sang*. Fontanes était en explosion perpétuelle. Cependant Joubert, qui la veille s'est promené avec lui quatre heures durant, constate qu'il ne fut ce jour-là que feu concentré. Or, lui, Joubert, afin de le renseigner sur Kant, s'était donné beaucoup de mal, lisant, relisant, prenant des notes, « à la sueur de tout son être ». Il se faisait scrupule d'avoir rien omis... « Mon esprit en était tendu ; ma mémoire et ma complaisance étaient montées au point le plus haut de l'effort. Mon homme arrive et, au premier mot que je dis, il me répond : *Phou ! Phou ! j'ai fait mon extrait. Il n'y a rien de neuf dans tout cela, ni rien qui vaille la peine d'y penser. Phou ! phou !... phou, phou !* Me voilà bien payé de ma matinée perdue, si je ne l'avois pas mieux employée pour moi que pour lui... » Causer métaphysique avec Fontanes, impossible ; mais, à Pauline de Beaumont, qui a si bien l'intelligence des idées, Joubert ne craint pas de dire son opinion sur Kant et le kantisme... Et : « Je souhaite à Savigny et à tout ce qui l'habite toutes les faveurs du ciel et de la terre... Vous scavez bien si je vous aime. Bonjour, et dites-nous quand vous viendrez. » A Paris d'abord ; puis à Villeneuve?

Elle écrivit à Joubert que Chateaubriand le remerciait : « Il a jeté avec ravissement un coup d'œil sur le vêtement italien de sa fille. C'est un plaisir qu'il vous doit, mais qu'il ne goûte qu'en courant, tant il est plongé dans son travail. Il en perd le sommeil, le boire et le manger. A peine trouve-t-il l'instant de laisser échapper quelques soupirs vers le *bonheur* qui l'attend à Villeneuve. Au reste, je le trouve heureux de cette sorte d'enivrement qui l'empêche de sentir tout le vuide de votre absence. Quant à moi, je ne le sens que trop vivement, et vous vous en apercevriez bien à la tristesse de ma lettre, si je me livrais au sentiment qui me domine... » A-t-elle tant de tristesse ? Et pour l'absence de Joubert? Elle a une tristesse naturelle, que les chagrins ont rendue un peu morbide. Elle commence de sentir — et ne le dit pas à elle-même — une contrariété entre sa rêverie découragée, que ne modifie pas une gaieté passagère, et la vitalité joyeuse qui anime Chateaubriand, son amour. Il y a des heures où l'attentive amitié de Joubert, si prompte et complaisante à se nuancer comme elle, lui serait bienfaisante.

Puis la vie douce de Savigny, qu'elle formait le « projet enchanteur » de continuer longtemps, a été troublée par « un des tourbillons de ce monde » : c'est madame de Staël. Le « pauvre solitaire (en projet) » — et cet arrangement de mots indique évasivement qu'elle n'est pas tout à fait sûre qu'il mérite ce nom — le solitaire ne s'attendait à rien : soudain madame de Staël l'accuse « d'avoir montré ses lettres avec orgueil ». Ce n'est pas vrai. Si on l'accusait de ne les avoir pas lues, il y aurait de l'apparence !... Quant à l'histoire de Fontanes qui fait lire à Joubert un philosophe allemand, madame de Beaumont ne plaint qu'à moitié Joubert : « Vous avez gagné quelques idées qui vous plaisent... » Elle le connaît à merveille. Et, ce Fontanes, c'est un autre tourbillon.

Cette chicane que madame de Staël fait à Chateaubriand? De la politique! En recommandant à Fouché cet émigré qui se pose comme l'ennemi des philosophes et le champion du catholicisme, elle s'est généreusement aventurée. Je ne crois pas qu'elle le regrette : elle n'a point de pusillanimité; mais sans doute ses amis, et qui ne sont pas les amis de Chateaubriand, lui ont-ils représenté qu'il la compromettait d'une assez dangereuse manière : et des ragots ont rendu l'anecdote plus embrouillée.

Chateaubriand ne s'était pas vanté de l'amitié de madame de Staël : plutôt, il l'aurait négligée, depuis sa radiation, depuis surtout qu'il travaillait avec un bel entrain. L'accusation le blessa; il écrivit à l'accusatrice, bien rudement : « ... Avant de croire à mon indiscrétion sur vos lettres, vous deviez vous souvenir que vos amis m'ont déjà fait parler à un dîner où je n'ai pas dit un mot. Vous le savez. » Et, en manière de baise-main : « Je vous salue. » Madame de Beaumont, quelques jours plus tard, écrivait à madame de Staël, plus doucement, afin d'apaiser les trop vives colères : « M. de Chateaubriand était là quand j'ai reçu votre lettre... » Mais oui! car il est toujours là : ni Chateaubriand ni madame de Beaumont ne racontaient à madame de Staël qu'ils fussent tous les deux établis dans l'amoureuse maison de Savigny... Madame de Beaumont déclare qu'on a impudemment calomnié Chateaubriand : « A peine M. Joubert et moi avec qui il passe sa vie, pouvons-nous nous vanter de lui avoir entendu citer avec admiration quelques phrases de vous remarquables par l'esprit ou la gaieté... » Elle tient beaucoup à dire que Joubert est toujours là, qui supprime le tête-à-tête : et Joubert n'est pas toujours là!... « Je l'ai vu refuser à sa sœur une de vos lettres... » Elle est contente de dire aussi que madame de Caud fût à Savigny : c'est la vérité ; elle en use et en abuserait... Qui donc a pu inventer cette calomnie ? « J'avoue que, dans cette circonstance, la sagacité que vous m'accordez est presque entièrement en défaut ; j'ai peine à découvrir l'auteur d'une si odieuse tracasserie : mais c'est peut-être dans la crainte que M. de Chateaubriand ne s'apperçoive que j'ai deviné et ne me tourmente pour savoir ce que je me garderois bien de lui laisser même soupçonner... » Elle est maligne et montre qu'elle a des soupçons qui valent une certitude. Qui est-ce ? Le détestable Benjamin ! Si elle ne le dit même pas à Joubert, c'est qu'il n'a déjà que trop de répugnance pour l'ami de madame de Staël. Enfin : « Ceux qui ont eu l'intention de nuire à M. de Chateaubriand l'ont servi, en le dégoûtant dès les premiers pas du monde, pour lequel il n'est pas fait, où il courrait le risque de perdre son admirable talent, et où ceux qui n'ont rien à perdre trouvent si peu de vraies jouissances... » Comme frissonne la simple jalousie de tendresse, dans ces lignes où l'on sent que l'amoureuse craint pour son amour la frivolité de l'Enchanteur ! Elle voudrait qu'il fût tout de bon le Solitaire et voudrait le garder dans la solitude. Elle ne feint pas le plaisir que lui cause une fâcheuse anecdote bien compensée par la leçon de solitude qui en résulte. Savigny était la retraite la plus aimable[13]. La nuit, par les fenêtres ouvertes du salon, Pauline regardait les étoiles. Elle les nommait à René ; elle lui disait qu'un jour il se souviendrait d'avoir appris par elle à les connaître. Et ils restaient ainsi, longtemps.

L'article de Fontanes sur Kant ayant paru, Joubert

était délivré de Kant. Mais il apprit que l'œuvre qu'il ne connaissait que par l'étude de Villiers avait été traduite en latin. Il acheta les *Critiques* : « Quatre gros et énormes volumes in-8°, qui me coûtent s'il vous plaît 36 grosses livres argent de France, écrivait-il à son amie ; c'est le papier le plus cher de la librairie. » Et il se cassait la tête sur ce « latin allemand, dur comme des cailloux... Nous en parlerons cet hyver. » Cette gentille Beaumont ne craint par les rudes lectures. Elle ne peut aborder les œuvres de Kant qui ne sont qu'en latin ; mais Joubert lui prête les *Considérations sur le beau et le sublime*, le *Traité de paix perpétuelle*, l'*Idée d'une histoire universelle*, qui sont traduits en français. Il lui laissera, en partant pour Villeneuve dans peu de temps, le *Salon de 1765*, par Diderot : « et vous reprendrez toutes vos anciennes admirations pour lui » ; d'autres livres encore, à son gré... « Venez donc chercher tout cela, avec nos embrassades, qui en valent bien la peine par la tendre et invariable affection dont elles sont le naïf et respecpectueux témoignage... » Il retourne à ce Kant : « Fontanes au surplus a fait sur lui un fort bon article. J'ai été l'en féliciter et lui conter ma chance. Il a ri de l'un et de l'autre, me trouvant bien bon d'être assés consciencieux pour vouloir absolument peser et connoître les gens avant de les juger... » Voilà Fontanes et Joubert.

Fontanes est allé à Savigny, au mois de septembre. Madame de Beaumont l'a prié de lire des vers ; il a répondu que non, que les femmes n'aimaient point les vers. Elle dut insister. Il lut des vers « admirables » : c'était, à Savigny, un mot courant ; Pauline de Beaumont le ravive en assurant que cette fois il est juste. Puis : « M. de Chateaubriand me charge de vous dire à tous mille choses. Il est retombé assez d'aplomb du Marais dans sa solitude et travaille comme un nègre. S'il arrive quelque lettre pour lui, veuillez nous les renvoyer sans perdre de tems. Tout le Marais doit fondre ici à dîner ou à déjeuner, et cette lettre doit avertir du jour qu'enfin il faut savoir. » Chateaubriand se faisait adresser ses lettres, non point à Savigny, mais chez Joubert.

Donc Chateaubriand revient du Marais, où l'avait invité madame de la Briche. Elle avait invité aussi madame de Beaumont. Frénilly les a rencontrés : « Chateaubriand, dit-il, était venu au Marais tête-à-tête avec sa maîtresse, qui ne s'en cachait guère. C'était la petite madame de Beaumont, vive d'ailleurs, spirituelle, assez originale, très philosophe... » Évidemment, Chateaubriand la compromit ; et elle se laissa compromettre, avec désinvolture. On la devine, brave et quasi provocante, un peu jalouse, craintive de perdre sa conquête, et fière ; on la devine théoricienne déjà des droits de l'amour, des privilèges du génie, et forte de la dialectique industrieuse que le romantisme prodiguera pour la commodité de divers amants. Au Marais, il y avait une pièce d'eau, entourée de peupliers d'Italie, que l'on appelait le Miroir : et plus d'une y mira le visage de son bonheur ou de sa tristesse. Frénilly raconte que la petite madame de Beaumont, presque poitrinaire, habillée de percale, la tête nue tondue à la Titus, allait faire au serein le tour du Miroir. On lui disait : « Vous allez vous tuer ! » Elle répondait : « Qu'importe ? » Pourquoi ? et d'où lui vient ce détachement ? Elle a senti la terrible frivolité de l'Enchanteur. Ou bien sait-elle que sa vie sera courte et ne veut-elle pas la ménager ? Je l'imagine curieuse de vivre dangereusement.

Vers la fin de septembre ou les tout premiers jours d'octobre, Joubert était réinstallé à Villeneuve. Il espérait que madame de Beaumont et Chateaubriand ne tarderaient pas beaucoup à y venir. Chateaubriand ne bougeait plus de Savigny et travaillait. Le 30 septembre il écrit à Fontanes qu'il touche au bout de son travail. Il est malade ; il se fatigue. Mais il compte se libérer dans quinze jours : « Cependant je suis triste, je ne sais pourquoi... » Le 2 octobre : « Le grand moment approche ; du courage, du courage, vous me paraissez fort abattu. Eh ! mordieu, réveillez-vous ; montrez les dents. La race est lâche ; on en a bon marché, quand on la regarde en face. » Il a conscience que le *Génie du Christianisme* sera le signal de la bataille. C'est pour cela qu'il se dépêche. Mais il est décidément malade et va commencer des remèdes. La maladie ne lui ôte pas son entrain.

Le 16 octobre, il écrit à madame de Staël. Il compte imprimer dès le mois de décembre, pour quoi il faudra revenir à Paris. Dès que l'ouvrage aura paru, il s'en ira : « Résolu que je suis à jeter là le métier d'homme de lettres, du moins pour longtemps, je me hâte de sortir de cette galère où je me suis follement embarqué. Planter mes choux, si j'en ai, végéter doucement, indifférent à tout, même à moi-même, voilà maintenant le dernier terme de mon ambition... J'aurai des poulets, puis un cochon, puis la vache et le veau. Je serai heureux, si vos amis les philosophes ne cassent pas mon pot au lait... » A divers témoignages, tels que celui-ci, on le croirait fort triste. Mais d'autres témoignages le montrent fort gai. Il était ces deux hommes, selon les jours et les heures, ou bien ensemble ces deux hommes.

Je ne sais pas comment, à la fin de septembre, il espérait ne plus avoir que deux semaines de travail. Quelques jours plus tard, il était encore à chercher sa pâture de livres. Madame de Beaumont demandait pour lui à Joubert l'*Histoire ecclésiastique* de Fleury, l'*Histoire du Paraguay* du père Charlevoix, l'*Histoire de la nouvelle France*, les *Lettres édifiantes* et les *Missions du Levant*... Joubert a, pour Fleury, beaucoup d'estime : « C'est un excellent homme et un excellent auteur. Je le lis ou je le regarde lorsque je veux me mettre en harmonie littéraire avec moi-même. Aucun esprit n'eut jamais autant de repos dans l'action que celui-là... » Joubert voudrait que Chateaubriand se contentât des *Opuscules* de Fleury pour toute son antiquité chrétienne : « Dites-lui au surplus qu'il en fait trop, que le public se souciera fort peu de ses citations, mais beaucoup de ses pensées ; que c'est plus de son génie que de son scavoir qu'on est curieux ; que c'est de la beauté, et non pas de la vérité, qu'on cherchera dans son ouvrage ; que son esprit seul, et non pas sa doctrine, en pourra faire la fortune ; qu'enfin il compte sur Chateaubriand pour faire aimer le christianisme... » Ces conseils sont un peu hardis et, de la part de Joubert, ils étonnent. Joubert ne les aurait pas donnés à un autre écrivain que celui-là. Mais il connaissait à merveille celui-là, ne comptait pas sur son érudition,

qui serait soudaine, comptait sur son génie : « Notre
ami n'est point un tuyau, comme tant d'autres ; c'est
une source et je veux que tout paroisse jaillir de
lui... Qu'il fasse son métier : qu'il nous enchante ! »
Les in-folio que réclamait Chateaubriand faisaient
trembler Joubert : « Recommandez-lui, je vous prie,
d'en faire ce qu'il voudra dans sa chambre, mais de
se garder bien d'en rien transporter dans ses opérations. Bossuet citoit, mais il citoit en chaire, en
mitre et en croix pastorale. Il citoit aux persuadés ;
ces temps-ci ne sont plus les mêmes... » C'est bien,
d'avoir rappelé à l'ami de Pauline de Beaumont qu'il
n'était pas évêque ! Sans plaisanterie, c'est bien, de
lui avoir indiqué les conditions d'une apologie chrétienne qui se produirait, en plein XVIIe siècle, sous
les auspices de l'aigle de Meaux, et d'une autre qui
surviendrait au XIXe siècle commençant, par l'œuvre
d'un jeune poète dont la sensibilité s'est émue :
« Que notre ami nous raccoutume à regarder avec
quelque faveur le christianisme, à respirer l'encens
qu'il offre au ciel avec quelque plaisir, à entendre
ses cantiques avec quelque approbation ; il aura fait
tout ce qu'on peut faire de meilleur et sa tâche sera
remplie. Le reste sera l'œuvre de la religion. » Pou-
vait-on mieux et plus délicatement formuler le programme d'une nouvelle apologie chrétienne et, par
anticipation, définir le *Génie du Christianisme*, en
deviner la puissance persuasive, la faiblesse dialectique, enfin la valeur totale. Joubert s'attend que la
religion parachève l'œuvre de Chateaubriand ; car :
« on n'entre point dans ses temples bien préparé sans
en sortir asservi. Le difficile est de rendre aujour-
d'hui aux hommes l'envie d'y revenir. C'est à quoi

il faut se borner ; c'est ce que notre ami peut faire... »
Le siècle demande du nouveau : « Cet original-cy a
été crée et mis au jour tout exprès pour les circonstances. Dites-lui de remplir son sort et d'agir
selon son instinct... »

Joubert attendait à Villeneuve Chateaubriand et
madame de Beaumont. Pour les régaler, il engrais-
sait un cochon : c'est la bonhomie de Villeneuve et
il aguichait l' « ogrerie » de l'apologiste par des
promesses de belle et bonne charcuterie. Hélas ! le
20 octobre, Chateaubriand demandait encore trois
semaines et avouait qu'il ne serait pas libre avant la
mi-novembre. « Mais il sent, écrit madame de Beaumont, qu'il n'est pas juste de prolonger aussi long-
tems la vie du plus célèbre des cochons. Il y renonce ;
et moi je vous parle avec bien plus de fierté de son
désir de vous voir, ainsi épuré, car je vous avoue
que l'image du cochon me chiffonne un peu... » Chateaubriand s'est enfoncé dans ses livres : « Ce qui me
confond, c'est le parti qu'il a tiré des huit volumes
des *Moines*, de ce fatras si sec, si aride et qui m'a si
mortellement ennuyée... » La pauvre gentille femme
lit (on le voit) tout cela et l'annote, à ce qu'il semble ;
elle l'analyse et y copie des citations. Ce sont des
livres assommants. Il faut tout son obligeant amour
pour la soutenir dans cette épreuve. L'Enchanteur
prend ce fatras, y met le feu, d'une étincelle de son
génie : ce fatras flambe avec magnificence. La
pauvre gentille femme n'en revient pas ! Elle écrit à
Joubert : « Il y a véritablement là une sorte de
miracle, et le secret de l'Enchanteur est de s'enchanter lui-même. Il a l'air de n'avoir rien fait que
rassembler des traits épars, et avec cela il vous fait

fondre en larmes et pleure lui-même. » Il pleure lui-même ! Cela, pour les personnes trop subtiles et qui ne croient pas à la sincérité de Chateaubriand. Un délicat esprit de femme, plus malin que ne sont critiques et commentateurs, l'a bien vu ; un délicat esprit de femme aimante. Il pleure lui-même, « sans se douter que son talent soit pour quelque chose dans l'effet qu'il produit et qu'il éprouve. » Et qu'il éprouve : car il y va de tout son cœur !

Cependant Pauline de Beaumont s'effraye : l'Enchanteur travaille trop vite. Elle le dit à l'Enchanteur ; mais alors il tombe dans l'abattement, le désespoir... Je ne crois pas que nulle apologie chrétienne ait jamais été composée dans de telles conditions de cœur et de nerfs... Pauline de Beaumont se désole. Il lui plairait d'avoir plus de goût — ce n'est pas possible ! — et plus d'expérience, et de guider avec plus de sûreté son ami. Elle lui lit la sage lettre de Joubert. Il en est ravi d'abord et il s'écrie : « C'est le meilleur, le plus aimable, le plus étonnant des hommes ! ». Puis il se mit à rire. Et Pauline, inquiète, écrit à Joubert : « Il a réellement beaucoup retranché de citations ; mais en a beaucoup ajouté. Ce qui m'effraye surtout, c'est la légèreté avec laquelle il énonce certains jugemens qui demanderaient, pour ne pas effaroucher, à être présentés avec une adresse et une douceur infinies. » Elle s'aperçoit que cette apologie manque d'une argumentation rigoureuse ; « et à cela il n'y a pas de remède ! » Il faut que l'ouvrage soit bientôt prêt à paraître : c'est encore une raison de ne pas chicaner l'apologiste, qui d'ailleurs serait bien docile... « Si par hazard vous m'écriviez encore avant que j'arrivasse, ne me parlez pas de ce long bavardage; et ne m'en parlez [pas] devant lui avant que nous ayons causé ensemble... » Elle promet d'écrire à madame Joubert les premiers jours de la prochaine semaine pour fixer le jour de l'arrivée : « Je l'embrasse, je vous embrasse et je meurs d'envie de vous voir... » Cela est tendre et alarmé.

Joubert répond à son amie, le 27 octobre : « Vous nous demandez trois semaines ; prenez un mois, prenez en deux et même trois si vous voulez. Nous voulons non seulement que vous veniez, mais que vous veniez à votre heure et à votre loisir. Je désirerois fort en mon particulier que notre travailleur ne partît qu'après avoir donné à son entreprise le dernier coup de maillet, afin que, respirant ici le premier air de liberté dont il eût été rafraîchi depuis longtemps, il se plût dans notre taudis et demeurât disposé à s'en ressouvenir avec plaisir, attribuant au lieu un mérite qui viendroit de lui-même et du moment. Nous avons besoin d'art pour plaire et qu'on choisisse bien son temps... » Et Joubert donne des nouvelles du cochon, qui offense un peu la délicatesse de madame de Beaumont : « Nous vous interdisons tous ces raffinemens... Si nous avions votre délicatesse, nous ne serions pas dignes de vous offrir les mets d'Eumée, les festins du divin porcher. Tant y a que M. de Chateaubriand, malgré vos anxiétés, ne pourra plus songer à venir sans songer à manger, ni nous imaginer au bout de son voyage sans imaginer aussi le cochon. Une délibération de famille, solennelle et irrévocable, a arrêté qu'on vous attendroit et on s'est arrangé de manière que vous pouvez venir aussi tôt et aussi tard qu'il vous plaira sans

déranger personne et sans rien déranger. » Hélas !
l'aimable projet d'un séjour à Villeneuve rencontra
maintes difficultés.

Un mois plus tard, le jeudi 19 novembre, madame
de Beaumont n'était pas gaie : « M. de Chateaubriand
attend une réponse de Bretagne... Cette réponse
le décidera à partir pour la Bourgogne ou pour la
Bretagne... » Et qu'allait-il faire en Bretagne ?
s'occuper de ses intérêts ou de sa femme ? Madame de Beaumont n'aime pas ce voyage. Et elle,
qui ne partira pas pour la Bretagne, ne viendra-t-
elle pas à Villeneuve ? La petite de la Luzerne, à
Versailles, est malade ; madame de Beaumont ne
peut s'éloigner avant que la convalescence ne soit
déclarée : « La prolongation de la maladie de la petite
pourrait seule m'empêcher d'aller vous voir... Je
partirai avec ou sans M. de Chateaubriand. Mais
je ne renoncerais à ce voyage dont je me berce
depuis trois mois qu'avec désespoir. » Quant au
Génie du Christianisme, fini ou peu s'en faut. Res-
tent deux chapitres, que Chateaubriand devait écrire
à Villeneuve et qu'il va se dépêcher d'écrire à
Savigny, l'un relatif à La Bruyère et le second
relatif aux solitaires de Port-Royal [14]... « Je sens
que je devrais vous dire beaucoup plus, mais la
contrariété et l'inquiétude m'étranglent... Adieu.
Ces huit jours-ci vont être difficiles à passer. Je
n'ai pas malheureusement besoin de vous dire que
je suis maussade. Mais pardonnez-moi : c'est de
ne vous pas voir, qui me rend ainsi... » Sans doute !
Et aussi, à n'en pas douter davantage, c'est le voyage
que Chateaubriand fera en Bretagne. On le devine :
elle le laisse deviner.

CHAPITRE IX

SÉPARATION PROCHAINE

Chateaubriand n'alla point en Bretagne, ni son amie à Villeneuve. Ils revinrent à Paris. Elle se réinstalla rue Neuve-de-Luxembourg, et lui se logea tout à côté, rue Saint-Honoré, à l'hôtel d'Etampes.

Joubert était toujours à Villeneuve. Il note, le 6 février 1802 : « *A madame de B.* Aimez et respectez la vie, si non pour elle, au moins pour vos amis. En quelque état que soit la vôtre, j'aimerai toujours mieux vous scavoir occupée à la filer qu'à la dévider (ou à la découdre) [1] ». Elle était mal portante. Elle souffrait d'une mélancolie nerveuse et que Chateaubriand n'était point homme à distraire ou apaiser [2].

Joubert lui écrit le 6 mars. Toute sa lettre n'est que pour la réconforter dans l'inquiétude qui la prend à la veille du grand jour que le *Génie du Christianisme* paraîtra. Il lui dit : « Je ne partage pas vos craintes, car ce qui est beau est sûr de plaire et il y a dans cet ouvrage une Vénus : céleste pour les uns, terrestre pour les autres, mais se fesant sentir à tous. Ce livre-ci n'est point un livre comme un autre. Son prix ne dépend point de sa matière qui sera cependant regardée par les uns comme son mérite et par les autres comme son défaut. Il ne dépend pas même de sa forme : objet plus important et où les bons juges trouveront sans doute beaucoup à reprendre, mais ne trouveront rien à désirer. Pourquoi? Parce que, pour être content, le goût n'a pas besoin de trouver ici la perfection. Il y a un charme, un talisman qui tient aux doigts de l'ouvrier... » Joubert voudrait chasser les « poltronneries » de son amie. Le livre réussira, « parce qu'il est de l'Enchanteur... Voilà mon mot. J'irai vous le dire incessamment. Si j'étois garçon, je serois déjà parti. Encore une quinzaine et je pourrai vous gronder et vous regarder à mon aise ». Comme l'intelligence et la tendresse sont bien réunies, dans cette petite lettre, où il faut que Joubert console son amie des alarmes qu'un autre lui donne !

En cinq volumes in-octavo, le *Génie du Christianisme* parut le 14 avril 1802. Il eut le décor et l'environnement le plus extraordinaire. L'activité politique de Bonaparte coïncidait avec l'activité apostolique de l'écrivain. Les mêmes jours voyaient le *Génie du Christianisme* qui donnait aux gens maintes raisons de retourner à la religion, et le Concordat qui réconciliait la France avec l'Eglise. Le Concordat fut approuvé par le Corps législatif le 8 avril. Six jours plus tard, le livre paraît : Chateaubriand ne s'est pas maladroitement dépêché; le libraire a fait diligence et n'aura point à s'en repentir. Fontanes écrit dans le *Mercure* : « Cet ouvrage longtemps attendu et commencé dans des jours d'oppression et de douleur, paraît quand tous les maux se réparent et quand toutes les persécutions finissent. Il ne pouvait être publié dans des circonstances plus favorables... » Grand éloge du Premier consul et de « cet ouvrage qui ouvre avec tant d'éclat et de si heureux auspices la littérature du xix° siècle ». Cet article fut, par ordre du Premier consul, reproduit dans le *Moniteur* du 18 avril, jour qu'il assistait, en habit de velours écarlate brodé d'or, au *Te Deum* de Notre-Dame[3].

Dans une fête que donna Lucien, Chateaubriand fut abordé par le Premier consul. Et il écrit, dans ses mémoires : « A la suite de cette entrevue, Bonaparte pensa à moi pour Rome. » Il ajoute, avec une justesse qui paraît drôle : « C'était un grand découvreur d'hommes. » Mais il ajoute encore : « L'idée d'être quelque chose ne m'était jamais venue; je refusai net. » Ce n'est pas vrai. Il raconte qu'il a fallu, pour le décider à n'être pas intraitable, une intervention religieuse, une visite du vénérable abbé Emery venant « au nom du clergé » le conjurer de servir la religion. L'affaire n'alla pas du tout ainsi. Chateaubriand ne résistait pas à l'invitation de Bonaparte : il s'occupait de la susciter. Il écrivait à Fontanes : « J'ai vu les grands hier, ils paroissent bien disposés. Protégez-moi donc hardiment. Songez que vous pouvez m'envoyer à Rome. » Donc, il n'a pas refusé net : il a voulu un poste à l'ambassade et l'a, on le verra, difficilement obtenu, non sans intrigue.

Joubert, loin de tout remuement, songeait à part lui. Le 10 avril, au souvenir de René qui s'écrie :

« Levez-vous vite, orages désirés qui devez emporter René dans les espaces d'une autre vie ! » un peu affairé, mais résolument sage, il réplique : « Levez-vous, passions domptées, désirs réprimés, péchés effacés par le repentir, levez-vous et venez deffendre... » Il ne dit pas qui : c'est Chateaubriand, c'est Pauline de Beaumont, c'est lui-même aussi. Joubert lisait le *Génie*, en notait plusieurs passages qui lui semblaient justes ou ingénieux, et ne l'approuvait pas sans réserve. La Vénus terrestre, maintenant, l'y étonne et est sur le point de le choquer. Il note, le 17 avril : « Chateaubriand... Il y a du téton dans ce cerveau. » Le 19 avril : « Tout cela donne plus de plaisir que de bonheur. » 20 avril : « Plein de ces beautés molles qui énervent les arts. Je disois bien qu'il y avoit du téton. » Le 1ᵉʳ mai, Joubert allait partir pour Paris; mais il y eut un orage tel qu'il fallut remettre au lendemain de se risquer par les chemins. Il arriva le 3 mai, dans la soirée.

La petite société de la rue Neuve-de-Luxembourg lui montra plusieurs personnes qu'il ne connaissait pas encore et qui eurent pour lui des attraits de toutes sortes. Le 12 mai, ce fut madame de Krudener; il lui trouva « quelque chose d'allumé ». Elle approchait de la quarantaine et approchait aussi d'une conversion religieuse au terme de laquelle on la verra une mystique des plus ardentes. Elle n'en est pas là. Ce « quelque chose d'allumé » que lui a trouvé Joubert n'a point encore abouti à Dieu tout seul et sans mélange. Le 14 mai, Joubert rencontre Bonald, que Chateaubriand et Fontanes ont amené rue Neuve-de-Luxembourg; et Joubert a, pour lui, de l'estime.

Bonald, le 30 juin, disait à Joubert : « Il en est de
l'esprit comme de l'argent. Tout le monde en a un
peu; mais peu l'ont en propriétés. » Joubert a noté
cela comme très juste. Il connut aussi Chênedollé,
le poète, ami de Fontanes. Il se plaît à voir de nouvelles figures; et, quand il est à Paris, pourvu que
sa santé le lui permette, il ne craint pas le monde,
qui lui donne à examiner la diversité singulière des
âmes. Cependant, il lui faut, pour être content, l'atmosphère d'une amitié intelligente. Il écrit, le
21 mai : « J'ai l'esprit et le caractère frilleux; la
température de l'indulgence la plus douce m'est
nécessaire[1]. » C'est la température que lui offrait le
tranquille salon de la rue Neuve-de-Luxembourg, à
condition que n'y fût pas un tourbillon tel que
madame de Staël : et alors il ne venait pas.

Il fit, au printemps 1802, une amitié qui eut le
caractère de l'amour. Il vit pour la première fois,
chez madame de Beaumont, madame de Vintimille,
le 6 mai. Et, ce jour-là, il inscrivit sur son carnet la
date seulement, puis dessina des étoiles, comme il
y en a au ciel où vont nos rêveries. Le 25 mai, il l'a
revue. Il note une pensée d'elle; on parlait des Grecs
et elle a dit que Dieu, « ne pouvant pas leur départir la
vérité, leur donna la poésie ». Peut-être a-t-il le soin
d'arranger les mots : il ne s'en aperçoit pas et admire
que les mots soient si près de la pensée. Il la revit,
le 27; et, ce jour-là, elle était « mal coëffée » : l'ai-
ma-t-il moins de cette manière? Il la revit le 28, le
29 et le 30 : à chacune de ces dates, il inscrivit sur son
carnet les initiales discrètes et, pour lui, délicieuse-
ment commémoratives, L. V., Lalive-Vintimille. Le
5 juillet, elle conta une anecdote. Elle était gaie :

il aimait qu'elle le fût et eût aimé qu'elle ne le fût
pas.

Joubert sut, le 6 mai, que madame de Vintimille
l'aguichait et sut bientôt que chacune de ses ren-
contres l'enchantait ; il ne sut que le 22 juillet qu'elle
était et serait pour lui l'objet d'une prédilection. Ce
22 juillet, un jeudi, dans une allée des Tuileries, se
promenait madame de Vintimille au bras de Chateaubriand. Elle avait les cheveux châtains et les
yeux bleus, une vive élégance de toilette et un air
de raisonnable gaieté. Auprès d'elle, de l'autre côté,
bien attentivement, se tenait et marchait ce garçon
mince et grand, M. Joubert.

Quinze ans plus tard, écrivant à madame de Vintimille, Joubert appelle ce jour de la promenade aux
Tuileries « le jour où j'ai le mieux connu le bonheur
qu'on trouve à vous voir ». Soudain, ce jour-là,
Joubert laisse madame de Vintimille au bras de
Chateaubriand, s'éloigne et, à l'une des marchandes
qu'il y a dans le jardin des Tuileries, achète un bouquet de tubéreuses, fleurs qui ont un joli nom, la
blancheur la plus parfaite et une odeur durable. Ce
bouquet de tubéreuses il l'apporte, avec un empressement qui supprime sa timidité, à madame de Vintimille, surprise et contente. Le 22 juillet est le jour
de la sainte Madeleine, sainte plus touchante par ses
repentirs d'amour. Le jour de la sainte Madeleine
resta, pour Joubert, un jour embaumé du souvenir
de madame de Vintimille et de l'odeur des tubéreuses. Tous les ans à la même date et à la même
heure d'après-midi, Joubert célébrait l'anniversaire
de son enchantement. Il écrivait à madame de Vintimille, pour l'assurer de sa fidèle pensée et pour

l'avertir de n'être pas oublieuse. Il ne lui donnait pas de tubéreuses, mais il en donnait à lui-même. Il en faisait apporter dans sa chambre et, au milieu du parfum mémorable, il se souvenait [5].

Le 26 juillet 1802, il note qu'il a eu un songe et qu'il y a vu madame de Vintimille. Et il note, le 1er août, que madame de Vintimille a « le silence franc, c'est-à-dire... » Il n'écrit pas ce que c'est à dire; mais il le sait. Or, il était grand amateur de silence; il a goûté « les délices du silence » et il a écrit : « Il faut que les pensées naissent de l'âme et les paroles du silence. » Il aimait « un silence attentif ».

Louise-Joséphine-Angélique de Lalive était fille aînée de l'aimable et sensible Ange-Laurent de Lalive, dit Lalive de Jully, frère de M. d'Epinay et de madame d'Houdetot. Ce que l'on sait de sa jeunesse est qu'elle y était « vive jusqu'à l'impétuosité, piquante de caractère comme de figure, spirituelle jusqu'à l'originalité, aimait ardemment le plaisir et la parure ». A l'époque où elle rencontra Joubert, elle avait un gracieux enjouement. Chateaubriand dit qu'elle fréquentait le monde, tandis que la petite société de la rue Neuve-de-Luxembourg affichait la sauvagerie. Madame de Beaumont que la Terreur avait si atrocement éprouvée, Chateaubriand qui revenait de son dur exil, Joubert qui était casanier, le monde leur faisait peur. La révolution n'avait pas atteint madame de Vintimille : ses malheurs n'étaient que d'argent ; et elle restait assez riche. A ses amis de la rue Neuve-de-Luxemburg, elle apportait les nouvelles des salons ; elle racontait, avec une bonne raillerie, les petits scandales, dont les sauvages se divertissaient. Elle semblait futile et,

sous les dehors de sa gaieté, cachait de la tristesse.
Son vieux mari, qu'elle avait épousé en 1780, elle à
dix-sept ans et lui déjà quadragénaire, ne la divertis-
sait pas. Il ne lui avait pas donné d'enfants... Toute
jeune mariée, naïve et que son mari n'instruisait
pas, elle disait à ses amies qu'elle se croyait grosse ;
derrière elle, son grand et sec mari faisait du doigt
signe que non : car il le savait bien. La mélancolie
de madame de Vintimille avait peut-être d'autres
causes : on n'est jamais sûr de découvrir tous les
secrets d'une âme triste ; mais on aperçoit dans ses
lettres un vif et perpétuel chagrin de maternité man-
quée. Elle n'avait ni enfants ni mari ; c'est le chagrin
qu'elle dissimulait sous l'apparence de sa gaieté.

Est-ce que Joubert l'a su ? Je ne le crois pas. Elle
n'a fait de confidences qu'à sa très chère amie
madame Pastoret, puis un jour à M. Julien. Ce
M. Julien, c'était un intelligent financier, de bonne
compagnie, et qui savait conter une anecdote. Est-
ce là le confident que l'on choisit ? Mais oui, précisément ! Il se contente de ce que vous lui dites, ne
cherche pas plus avant. Un Joubert, si discret que
vous l'imaginiez, devinera plus que vous ne vou-
driez.

Elle est une très honnête femme, très sûre d'elle
et de la confiance que son mari a bien raison de lui
accorder. Elle n'a point de gêne dans les entour-
nures. Elle est souvent dehors ; et le jeune M. Pasquier l'accompagne. On les invite ensemble, même si
le vieux Vintimille ne vient pas. Elle demeure rue de
Cerutti. Elle reçoit volontiers ; on la trouve généralement vers la fin de la journée dans le cabinet de
livres où elle a rangé la bibliothèque de son père,

augmentée de livres nouveaux, qu'elle sait lire et qu'elle annotera selon l'usage de Joubert. Elle a une tendre intimité avec sa sœur d'un an plus jeune, madame de Fezensac. Elle aime aussi, elle aime surtout, ses neveux. Madame de Fezensac était « la plus gracieuse et la plus douce des femmes ». Les méchants disaient que madame de Vintimille « avait bien de l'esprit, mais n'était pas aimable » et que madame de Fezensac « était bien aimable, mais n'avait pas d'esprit » ; c'est ainsi que la malignité divise, pour l'atténuer, son admiration. Ce qui enchanta Joubert, en madame de Vintimille, fut de sentir que ses dehors cachaient un mystère : il n'est rien de plus charmant et, pour l'amitié comme pour l'amour, il n'est rien de plus aguichant que de savoir que l'on ne sait pas tout encore.

Chênedollé avait dû quitter Paris et retourner à Vire en Normandie, où le rappelait son père, las de voir que la poésie ne menait à rien. Chênedollé s'ennuyait, à Vire, amèrement. Ses amis de Paris tâchèrent de lui venir en aide. Il fut décidé que Chateaubriand, s'il était nommé à Rome, s'arrangerait pour faire attacher à la légation du cardinal Fesch le poète normand. Le 24 août 1802, madame de Beaumont écrit à Chênedollé : « S'il est vrai qu'*espérer c'est jouir*, nous serions bien heureux, car nous espérons beaucoup. A la vérité, nous changeons souvent de vues, de projets et d'espérances. Ils ont le bon esprit de se trouver bien dans cette vie, cependant bien fatigante : je les félicite, mais l'hirondelle... » c'est le surnom qu'elle avait dans la Petite société, comme Chateaubriand s'appelait le Chat : et les chats qui attrapent les hirondelles les mangent...

« l'hirondelle est toujours le plus noir des corbeaux, sans excepter celui de Vire. Cet aimable corbeau, quoique absent, est toujours parmi nous ; nous en parlons sans cesse, nous cherchons toutes les manières de le rappeler de son exil, de ne plus le laisser s'envoler. Il entre dans tous nos projets de voyage, de retraite ou de repos... » Ces trois mots semblent indiquer les trois désirs de trois personnes : Chateaubriand le voyage, Pauline de Beaumont la retraite, et Joubert le repos.

Elle n'avait point de repos ; elle attachait de l'importance à des incidents anodins. Par exemple, on a publié, sous le nom de *La résurrection d'Atala*, une satire ou parodie assez niaise. Au bout du compte, ce n'est rien : « Mais on cherche à imiter le style de notre ami, et cela me blesse... » Comme cette susceptibilité est tendre !... « Le bon esprit de M. Joubert s'accommode mieux de toutes ces petites attaques que moi, qui justifie si bien la première partie de ma devise, *un souffle m'agite !*... » Que rien ne l'ébranle, ce n'est plus vrai. Aussi madame de Caud est à Paris, terrible sensiblité, très contagieuse ! Les deux femmes sont devenues grandes amies. Madame de Beaumont raconte à Chênedollé que Chateaubriand leur a lu à toutes deux une lettre de Chênedollé. Lucile s'est écriée : « Qui ne sait compatir aux maux qu'il a soufferts ! » Une aventure d'amour a réuni, a séparé, continue de troubler Lucile et le poète. Madame de Beaumont dit à Chênedollé : « Fougères lui a trop appris à apprécier Vire ; elle vous plaint de toute son âme et me charge de vous dire mille choses. » A Fougères, il y a madame de Marigny et madame de Chateaubriand ; Lucile est

fâchée avec sa belle-sœur et l'aventure Chênedollé
est probablement l'une des causes de la brouillerie.
Que madame de Beaumont ne prenne pas le parti
de madame de Chateaubriand, ce n'est pour étonner
personne.

Le 9 septembre, elle ne sait pas, et ne saurait pas
sans chagrin, que Chateaubriand écrit à Fontanes :
« Il vient de m'arriver par la poste, toute décachetée,
une lettre qui me fait peine si F... l'a vûe. On se
plaint de mes rigueurs et on m'offre des merveilles.
Je ne sais comment faire pour empêcher les indis-
crètes bontés de m'arriver par le grand chemin.
Cependant, si certains projets dont vous me parliez
pour l'été prochain n'avaient pas lieu, je verrais alors
quel parti prendre. Car j'apprends que ma femme est
ruinée par ses parents. L'oncle vient de faire banqueroute au moment où j'avais donné ordre de poursuivre... Répondez-moi un mot et l'envoyez chez
Joubert ; il m'arrivera. » Tout n'est pas clair, dans
ces lignes ; tout devait être clair pour Fontanes. Les
grands projets de l'été prochain, c'est Rome. Les
« rigueurs » indiquent une femme : on a conjecturé
qu'il s'agissait de madame de Custine, et je le crois.
F..., qui a pu lire la lettre, serait Fouché, ministre
de la police, et grand ami de madame de Custine. De
sorte que voilà le commencement de la liaison qui,
au mépris de madame de Beaumont, va réunir
l'Enchanteur et la Reine des roses. Quelles sont les
« merveilles » que la Reine offre à l'Enchanteur?
L'amour y est pour quelque chose et ne paraît pas
être, aux yeux de Chateaubriand, le principal. Il accepterait, on se demande s'il n'accepterait pas, les obligeantes propositions de la belle dame, si les projets

de Rome ne devaient pas aboutir : donc, il s'agit d'un établissement. Sa femme ruinée, il n'a plus de fortune et perd jusqu'à l'espérance d'en avoir. Accepterait-il d'être logé, bon souper, bon gîte, chez la belle dame? Comme, la précédente année, il était logé à Savigny! L'ingratitude et l'infidélité se préparent. La lettre à Fontanes permet toutes suppositions.

A la fin de septembre, Chateaubriand alla passer quelques jours à la campagne. Où était-ce? On n'en sait rien. Mais il n'avait pas emmené son amie. Elle était chez madame Hocquart, à Lucienne; et elle écrivait à Chênedollé : « Lucienne n'a, dans ce moment, aucun charme pour moi. Cette vue immense ne m'intéresse point ; la campagne est desséchée et la société m'ennuie. Il n'y a plus qu'une société pour moi. La pauvre hirondelle est dans une sorte d'engourdissement fort triste. Elle vous plaint cependant ; mais elle espère pour vous, car le mal vient du dehors : en changeant de position, vous serez mieux... » Elle, son mal n'est point du dehors; il habite en elle et la consume : c'est mal de l'âme. Elle dit à Chênedollé que Chateaubriand lui écrira dès son retour ; mais Chateaubriand « n'est sûr de rien, sa destinée est plus incertaine que jamais, tout est dans la vague... » Dans la vague aussi, la destinée de la gentille femme pour qui « il n'y a plus qu'une société », celle de l'Enchanteur et qui devient frivole.

Et Joubert? Celui-ci n'est pas un frivole et lui reste? Assurément. Toutefois, Joubert accorde à madame de Vintimille une attention nouvelle. Si l'on veut savoir comme l'occupe la présence ou la pensée de madame de Vintimille, qu'on lise ou qu'on

regarde seulement ses carnets de cette époque. Le
lundi 26 septembre, il n'a pas écrit une ligne ; mais
il a dessiné joliment et enlacé les initiales bien
aimées, l'l et le v de Louise de Vintimille.

Pauvre Beaumont! Un nouveau déplaisir l'attend.
A peine revenu de la campagne, Chateaubriand lui
annonce qu'il va faire un assez long voyage. Il vient
d'apprendre qu'un libraire d'Avignon lance une contrefaçon de *Génie du Christianisme* : il assure que
c'est la ruine et qu'il n'a que le temps de sauver sa
fortune !... Il exagère : on le verra mener cette
affaire avec indolence ; on verra qu'il avait un autre
sujet plus réel de voyage.

Le 15 octobre, il écrit à Chênedollé : « Je pars
lundi pour Avignon où je vais saisir, si je puis, une
contrefaçon qui me ruine. Je reviens par Bordeaux
et par la Bretagne... » Cela, il ne l'a pas dit à son
amie... « J'irai vous voir à Vire, et je vous ramène-
rai à Paris où votre présence est absolument nécessaire si vous voulez enfin entrer dans la carrière
diplomatique. Il paraît certain que nous recevrons
des ordres pour l'Italie dans les derniers jours de
novembre. » Cette lettre à Chênedollé contient de
l'optimisme destiné à M. Chênedollé le père. Puis
Chateaubriand revient à lui-même. Le voyage qu'il
va faire lui plairait, dit-il, en d'autres temps : « A
présent, il m'afflige... » Pourquoi? « Ne manquez
pas d'écrire rue Neuve-du-Luxembourg pendant mon
absence, mais ne parlez pas de mon retour par la
Bretagne. Ne dites pas que vous m'attendez et que
je vais vous chercher. Tout cela ne doit être su qu'au
moment ou l'on nous verra tous les deux. Jusque-
là je suis à Avignon et je reviens en droite ligne à

Paris. » Voilà ce qui est parfaitement clair pour Chênedollé ; M. Chênedollé le père n'y verra que du feu. Et Pauline ? C'est à elle qu'est soigneusement destinée l'imposture. L'Enchanteur s'éloigne de l'hirondelle et, pour éviter les désagréments, il lui raconte et lui fait raconter des histoires. Pourquoi donc va-t-il en Bretagne ? Il verra madame de Chateaubriand !... Quoi ? Mais oui : comme il veut entrer dans la diplomatie, le souci le prend d'organiser son existence régulière. Il se dit qu'il sera peut-être ambassadeur, un de ces jours : et il songe à l'ambassadrice. Un tel sentiment de respectabilité tardive, on aurait tort de le lui reprocher. Mais, en tout cela, il pense à lui, et à lui seulement : il fait beaucoup de peine à l'hirondelle.

Sur le point de partir pour Avignon, il reçut, de Beccles où il avait passé quelques mois de son exil anglais, une lettre du Révérend Bence Sparrow, lequel avait appris les succès littéraires de l'ancien émigré : il profitait de ces bonnes nouvelles pour lui rappeler une petite dette. Chateaubriand répond qu'il payera, mais qu'on a tort de le croire en bel état de fortune : « Je suis si peu riche que je ne puis même faire venir ma femme à Paris... On a parlé un moment de me donner une place fort agréable à Rome, mais tout cela est en projet ; rien de fait, rien de certain. » Il a des ennemis : comment un noble, un émigré, un homme religieux et un « auteur heureux » n'en aurait-il pas ? Il part pour Avignon.

Il s'arrêta quelques jours à Lyon, où le reçut Ballanche, nouvel éditeur du *Génie*. Après cela, il descendit le Rhône et, sans se presser, ne vit Avignon que le dernier jour d'octobre. Il découvrit le contrefacteur ; et il écrivit à Fontanes : « Je me suis arrangé avec le libraire ; il me paye les frais de mon voyage, me donne de plus un certain nombre d'exemplaires de son édition... ; et moi, je légitime mon bâtard et le reconnais comme seconde édition. » Ce n'est pas là échapper à la « ruine » ; par la facilité avec laquelle Chateaubriand veut bien transiger, on voit que ce n'est pas pour cette petite affaire qu'il a entrepris ce long voyage de plus d'un mois. Il dit à Fontanes qu'il part le lendemain pour Marseille et qu'il reviendra par Nîmes, Montpellier, Toulouse, Bordeaux, Nantes et Tours. La mention de Nantes, au passage, est toute l'allusion qu'il fait à la Bretagne. Il ne se lie pas à Fontanes comme à Chênedollé : c'est que Fontanes est à Paris. Ce tour de France lui a donné l'idée que voici : Lucien ne le chargerait-il pas de composer une description de la France ? Un peintre l'accompagnerait et illustrerait un ouvrage « qui a manqué au règne de Louis XIV ». Le voyage durerait trois ans et ne coûterait pas soixante mille francs. Ce projet tente assez bien Chateaubriand ; peut-être se servira-t-il de ce projet pour expliquer à madame de Beaumont sa longue absence... « Allez-vous quelquefois rue Neuve-du-Luxembourg?... » S'il y va, il n'aura rien à dire que madame de Beaumont n'accepte comme assez plausible, en somme.

Chateaubriand n'arrive à Fougères que le 27 novembre. Il propose à Chênedollé d'aller le chercher à Vire ou de l'attendre à Fougères... Dans les *Mémoires*, Chateaubriand, qui a longuement raconté son voyage de France, élude en quelques lignes le voyage de Bretagne et dit : « Je ne pus que rester vingt-quatre heures auprès de ma femme et de mes sœurs et je regagnai Paris. » Ce n'est pas la vérité. Le 27 novembre, il ne donne rendez-vous à Chênedollé que le 3 décembre. Ce voyage de Bretagne, qu'il veut qui soit ignoré de madame de Beaumont, il l'a entouré de mystère, ainsi que tout ce qui regarde ses bizarres relations avec sa femme avant le rapprochement qui suivit la mort de madame de Beaumont.

Il fut de retour à Paris la première quinzaine de décembre. Il était là, quand son amie écrivait à madame de Staël, la félicitait de *Delphine* et ajoutait : « M. de Chateaubriand doit vous écrire, vous remercier et vous quereller, puisque, ne pouvant vous convertir, il est forcé de vous admirer. » Comment madame de Beaumont prit ce qu'elle sut d'un long voyage et du retour par la Bretagne, on l'ignore. Sa lettre à madame de Staël n'est pas gaie. Joubert n'avait pas quitté Paris de l'hiver. Peut-être eut-il soin de ne pas s'éloigner de madame de Beaumont qui était malheureuse.

Au moins de janvier 1803, Chateaubriand ne sait pas encore ce qu'il fera, si l'on en croit une lettre de lui à madame de Staël. Quitter Paris au printemps, quitter la France et n'y rentrer jamais : où ira-t-il ? Au désert ! La Louisiane le tente, ou la Russie. Ce n'est pas que Rome ne le tente plus ; mais on n'en finit pas de l'embaucher dans la diplomatie. A tout hasard, il dédie au Premier consul la nouvelle édition du *Génie*.

Cependant, il se divertit de son incertitude : la marquise Delphine de Custine lui plaît alors extrêmement. Une charmante femme ; trente-trois ans, fort jolie. De longs cheveux blonds, fins, fous et admirables. Il l'appelle, dans les *Mémoires d'outre-tombe*, « héritière des longs cheveux de Marguerite de Provence, femme de Saint-Louis, dont elle avait du sang ». Les dents, magnifiques. De la coquetterie et de la sauvagerie ; des façons mutines et mélancoliques ; une fine intelligence; de la patience et de la jalousie ; un teint de blonde. Devant le tribunal révolutionnaire, elle a été l'une de ces petites femmes étonnantes que suscita de leur futilité une superbe bravoure. Un Jacobin s'est amouraché d'elle et, au risque de tout, a dissimulé le dossier qui la livrait à la guillotine. Elle a pour mère cette Sabran qui épousa le chevalier de Boufflers ; et Boufflers appelait la petite marquise « la reine des roses ». Après la mort de son mari sur l'échafaud, la petite veuve a eu des prétendants et ne les a point écartés sans retard : elle est demeurée en attente, un peu farouche, un peu démoralisée, offerte à l'occasion qui lui ravirait le cœur. Puis elle rencontre Chateaubriand.

Si Chateaubriand n'aime plus à la passion Pauline de Beaumont, du moins a-t-il, aux yeux de cette amoureuse, l'air de l'aimer. La trahison n'est pas douteuse. Voici la preuve : une série de billets adressés par lui à madame de Custine. Elle les a marqués de l'année 1803; et ils sont de la période où il approche de son départ pour la légation de Rome... « Je serai chez vous demain à 2 heures; n'oubliez pas votre promesse pour lundi. Comment haïrais-je l'avenir, puisqu'il me ramènera près de vous? » Lundi, une promesse... La deuxième lettre porte la mention de *lundi matin*. Le lundi de la promesse? Que s'est-il passé, ce lundi-là? Rien, on dirait; Chateaubriand paraît de mauvaise humeur : « Jugez de ma peine ; je ne pourrai pas vous recevoir aujourd'hui. Ne serez-vous pas trop fâchée de me voir chez vous à 2 heures? Je crains de vous importuner : vous m'avez traité si mal que je suis tenté de vous appeler madame. » Oh! oh! c'est grave.

Et ce ne l'est pas : une petite querelle d'amour en ses préludes, averse de printemps. Mais, un beau jour de mai, l'amoureux lit dans les *Débats* que le bruit court qu'il est nommé secrétaire de légation à Rome. Est-ce le première nouvelle? En tout cas, on ne l'a pas encore averti officiellement. Il écrit à M. de Talleyrand qui, le 9 mai, lui envoie copie de l'arrêté du Premier consul. Et il écrit à Fontanes : « Voici donc l'affaire finie, mais il faut de l'argent... J'en ai besoin le plus tôt possible, n'ayant pas un sou pour déloger de mon grenier. » Fontanes et madame Bacciochi obtiendront aisément qu'on lui avance six mois : six mille livres, plus mille écus pour frais de route. Après cela, il s'en ira et sera très content de s'en aller.

Quittera-t-il sans chagrin Pauline de Beaumont? Les témoignages manquent : les témoignages ne manquent pas, sur le chagrin qu'il eut, ou le déplaisir, de quitter la Reine des roses. Il lui écrit, un « samedi matin » qui fut le 14 ou le 21 mai : « Vous ne pouvez pas concevoir ce que je souffre depuis hier : on voulait me faire partir aujourd'hui. J'ai obtenu, par faveur spéciale, qu'on m'accorderait au moins jusqu'à mercredi. Je suis, je vous assure, à moitié fou et je crois que je finirai par donner

ma démission. L'idée de vous quitter me tue. Je ne
pourrai, pour comble de malheur, vous voir avant
deux heures, cet après-midi. Au nom du ciel ne par-
tez pas ! Que je vous voie au moins encore une fois ! »
Sans doute, l'Enchanteur parti, — ou sur le point
de partir, — et la veille de l'absence est l'absence
déjà, — elle allait cacher à Fervaques son chagrin.
La séparation qui la menace, elle ne l'attend pas ;
et l'on a hâte de subir son malheur. Quant aux
empêchements qu'avait Chateaubriand et qui, avec
tant de régularité le tenaient jusqu'à deux heures,
qu'est-ce donc? Je crains qu'ils ne viennent de
Pauline de Beaumont; si j'en ai peur, c'est que
Chateaubriand les considérait comme « le comble
du malheur » : il était si éperdument futile !

En somme, il ménageait Pauline de Beaumont.
C'est bien. Seulement, il n'y a rien de plus triste
que ces suprêmes ménagements de l'amour. Les
attentions de pitié, voilà le régime de la période où
était arrivée Pauline de Beaumont.

Dimanche matin : « Si vous saviez comme je suis
heureux et malheureux depuis hier... Il est cinq
heures du matin. Je suis seul dans ma cellule. Ma
fenêtre est ouverte sur les jardins qui sont si frais,
et je vois l'or d'un beau soleil levant qui s'annonce
au-dessus du quartier que vous habitez. Je pense
que je ne vous verrai pas aujourd'hui et je suis bien
triste. Tout cela ressemble à un roman... Toute la
vie n'est-elle pas un triste roman? Ecrivez-moi,
que je voie au moins quelque chose qui vienne de
vous. Adieu, adieu jusqu'à demain. Rien de nouveau sur le maudit voyage. » C'est une jolie lettre
d'amour, une jolie lettre de lendemain matin : elle

suppose un vif agrément de la veille, à l'hôtel d'Etampes ou ailleurs. Il s'est éveillé dès l'aube; et, comme un peu nonchalant, très doux, il rêve devant le lever du jour... Un peu de littérature, mais si involontaire! Il s'en aperçoit; et il dit que la vie, elle aussi, ressemble à un roman. Toute la journée sans Delphine est immense et insupportable... Enfin, Chateaubriand n'aime pas autrement que son prochain : c'est la seule humilité qu'il ait eue, sans le savoir, et avec de plus charmantes phrases que personne.

Un autre jour : « Ah! promettez-moi le château d'Henri IV! Promettez-moi de venir à Rome!... » Le château d'Henri IV, c'est Fervaques. Il rêve de luxe et de volupté; avec quelle satisfaction écrira-t-il plus tard : « J'ai eu l'honneur de coucher dans le lit du Béarnais! » Et « promettez-moi de venir à Rome » : c'est elle qu'il invite. Et Pauline de Beaumont se consume d'un chagrin dont elle ne sait pas tous les motifs.

Et puis : « Ma cellule est bien triste; un vilain soleil sous le nuage, une bise froide, une chambre dépouillée de ses meubles et qui annonce déjà l'absence! Il y a quelque temps, tout cela m'aurait été indifférent. Mais une sainte apparition qui m'a visité dans ma demeure m'a rendu l'éloignement insupportable. » Elle allait donc le voir à l'hôtel d'Etampes? Elle y faisait de saintes apparitions. Et l'auteur du *Génie du Christianisme* s'amuse à nommer « cellule » la chambre où sa belle amie vient le voir... « Demain, je serai à onze heures chez vous... » Seulement, il reçoit l'ordre de passer chez M. de Talleyrand. Il enrage, il est malheureux.

Et puis, un autre jour, il reçoit l'ordre d'aller à Saint-Cloud : il doit renoncer au bonheur de déjeuner chez Delphine. « Je ne pourrais être consolé que par la visite de mademoiselle de Saint-Léon... » Cette demoiselle portait à Chateaubriand les lettres de Delphine.

Pauline de Beaumont n'avait pas tort de souffrir[8].

Chateaubriand, le 25 mai, écrit à M. Chênedollé le père : il part, il ne peut emmener Chênedollé. Mais : « Une personne doit venir me rejoindre dans six semaines ou deux mois, et si vous y consentez, voici ce que je vous propose. Chênedollé viendra me rejoindre à Rome avec la personne que j'attends... » Qui, cette personne ? C'est Pauline de Beaumont qui vint : est-ce elle qui devait venir et que Chateaubriand désirait ? De Lyon, quelques jours plus tard, il écrit à Chênedollé : « Je crois que vous pouvez faire vos préparatifs pour accompagner *nos amis* cet automne. » La « personne » doit être la même que « nos amis[9] ». Chênedollé paraît avoir été le seul confident des amours de René avec Delphine. La personne serait donc Delphine ? Ce n'est qu'une hypothèse... Alarmante !

Chaque fois que Chateaubriand fut nommé à un poste diplomatique, il eut de la peine à partir ; même, une fois, il ne partit pas. C'étaient, en général, ses attachements de cœur qui le retenaient à Paris. En 1803, il aimait Delphine et il était aimé de cette jeune femme, ainsi que de Pauline de Beaumont. Ses lettres donnent à penser qu'il ne s'en alla point avec un plaisir sans mélange. Dans ses mémoires, il écrit : « J'aurais peut-être encore reculé, si l'idée de madame de Beaumont n'était venue mettre un terme à mes scrupules. La fille de M. de Montmorin se mourait. Le climat de l'Italie lui serait, disait-on, favorable. Moi allant à Rome, elle se résoudrait à passer les Alpes ; je me sacrifiai à l'espoir de la sauver. » Il ne se sacrifiait pas. Se fût-il sacrifié, il aurait dû, en aimant, ne pas s'en apercevoir.

Et Joubert ? Il est toujours à Paris, de sorte qu'il n'y a point de lettre de lui ou de madame de Beaumont cette saison-là. Il devait la voir souvent.

Le 13 février 1803, il expliquait à madame de Vintimille pourquoi l'on peut dire que « Dieu s'est fait lui-même » : c'est une manière imparfaite, mais conforme à la faiblesse de notre esprit, d'affirmer l'incréation divine... « J'aime mieux le prendre tout fait ! » répondit-elle. Et Joubert s'amusait d'une promptitude qui supprime le long travail de dialectique.

Le 4 avril, comme il essaye d'apprécier le talent de l'abbé Delille : « Cela n'est pas haut en couleur, remarque-t-il, mais il y a un bon teint. La poésie s'y trouve, comme le sang dans les bras de madame de Vintimille. » Cette comparaison fort imprévue, Joubert l'a empruntée à sa rêverie du moment, que charmaient deux bras blancs et d'une peau assez fine pour qu'y transparût l'animation du sang. Les bras de Pauline de Beaumont, de pauvres petits bras, de jour en jour plus décolorés !

Pauline de Beaumont n'a plus toute l'année à vivre. Chateaubriand qui est son amant, Joubert qui est son ami, tous deux, sans la délaisser, lui sont infidèles. Ce n'est pas la même infidélité : ce n'était pas non plus le même attachement ; et Joubert n'avait pas le cœur futile.

Chateaubriand quitta Paris le jeudi 26 mai. Je crois qu'il eut quelque chagrin. De Lyon, quatre jours plus tard, il écrit à Joubert : « J'avais fait le brave en partant, mais je ne fus pas plus tôt seul que je commençai à pleurer... » Car il était sensible et tendre. Il était aussi très curieux et facilement diverti. Sa lettre est toute pleine du récit de son voyage, de la description du paysage, et de petites anecdotes. A travers ses larmes, il voyait clair et, à travers sa tristesse, il s'amusait. Une lettre à Fontanes, de Lyon le 1ᵉʳ juin, montre la même allégresse, une confiance même exagérée ; car il charge Fontanes de dire à Talleyrand que ses dépêches seront courtes : il se croit ambassadeur. Il est si content qu'il serait sur le point de se dégoûter de son bonheur. Il écrit à Gueneau de Mussy : « Vous êtes bien heureux d'avoir encore quelque chose à faire et de n'être pas comme moi rendu trop tôt au but ; il ne faut arriver à l'auberge que pour se coucher. » C'est aussi que les libraires de Lyon lui font grand accueil. Il leur propose une opération qui lui rapporterait 30.000 francs : « Si cela arrive, je ne sais si j'irai à Rome. Je pourrais bien retourner sur mes pas, acheter une chaumière à Marly et planter des choux, le dernier vœu sincère et permanent de mon cœur. » C'est la mélancolie d'un jour comblé. Il écrit à Chênedollé, le 8 juin : « Les honneurs m'accompagnent... Ma gloire est encore augmentée depuis l'année dernière... » Après cela, il parle encore de la chaumière où il voudrait ensevelir sa destinée.

Il assiste à la célébration de la Fête-Dieu. Il se raconte qu'il a quelque part « à ces bouquets de fleurs, à cette joie du ciel » par lui « rappelées sur la terre » : satisfaction superbe ! Il est plaisant, ce jeune missionnaire et diplomate, qui s'éloigne de son amie Pauline de Beaumont, de sa bien-aimée Delphine de Custine, et qui prend beaucoup de plaisir à son voyage, et qui veut encore, à tant de plaisir, ajouter la gloire apostolique.

Le mercredi 13 juillet, Joubert s'en alla de Paris ; le 15, il arrivait à Villeneuve. La veille de son départ, il écrivait : « Sur madame de B^{nt}. Les sens en dehors. Rien de retiré en soi : trop nue. » Ces mots durent lui coûter à écrire, ces mots où la terrible sensibilité de son amie est indiquée d'une implacable manière. Elle l'a fait souffrir, probablement.

C'est qu'elle souffre. On la devine très douloureuse, le 16 juillet, quand elle écrit à Pasquier : « Je vous dois des excuses, monsieur, d'avoir autant tardé à vous répondre. Mes excuses ne sont malheureusement que trop bonnes : presque tout mon temps a été consacré à des affaires et à des adieux... Dans peu de jours, je pars pour les eaux ; j'ignore l'effet qu'elles me feront, elles auront à mes yeux une vertu très puissante si elles me tirent de l'état où je suis. C'est la foi qui sauve, il faut donc tâcher d'en avoir. Je tâche... Pourvu que je ne sois pas forcée de vivre en société, c'est tout ce que je désire. Après la société que je quitte, il n'y a de bon que la solitude, parce que c'est une manière de la retrouver... Je me trouverai bien heureuse si jamais nous sommes encore tous réunis [8]. » Elle est extrêmement triste et son idée de solitude est la suite de la solitude où elle languit depuis le départ de Chateaubriand. Du reste,

la maladie la mine. Elle n'a guère aucun espoir de
guérir. Elle ne compte pas que la Petite société se
retrouve jamais complète : elle devine qu'elle y
manquera.

Elle écrit à madame de Staël[9] : « Vous n'avez pas
d'idée de ce que j'ai souffert presque sans relâche
depuis cet hyver. Je vais aux eaux avec bien peu
d'espérance... » Elle avait d'abord mis, *presque sans
espérance*... « Si je ne dois pas retrouver la santé,
il eût été bien heureux de mourir plus tôt ; cette
idée m'obsède, ma chère petite. Pardon, il faut se
hâter de finir ce triste sujet... Adieu ; je suis désolée
d'aller aux eaux plutôt qu'à Coppet, mais il n'y a
pas moyen d'éviter cette corvée. Coppet même ne
m'offrirait, dans l'état où je suis, que des regrets ; je
suis incapable de jouir de la société, de l'amitié, de
toutes les consolations de la vie. Je ne vis presque
plus et, aux eaux, je sentirai moins tout ce qui me
manque... Adieu ; tant que je respirerai, ce sera
pour vous aimer. » Tous ses mots contiennent son
adieu.

Chateaubriand était arrivé à Rome le 27 juin. Le
29, il écrit à Fontanes, et avec une joie excellente.
Les grands personnages de la ville éternelle lui pro-
diguent les compliments : il n'en faut pas davantage
pour le mettre en belle humeur. Il est « choyé, proné,
caressé ». Il se voit déjà « maître de Rome » : c'est
le péril où quelque vanité le poussera. Il est arrivé
avant le cardinal ; de sorte qu'il a reçu, de Talleyrand, une lettre directement adressée à lui : cela lui
fait un « immortel honneur », dont il abusera. « La
seule chose qui va me manquer, c'est l'argent. Il me
faut une voiture : mon prédécesseur en a une ; c'est

l'usage. Je vais employer l'argent de ma quatrième édition ; puis j'aurai recours à notre protectrice... » C'est madame Bacciochi. Voilà son jeune entrain, sa légèreté, cette fatuité anodine et qui sera, pour ses ennemis, une arme empoisonnée contre lui.

Le 22 juillet, Fontanes écrivait à Joubert : « Tous mes amis ont quitté Paris... » Guéneau partait pour la Bourgogne... « Je vais me trouver absolument seul. Cet aimable et solide jeune homme n'est pas assez estimé dans votre société, et c'est un de mes griefs contre elle... » Fontanes dit *votre* société comme s'il n'en était pas. Et il n'en est pas beaucoup. Il n'aime pas madame de Beaumont, qui n'a pas grande sympathie pour lui... Or, il est, ce 22 juillet, de mauvaise humeur. Cette « boutique du *Mercure* » va de mal en pis. Secondement, on a répandu le bruit fâcheux qu'il était paresseux : calomnie ! « Je vous conjure de vous mettre en colère contre tous les *sots* et toutes les *sottes* qui vous diront que je ne fais rien. C'est le plus absurde et le plus dangereux de tous les propos. Je sais qu'on l'a écrit et qu'on l'a fait dire par le préfet Ré... à Bo [naparte] avec l'intention formelle de refroidir son intérêt. Je viens de lui écrire. Il aime fort l'*activité*, et l'indolence est inexcusable à ses yeux... » Des nouvelles de Chateaubriand : les meilleures du monde. « Il a vu le pape, qui *lit son livre et qui l'a appelé son cher Chateaubriand*. Il est toujours au comble du bonheur... » Fontanes est à Neuilly, sur les bords de la Seine, chez madame Bacciochi : « Je n'ai pu, en conséquence, voir madame de B. aussi souvent que je l'aurais voulu. Je vous prie de lui témoigner mes regrets si vous lui écrivez. Je compte m'échapper un de ces jours. J'irai parler de vous dans la rue du Luxembourg. » Ce n'est pas l'empressement des vrais amis de madame de Beaumont.

Une lettre de Chateaubriand à Fontanes. Le général Murat qui l'a « comblé de politesses » et le pape qui l'a « traité comme son fils », tous les Romains qui sont en train de lire le *Génie du Christianisme*, l'ont enchanté. Rome est un séjour admirable. Une société nombreuse; « les femmes y sont très belles et personne ne trouve mauvais qu'on en soit très occupé : le Sacré Collège est très indulgent sur cet article. » Chateaubriand court les ruines et se promet de remonter le Tibre jusqu'à sa source. Il avoue que c'est dangereux, à cause de la peste qui règne dans ce pays. Qu'importe? « Je ne tiens à rien au monde; si la fièvre m'emporte, personne ne pleurera. » Pauline de Beaumont ne pleurerait pas? Il ne songe point à elle.

Et elle, songe-t-elle à lui? Elle écrit à Joubert, le 24 juillet : « Je ne voulois vous écrire que pour vous dire, *je suis partie*; le guignon en ordonne autrement. Vous allez voir si c'est ma faute... » Ce n'est pas sa faute : les jours de diligence ne sont pas commodes. Elle en pleurerait. Elle a encore beaucoup d'affaires à régler : c'est beaucoup de fatigue. Elle est excédée au point d'attendre du repos de son voyage en diligence. Avant de partir, et comme si elle ne comptait pas revenir, elle va de tous côtés faire des adieux, voir des gens. Elle est bien triste, en ces derniers jours qui précèdent son départ; mais elle a encore l'esprit curieux.

Le cœur aussi? On le dirait. Voici qu'un homme, qu'elle n'avait pas vu depuis longtemps, recommence de l'intéresser. Elle le dit à Joubert, le lui dit à moitié. C'est Adrien de Lezai. Elle ne passe presque point un jour sans le voir. Une telle assiduité ne s'explique pas autrement que par « le désœuvrement », dit-elle à Joubert. Et elle ajoute : « Son esprit me plaît, quoiqu'il me tourmente, et il ne me tourmente que parce qu'il est lui-même tourmenté. Il a de la bonhomie et de la naïveté, mais c'est dans l'esprit et non dans le cœur. Cela forme un composé piquant et bien près d'être attachant. Ce qu'il y a de sûr, c'est que les plus longues apparences d'oubli ne m'ont jamais désintéressée de cet homme très remarquable... » Elle a subi l'attrait de ce garçon, de l'émoi qu'il révélait, de l'amour qu'il ne cachait pas beaucoup, tandis que l'infidèle et négligent René n'avait point hésité à partir pour Rome avec trop d'allégresse. Et lui, René?... « J'aurois dû commencer par vous parler de Rome. J'en ai reçu deux lettres. C'est une sorte de délire et des monumens et des déserts, qu'on trouve de toutes parts, des déserts *où la trace de la dernière charrue romaine n'a point été effacée, des villes tout entières vides d'habitans, des aigles planans sur toutes ces ruines, etc. Le pape a une figure admirable, pâle, triste, religieuse. Toutes les tribulations de l'Église sont sur son front...* Il a trouvé, parmi tous les grands de l'Eglise, *une insouciance qui fait trembler pour eux et pour elle.* Il ajoute : *J'ai le cœur navré, la seconde Rome tombe à son tour. Tout finit.* Le pape l'a reçu avec une bonté toute particulière... Voilà un extrait bien sec d'une lettre bien aimable, mais je ne saurais faire mieux et je vous quitte parce que je suis fatiguée... Comment vous trouvez-vous de la solitude? êtes-vous

maître de vos idées ou sont-elles maîtresses de.
vous? Vous devriez bien faire que je trouvasse une
lettre de Villeneuve à Clermont poste restante... Si
vous saviez combien j'ai pris longuement des po-
tions édulcorées sans que ma poitrine s'en trouve
mieux!... » Elle est extrêmement malade : « la tristesse, la déception, le dégoût lui augmentent sa
souffrance [10].

Le dimanche 24 juillet, quand elle écrivait à Joubert, elle comptait prendre la diligence du mercredi
27. Elle le fit, mais dut avant cela s'occuper d'une
affaire assez compliquée, où Chateaubriand l'avait
priée d'intervenir. A peine arrivé à Rome, il s'est
posé en diplomate important et il a pris, avec grand'
hâte, d'imprudentes initiatives. Par exemple, il a fait
visite au roi et à la reine dépossédés de Sardaigne :
c'était ce qu'il ne fallait pas faire. Il devine qu'on
tirera parti contre lui de cette démarche où il a
prouvé sa pétulance vaniteuse. Pour essayer de parer
le coup, il a écrit tout droit au ministre des relations
extérieures Talleyrand, le 12 juillet : « Avant que
notre mission fût officiellement reconnue à Rome,
je me suis empressé de voir ici toutes les personnes
qu'il était honorable de voir. J'ai été présenté,
comme simple particulier et homme de lettres, au roi
et à la reine de Sardaigne. Leurs Majestés ne m'ont
entretenu que d'objets d'art et de littérature... » C'est
habile ; et Chateaubriand donne bien les arguments
de sa défense : il dégage le diplomate et il déguise
de mondanité anodine ses maladresses de protocole.
Cependant, il a de l'inquiétude et prie madame de
Beaumont de voir à ce sujet Fontanes. Pourquoi ne
pas écrire à Fontanes directement? C'est, je sup-

pose, qu'il redoute la mauvaise humeur de son ami.

Madame de Beaumont, qui est sur le point de partir, et qui sans doute n'a pas le temps d'attendre une visite de Fontanes, lui écrit[11] : « M. de Chateaubriand, qui ne veut point accabler M. de Fontanes de ses lettres, me charge de causer avec lui d'une sottise qu'il vient de faire et de le prier de l'aider à la réparer... » Elle corrige d'une sottise qu'*ils viennent* de faire » et « de *les* aider à la réparer ». Pour atténuer la bourde que le secrétaire a commise, elle en passe à l'ambassadeur la moitié... « Cette sottise consiste à avoir été faire une visite au pauvre roi de Sardaigne ; il ajoute : *Je suis tombé avec le cardinal, de sorte que le mal, qui après tout n'est pas un mal, est bien peu de chose*[12]... Je ne sais pas si on en jugera ainsi. Je suis bien fâchée de partir sans avoir pu causer avec M. de Fontanes. J'espère cependant que cette légèreté ne sera pas prise trop sérieusement; cependant je ne suis pas tranquille. M. de Chateaubriand a écrit à MM. de Talleyrand et Hauterive sur cette affaire. Comment l'auront-ils prise ! Je demande pardon à M. de Fontanes : je suis tellement excédée de fatigue que je ne puis relire ce griffonnage et qu'à peine j'ai la force de lui renouveller l'assurance de mes sentimens et de lui dire combien le souvenir des moments que j'ai passés avec lui me sera toujours cher. » Cette affaire assez ridicule s'arrangea : elle avait troublé madame de Beaumont, si fatiguée, si malade.

Je ne sais si Fontanes s'efforça de la tranquilliser. Il était toujours à Neuilly chez sa bonne amie et protectrice généreuse. Il écrivait à Guencau de Mussy : « Je fais des vers, je joue Alvarez dans

Alzire, je chasse le renard et joue aux échés tous
les soirs, après un excellent dîner. Voilà ma vie ;
elle est assez douce... » Elle est exactement à la
convenance de ce garçon.

Joubert, à Villeneuve, ne sut rien de la « sottise »
de Chateaubriand ni de l'émoi où fut à ce propos
madame de Beaumont.

CHAPITRE X

Le 26 juillet, Joubert écrit à madame de Beaumont, poste restante, à Clermont[1] : « J'ai reçu votre lettre hier lundi, je vous réponds aujourd'hui mardi, vous devez partir demain mercredi. Il y a peu d'apparence que ma réponse arrive avant vous à Clermont, mais je recommanderai au directeur des postes de vous l'envoyer au Mont Dor, si elle n'est pas retirée de son bureau d'ici à huit jours. Avec ces précautions, j'espère que ce papier que je touche et que je tiens en ce moment dans mes mains, sera tôt ou tard touché et tenu par les vôtres dans un pays où je vous ai tant désirée. Vous voilà enfin en Auvergne ! le ciel en soit loué. C'est ici le premier soin important et sérieux que vous ayez pris de votre santé. Ou brouillons-nous ou donnez-lui désormais l'attention qu'elle mérite. Gardez-vous de croire qu'elle est désespérée, quand même (ce que je suis fort éloigné de craindre) ce premier essai ne seroit suivi d'aucun succès. Il est impossible que la

vivacité qui vous anime avec une force si constante
ne tienne pas à un principe de vie parfaitement conservé. Votre esprit a tant et tellement tarabusté
votre pauvre machine qu'elle est lasse et surmenée.
Voilà, je crois, toute la cause de votre mal. Rani-
mez le corps, altérez la goutte et faites reposer votre
âme, nous ne tarderons pas à vous revoir telle que
nous vous désirons... » Il la gronde un peu ; et puis :
« Vous me ferez grand plaisir de me citer deux ou
trois mots de chaquune des lettres que vous rece-
vrez de Rome. Je suis assuré que vous les choisirez
toujours si bien que, sans vous fatiguer, ils pourront suffire à me donner une idée du reste... » Il
promet d'écrire souvent ; il demande aussi des
lettres et jusqu'à trois par semaine, si madame de
Beaumont le peut sans trop de fatigue.

Elle était arrivée à Clermont le lundi 1er août, de
bonne heure. Il faisait une atroce chaleur. Elle voyageait depuis quatre jours. Elle était fatiguée : elle
n'eut pas l'entrain d'aller à la poste voir si elle y
trouverait une lettre de Joubert, à qui elle écrivit
tout cela². Son extrême fatigue se voit à l'écriture
bouleversée de sa lettre. Elle raconte à Joubert son
voyage. Elle est partie le jeudi. Ce n'était pas le jour
de la diligence. Elle a pris un cabriolet, où elle eut
deux compagnons, un vieux négociant tout occupé
de négoce, et un jeune homme tout occupé de
hâblerie. Sa femme de chambre bâillait, dormait,
ne dormait pas « de tout son appétit », à cause des
secousses de la voiture. A Fontainebleau, elle était
si lasse qu'elle pensa ne pas continuer son voyage.
Elle repartit le vendredi et fit encore trente lieues.
Elle fut à Moulins le samedi : la mégère qui tenait

l'hôtel la mit en colère et ainsi la « remonta ». Elle
changea le cabriolet pour une meilleure patache.
Elle tousse. Pendant le voyage, une toux de rhume ;
et puis les quintes ont recommencé : elle a « mal à
la poitrine ». Les gens lui disent : « Madame est
malade. » Cela, qu'elle ne sait que beaucoup trop,
l'impatiente. On lui annonce qu'il y a « un monde
prodigieux » au Mont-Dore. Elle s'attend que tout
ce monde l'ennuie ; et elle sera logée indignement.
Déjà elle ne compte plus que la saison lui fasse
aucun bien. « Je ne vous dis rien de vous tous, si
ce n'est que je suis souvent avec vous, même en
courant les grands chemins et presque morte, à la
souffrance près... » Voilà comme elle souffre.

Ses amis de Paris avaient, à son départ, de tristes
pressentiments. Gueneau de Mussy écrivait à Chênedollé[3] : « Je crois les sources de la vie desséchées.
Sa force n'est plus qu'irritation et son esprit si plein
de grâces ressemble à cette flamme légère, à cette
vapeur brillante qui s'exhale d'un bûcher prêt à
s'éteindre. » Il devinait que, du Mont-Dore, elle ne
tarderait pas à gagner le « département du Tibre »,
où il s'agirait plutôt de consoler un exilé que de
partager la gloire d'un poète. Car les nouvelles de
Rome étaient mauvaises.

A Villeneuve, le 15 août, Joubert avait reçu la
lettre de Clermont ; mais il ne savait pas encore la
suite et la fin du voyage. Il écrivit à son amie et,
faute d'information, ne put mettre une adresse plus
précise qu' « à madame de Beaumont-Montmorin,
aux eaux du Mont dor, département du Puy de
Dôme ». Il était alarmé : « Quand vous ne ne rece-
vez pas de nos lettres, c'est tout au plus un petit

plaisir de moins. Mais, quand vous êtes au Mondor et que nous ne recevons pas des vôtres, nous souffrons un insupportable tourment... Au nom du ciel et de la terre, ayez pitié de nos impatiences inexprimables... » Peu s'en est fallu qu'il n'allât lui rendre visite au Mont-Dore. Son frère était malade et le médecin recommandait Vichy. Or, il fut question que les Joubert, mari, femme et l'enfant, fissent avec le malade cette « équipée ». Le beau-père offrit de l'accompagner. Sans cela, « hier, aujourd'hui ou demain, vous me verriez arriver à votre Mondor, laissant les autres derrière moi... Vous auriez eu une belle surprise. Je me faisois un fort grand plaisir de vous la donner... » Plaisir manqué ; si Joubert s'en console, c'est qu'il est sage et qu'il est casanier... « Nous mourons de chaud ici, nous expirons de sécheresse, la rivière est à sec et nos coteaux, si cela dure, deviendront des côtes rôties, où l'on ne fera pas de vin. Cela est extrêmement triste et c'est dommage ; car ce temps pernicieux offre d'ailleurs un ciel, un air et un éclat d'une grande beauté. Nos santés, au milieu de tout cela, sont un peu brûlées, mais pas trop endommagées. C'est de la vôtre que nous sommes occupés. Parlez-nous en, beaucoup, souvent, sans cesse... Et Rome? un mot de Rome quand cela ne vous fatiguera pas, mille de vous quand même cela devroit un peu vous fatiguer. Vos détails sur votre voyage ne m'auroient laissé rien à désirer, si vous m'aviez parlé des pays où vous avez passé. Je n'aime pas que vous y ayez fait peu d'attention : l'indifférence pour quoi que ce soit est en vous un mauvais signe... » Il espère que les bains vont la guérir ; mais il craint la grande chaleur :

« Vous nous direz tout cela. Songez donc quelquefois avec quelle incurable fidélité nous vous aimons ; et que cela vous engage à guérir et à nous faire part de tout ce que vous tenterez pour cette bonne œuvre. » Il ne laisse voir, de son inquiétude, qu'autant qu'il en faut pour avertir madame de Beaumont de se soigner, pour la convaincre aussi de n'être pas longtemps sans écrire.

Des nouvelles de Rome ? Chateaubriand s'y désespérait et — peut-être n'avait-il pas tort ? — s'y croyait persécuté par une séquelle de gens qui au surplus avaient leurs raisons de le trouver incommode. Il songeait à s'en aller : peut-être passerait-il par la Grèce, avant de retourner à Paris et de s'y enfermer dans un grenier. Il suppliait Fontanes et, par Fontanes, la sœur du Premier consul, de ne pas l'abandonner. Il ajoutait : « Je me repentirai toute ma vie d'être entré dans cette bagarre... Voilà où m'ont conduit des chagrins domestiques. La crainte de me réunir à ma femme m'a jeté une seconde fois hors de ma patrie... » Cet aveu lui échappe. Et l'on voit qu'il y a, entre lui et sa femme, plus que de la négligence, une véritable hostilité. L'on voit peut-être pourquoi, jadis, il a émigré. L'on voit certainement que, s'il est parti pour Rome, ce ne fut pas afin de guérir madame de Beaumont. Et il ne suppose pas que cette malade irait en Grèce avec lui.

Le 20 août, madame de Beaumont n'avait pas encore reçu la lettre de Joubert. Elle en éprouvait un pénible étonnement : « S'il ne s'agissoit pas de M. et de madame Joubert, je me croirois oubliée et je me résignerois tristement au sort des absents ; mais cela ne peut être et je ne sais que craindre ou que penser. Je vous ai écrit de Clermont ; et, même dans le plus fort de mes dégoûts et de mes fatigues, ma tête vous écrivait, et je rêvais à vous. Mille petits détails me semblaient devoir vous plaire et je m'en occupois quoique je ne fusse pas trop en état de le faire. Enfin votre silence m'a toute effarouchée et il a ajouté aux déplaisances que m'inspirent le Mont d'or et sa société et ses quatre pas de promenade, et ses montagnes que je ne puis franchir, et ses orages continuels qui amènent tout à coup un froid de mois de novembre. Ma chambre n'a point de cheminée, il n'y en a guère qu'à la cuisine ; aussi, je gèle en vous écrivant... Adieu. Si par hasard je sais quelque chose de vous, alors je causerai de meilleur courage. En attendant, je suis comme le temps, triste, sombre et maussade, pas froide cependant ; ma tristesse même prouve pour moi. » La pauvre lettre, et si tremblante, où frissonne le sentiment de l'abandon ! La misère physique ajoute à la misère du cœur une souffrance. Et madame de Beaumont n'aperçoit plus en elle rien de vivant, que sa tristesse. Voilà ce que Joubert allait apprendre avec un infini chagrin, par cette lettre qu'il avait réclamée.

Elle ne lui a pas encore été remise, le 23 août. La distance fait que leurs lettres, lentes à venir, égarent leur causerie ; de sorte qu'ils se cherchent et ne se trouvent pas.

Joubert n'admet pas volontiers le sentiment de la crainte, qui offense et qui méconnaît le meilleur sentiment de l'espérance. Mais, à ne pas recevoir de lettres du Mont-Dore, il avoue qu'il s'est affolé. Il inventait, pour se tourmenter davantage, les pires choses : « un crachement de sang extraordinaire, des abbatemens sans exemple, une fièvre accablante ou quelque invasion de quelque mal épidémique ». Ou bien, la voiture ayant versé, madame de Beaumont s'était démis le bras et ne pouvait écrire. Voilà le moins qu'il redoutait. Encore n'y croyait-il pas : elle eût fait écrire par le curé, le médecin, le notaire. Les courriers d'Auvergne passaient à Villeneuve trois fois la semaine. Et Joubert : « Y a-t-il des lettres de madame de Beaumont ? » Chaque fois, non ! « Une espèce de tremblement s'empara de toute mon âme et je désolai toute la maison de mes désolations... Je ne me sentis point en état de vous écrire ; car, en vous supposant capable de lire ma lettre, je n'avois à vous témoigner que de la fureur et, en imaginant que vous étiez peut-être trop malade pour penser seulement à nous, je n'avois plus de paroles, ni même de pensées. » Pas de lettre encore ; mais, la veille, à défaut d'une lettre du Mont-Dore, une autre lettre est venue le rassurer.

Il partait, avec sa famille, pour la maison que les Moreau possédaient à Bussy-le-Repos. On lui remit une lettre de madame de Vintimille ; et il ne l'ouvrit pas tout de suite, à cause du temps qu'il lui fallait « pour jurer, pour tempêter, pour gémir ». La carriole était en chemin, lorsqu'il lut que madame de Vintimille avait des nouvelles du Mont-Dore : madame de Beaumont s'ennuie, « ce qui est toujours signe de vie » ; les eaux lui donnent de l'assoupissement, « ce qui vous repose d'autant ». Quel bonheur ! « La carrossée eut comme moi une surprise qui ragaillardit tout le monde, jusqu'aux enfans et au cheval. Vous voyez qu'on vous aime bien dans ce petit coin de la terre. Tâchez donc de vous aimer un peu et pour toujours, comme nous vous aimons! » Maintenant, tout lui paraît repos et bonheur... « Restez là-bas aussi longtemps que la vie que vous y menez ne vous nuira pas; partez-en quand l'ennui vous faira vraiment du mal; et, si vous prenez un parti, et que ce parti vous ramène vers le nord, venez ici en retournant, ne fût-ce que pour me dédommager de toutes les inquiétudes que vous m'avez causées... Nous avons tous fait un cri de joye en apprenant vos mécontentemens des puces, des cochons et des poules; et madame Joubert, que cela mettoit en gaieté, a dit : c'est comme en Périgord. » Cette allégresse de Joubert n'est que la détente d'une horrible angoisse.

Au Mont-Dore, la même aventure. Madame de Beaumont reçoit, non cette lettre-ci tout d'abord, mais celle du 15 août. Grande joie : « Toutes les inquiétudes, tous les brouillards se sont dissipés en un moment, et me voilà en état de causer avec vous... » il faut ajouter : « autant que mes forces le permettront; mais elles sont très faibles, mes forces ! » Elle reprend à Clermont le récit de son voyage. Elle est partie à deux heures de nuit; quand parut le jour, ce fut « cet ennuyeux et éternel Puy-de-Dôme ». La voiture était mauvaise : pour supporter les cahots, madame de Beaumont devait s'étendre sur un matelas. « Ainsi, nous sommes arrivés à Rochefort. Il était dix heures. Le cheval devait séjourner. On m'a proposé de dîner, je n'avais point faim, je me suis promenée le long d'un ruisseau charmant, dans un pays très agréable. Je crois vous avoir entendu parler du château de Rochefort. Il fait, entouré de ses vieux arbres et de ses ruines, un effet très pittoresque et, de la route, on le voit sous plusieurs aspects, également piquants... » Elle donne à Joubert tous ces détails, à cause de ce qu'il lui a dit que, si elle ne s'intéresse pas au paysage, c'est mauvais signe, et qui le tourmente... Il faisait une insupportable chaleur. L'orage a éclaté. La voiture n'était pas couverte. La pauvre femme eut la pluie dans le dos et, quand le chemin tourna, eut la grêle en face : « nous avons été mouillés et glacés jusqu'aux os. » Voilà comme elle arriva au Mont-Dore. Il fallut, de porte en porte, quêter un logement... « Enfin l'on m'a donné un petit cabinet, et pendant qu'on le préparoit, je me suis réchauffée comme j'ai pu à la cuisine ; mais j'étais si fatiguée, si étourdie, que je ne savois ce que je disois ni ce que je faisois, il m'a été impossible de rien manger. Une légion de puces affamées m'a fait de mon lit un enfer, et lorsque le jour est venu me montrer dans quel affreux bouge j'étois logée, le courage m'a manqué. Aussitôt que j'ai pu me lever, j'ai voulu voir les promenades. On m'a montré une douzaine de pas à faire dans un endroit assez désagréable. Je suis rentrée plus triste que je n'étois sortie... » Maintenant, elle est un peu mieux installée : elle a « une chambre à feu ». Le médecin l'est venu voir : les bains ? non, pas encore ! deux verres d'eau coupée de lait. Au bout de quelques jours, la toux était plus violente, la faiblesse pire. Elle voulait commencer les bains sans retard. Le médecin ne voulait pas. « Vous ne croyez donc pas je sois en état de supporter les bains ? En ce cas, je vais demander des chevaux et partir... » Le médecin comprit la menace et permit un bain, dont le résultat fut assez vite un mieux sensible. Elle continue les bains, les verres d'eau; on lui donne aussi des douches. Elle tousse moins, mais elle sent sa poitrine « serrée comme dans un étau ». Elle mange un peu; elle a de grands malaises et ne peut marcher le moins du monde sans être essoufflée. « Lorsque je me sens de l'irritation, je m'étends sur mon lit et compte les solives du plancher; avec ce secours, le calme revient. Cette aptitude à l'imbécillité seroit assez triste. Elle n'a pas été assez forte pour me faire supporter votre silence sans murmure. Vous avez vu mon chagrin et, si vous saviez ce que c'est que de se trouver seule, malade, au milieu d'indifférents et dans un pays perdu, vous me pardonneriez d'avoir eu besoin d'une preuve matérielle du souvenir de mes plus chers amis... » La pauvre femme si chétive et menue se sent « écrasée sous le poids des montagnes » qui l'environnent. Il lui semble que les géants qui avaient combattu les dieux ne subissaient pas un pire supplice. Elle ajoute que les nouvelles de Rome sont tristes et mécontentes, sauf la dernière lettre « qui étoit d'une inconcevable folie ». Elle écrit à Joubert « avec joie, mais avec fatigue ». Hélas!

Elle écrit à madame Joubert trois jours plus tard. Elle lui avoue qu'elle a cru, en arrivant, que le Mont-Dore serait son tombeau : cependant elle n'avait pas l'orgueil de supposer qu'il fallût de si hautes montagnes pour l'ensevelir!... Elle a cru mourir en effet et, le 8 août, faisait à Chênedollé cette confidence : « Je tousse moins, mais il me semble que c'est pour mourir sans bruit... » Quelle finesse ingénieuse des mots qui sont le miroir d'une âme!... Ces maudites montagnes lui pèsent sur la poitrine et lui donnent un sentiment d'oppression. Elle dit à Joubert : « Je n'ai pas d'autre plaisir, dans mes promenades solitaires, qu'à les déranger, à les empiler, enfin à me faire jour quelque part. » Le Mont-Dore lui fait horreur. Elle attend comme la délivrance la permission d'en partir ; et, si elle supporte assez bien les douches quotidiennes, sans doute s'en ira-t-elle bientôt : qui sait? dans huit jours, mais elle n'ira pas tout droit à Paris ou à Villeneuve. Elle s'arrêtera d'abord à Clermont chez une de ses parentes, madame de Vichy. Ensuite? Elle ne le dit pas. Ne le sait-elle pas? Elle a un projet, si net qu'une résolution ne l'est pas davantage : mais un projet qu'elle cache plus qu'à personne à Joubert. Le même jour qu'elle écrit à madame Joubert, elle écrit à M. Le Moine, l'ancien secrétaire de Montmorin et qui lui reste un obligeant homme d'affaires[4]. Elle le prie de vendre des obligations qui sont à elle et de lui faire trouver à Lyon une lettre de change de cent louis, payable du 10 au 15 septembre, le 15 au plus tard : « j'y serai, morte ou vive, à cette époque. » Elle demande aussi que la fille des Saint-Germain l'y vienne retrouver et lui apporte ses bagages, plus importants que ceux qu'elle a pris pour le Mont-Dore.

Pourquoi donc va-t-elle à Lyon? Mais pour gagner de là l'Italie, où elle retrouvera l'Enchanteur. Voilà ce qu'elle n'a pas envie que sache ou devine Joubert. Mais elle écrit à Chênedollé, le même 29 août : « Je serai du 10 au 15 septembre à Lyon ; j'y resterai le temps nécessaire pour arranger mon voyage... » Chênedollé saura ce qu'est ce voyage. Dès avant de quitter Paris, le 14 juillet, lasse et découragée, elle lui mandait : « Je n'irais certainement pas aux eaux, si je ne devois aller plus loin "... » Chênedollé savait que, ce plus loin, c'était Rome.

Joubert, à Villeneuve, ne soupçonne rien de ce genre. Il a reçu, le 26, la lettre de madame de Beaumont du 20 août, qui le rassure. Il écrit à Molé : « Je suis en parfaite tranquillité sur son état; ses lettres arriveront quand il leur plaira. » Ce ne fut qu'un moment d'imprudente sécurité, par le contraste d'une crainte qui avait été atroce.

Donc, elle allait partir pour Rome. Elle l'espérait et le voulait. Cependant elle se méfiait de l'avenir. Elle ne dissimulait pas à Chateaubriand comme à Joubert ses pires craintes. Lui, à Rome, reçoit des lettres qui le font trembler : « elle dit *qu'elle sent qu'elle s'éteint,* qu'*il n'y a plus d'huile dans la lampe* ». Il écrit à Gueneau : « Si je perds cette amie, je deviendrai fou. » Et il écrit à Joubert : « Notre amie m'écrit du Mont d'or des lettres qui me brisent l'âme. Elle dit qu'e¹ *sent qu'il n'y a plus d'huile dans la lampe*; elle parle ᴅes *derniers battements de son cœur.* Pourquoi l'a-t-on laissée seule dans ce voyage? pourquoi ne lui avez-vous point écrit? Que deviendrons-nous, si nous la perdons? qui nous consolera d'elle? Nous ne sentons le prix de nos amis qu'au moment où nous sommes menacés de les perdre. Nous sommes même assez insensés, quant tout va bien, pour croire que nous pouvons impunément nous éloigner d'eux... » Et, tout de suite après, ces lignes qui étonnent : « Pardonnez, mon cher Joubert; je me sens aujourd'hui mon cœur de vingt ans; cette Italie m'a rajeuni... » Qu'est-ce à dire? Qu'il aime ce qui lui est cher avec

le même entrain qu'un jeune homme!... Et : « Souf-
frez mes lamentations ; je suis sûr que vous êtes
aussi malheureux que moi. » D'une autre manière,
surtout, plus simple et silencieuse! « Ecrivez-moi,
écrivez aussi à cette autre infortunée de Bretagne. »
Qui, cette infortunée? Je ne crois pas que Joubert
connût alors madame de Chateaubriand : madame
de Caud, peut-être.

La lettre de Chateaubriand faisait encore le long
chemin de Rome à Villeneuve, que Joubert, le 1ᵉʳ septembre, écrit à madame de Beaumont. Il vient de recevoir sa lettre du 26 août qui n'est pas rassurante. « Par-
tez et sur le champ. Venez vous reposer avec nous.
Nous avons des solives que vous compterez à votre
aise... Vous passerez avec nous un mois, deux mois,
trois mois, six mois, un an si vous voulez... » Quand
on vient d'Auvergne, il faut s'arrêter à Montargis et
là descendre chez Fildié, à l'image Saint-Antoine. A
Montargis, madame de Beaumont trouvera Joubert,
si elle l'a prévenu à temps ; elle trouvera en tout cas
une patache et un patacher qui la feront dîner à
Courtenay et l'amèneront à Villeneuve le soir même.
En attendant, Joubert raconte à son amie qu'à Vichy
son frère a vu M. de Chazal, vieillard gai, spirituel,
ancien conseiller au Parlement, maintenant « médecin bénévole de tout le genre humain ». M. de Chazal
possède sa doctrine : c'est qu'il faut se tenir en appétit et, pour cela, ne pas manger, ou presque pas.
Joubert connaît aussi une supérieure de couvent
qui, dans trois mois, aura quatre-vingts ans et qui,
depuis quatre mois, vit d'un verre d'eau rougie et
sucrée. Elle voit de son lit la rue et les passants et
dit à qui veut l'entendre : « J'aime bien ma petite

maison. » Alors? « Vous n'avez que trente et peu
d'années. Si vous pouvez vous résoudre à vivre
quelquefois couchée et à compter les solives souvent, vous vivrez autant que la supérieure (qui a
passé vingt ans de son bel âge sans manger) et vous
serez aussi vive, aussi gaye, aussi docte (quoique
non en anatomie) que le M' de Chazal de mon frère...
Puissiez-vous recevoir nos lettres et vous laisser
déterminer par nos instances ! » Il ne sait pas qu'elle
a déjà tous ses projets en Italie.

Le 4 septembre, elle annonce à Joubert qu'elle ne
va pas rester au Mont-Dore. C'est à cause du froid.
Demain, la dernière douche ; après-demain, le
départ. Où ira-t-elle? Un commencement d'aveu :
à Lyon, où elle attendra « des lettres qui décideront
de son hiver ». Le médecin lui conseille de passer
l'hiver dans le midi. Elle est, dit-elle, devenue très
docile. D'ailleurs elle n'a pas récemment reçu de
nouvelles de Chateaubriand ; ses dernières lettres
étaient « extravagantes de gaieté ». Elle prie les
Joubert de lui conserver leur amitié, le plus fort
lien peut-être qui l'attache à la vie : « Villeneuve
et Rome renferment ce qui m'est le plus cher au
monde... » Villeneuve et Rome : la petite ville et la
Ville sont en rivalité; qui l'emportera? .

Elle quitta le Mont-Dore comme elle l'avait dit.
Le 8 septembre, elle était à Clermont... Joubert se
trompe, quand il croit que l'activité qu'elle montrait
avant son voyage était une preuve et une cause de
mieux. Non, cette activité la tuait : « La pauvre
goutte d'huile se consumait avec une rapidité
effrayante ; je le sentois... » Elle va mieux. Les
eaux « ont été chercher de la vie je ne sais où ; enfin,

me voilà, marchant sans peine et plus animée que
je ne le voudrois, car je crains que l'huile ne brûle
trop vite ». Mais, avant de quitter le Mont-Dore, elle
a pris froid ; elle est enrhumée, ses épaules lui font
mal. Clermont l'enchante : « Ses toits plats, ses fontaines, ses points de vue, sa cathédrale, tout cela en
fait une ville singulière et plus agréable que tout ce
que j'ai vu, excepté Lyon. » Elle se propose de
visiter les environs. A peine un peu moins mourante, voilà comme elle se reprend à vivre. Quant à
M. de Chazal, que Joubert lui a vanté, c'est un vieux
fou ! Et, la vieille prieure : « Vous appelez cela
vivre ? » Ce n'est pas elle qui économiserait son huile
pour rabâcher plus longtemps l'éloge de sa petite
maison.

Le jour même, elle fait une ravissante promenade et, au retour, se dépêche d'écrire à Joubert ce
qu'elle a vu, le pont de pierre, de beaux arbres, des
prairies enchanteresses, des perspectives immenses.
Mais cette imprudence lui a coûté une affreuse quinte
de toux. Elle n'est donc pas guérie ; elle n'aura donc
retiré de sa pénible assiduité au Mont-Dore que « la
force de résister un peu plus longtemps au mal » ?
Cette idée l'obsède ; et « plût à Dieu que mon imagination seule fût malade ! » Elle dit à madame Joubert, et aime autant le lui dire plutôt qu'à Joubert,
qu'elle n'ira point à Villeneuve. Sans doute passe-
ra-t-elle l'hiver « dans des pays chauds » : c'est
Rome qu'elle n'ose pas avouer encore... « Je vous
écrirai aussitôt que je saurai ce que je veux et ce
que je puis... » Elle sait pourtant ce qu'elle voudrait... Et elle va compter les solives, étant bien
lasse et agitée.

Le lendemain de ce jour-là, Joubert espérait
encore, avec une tendre joie, qu'elle arriverait
bientôt à Villeneuve. Fontanes offrait de venir
passer quelques jours avec lui. Venez hardiment !
répondait Joubert ; « Vous ne dérangerez, dans
cette maison, personne que moi. Vous me prendrez
ma chambre, mon temps, mes loisirs et mes occupations ; mais vous êtes bien assuré que le plaisir
de vous avoir pour hôte est au-dessus de tout cela... »
Pourvu seulement que Fontanes consente à se passer
d'un valet de chambre : Nous n'avons ici que des
filles fort laides ; mais pour rien au monde nous ne
voudrions leur donner en spectacle un domestique
de Paris. Le seul aspect de l'oisiveté de ces drôles-là
est propre à corrompre la simplicité laborieuse de
tout un pays. Il y a au bout de notre rue un perru-
quier qui sera à votre service et notre petite servante
battra vos habits... » La chère sera suffisante ;
malgré la gourmandise de Fontanes, on lui fait
prendre pour excellents des plats très ordinaires. Il
aura une grande chambre, un cabinet de propreté
avec une baignoire, « trente coteaux autour de la
ville et toute la terre autour de vous ». Mais : « J'ai
à vous prévenir que madame de Beaumont étant
invitée avant vous, habituée à l'appartement que
vous occuperez et, de plus, malade de sa maladie et
des eaux qu'elle vient de prendre, auroit le droit de
vous déplacer, si elle alloit nous venir pendant que
nous vous posséderons. Mais, en tout cas, nous
vous ferions quelque autre établissement, et rien
au monde n'est plus incertain que l'embarras très
désirable que nous causeroit une pareille réunion.
La pauvre femme ne scait pas même encore si sa

santé misérable lui permettra de se rapprocher de Paris... » C'est aussi ce que dit Joubert à Molé le 10 septembre : le médecin « lui a fort recommandé de passer l'hiver dans le midi ; elle tousse toujours, ce qui rend peut-être le conseil sage ». S'il ne s'agit que de santé, Joubert sacrifie le bonheur d'avoir bientôt chez lui son amie : et il ne devine rien d'autre.

Il lui écrit le 14 septembre : « Je crois que votre vivacité seroit très capable de vous tuer ; mais je n'en suis pas moins persuadé qu'elle vient d'un grand fonds de vie. Ménagez-la... Je vous ai successivement conseillé le noir et le blanc, le vert et le sec. Ma pauvre imagination tournoit de tous les côtés pour vous chercher quelque soulagement et pour créer à elle-même quelques fondemens d'espérance et de consolation. Ce n'est pas à ma médecine qu'il faut prendre garde dans tout cela, mais à mon amitié ardente à se plier et à se replier en cent opinions différentes pour vous trouver un meilleur avenir. » Madame de Beaumont se moquait de la prieure ? Cette bonne femme passe le temps qui lui reste à maintes générosités ; elle récompense les gens qui l'ont servie, se réconcilie avec des parents qu'elle n'aimait pas, les trouve bons, se fait trouver bonne. « C'est là vivre, certes... » et d'une façon que Joubert ne refuserait pas... « Vivre, c'est penser et sentir son âme. Tout le reste, boire, manger, etc., quoique j'en fasse cas, ne sont que les appétits du vivre, des moyens de l'entretenir. Si on pouvoit n'en avoir aucun besoin, je m'y résignerois facilement et je me passerois fort bien de corps si on me laissoit toute mon âme. » N'est-ce pas joli,

et joliment ce qu'il faut dire à qui a le corps qui
l'abandonne ? A tout ce que répondrait madame de
Beaumont, Joubert offre la réplique de ce conseil :
« La vie est un devoir ; il faut s'en faire un plaisir
tant qu'on peut, comme de tous les autres devoirs,
et un demi-plaisir quand on ne peut pas mieux. Si
le soin de l'entretenir est le seul dont il plaise au
ciel de nous charger, il faut s'en acquitter le plus
gaiement et de la meilleure grâce qu'il est possible et
attiser ce feu sacré en s'y chauffant de son mieux jusqu'à ce qu'on vienne nous dire : *C'est assez...* » Joubert s'interrompt : « Je fais intervenir le ciel comme
un ingrédient nécessaire dans cette pâte à maxime.
Si vous le séparez de la terre..., je ne scais plus ce
que c'est que le monde et la vie pour ceux qui n'ont
pas de santé... » Joubert ne peut s'arrêter ici :
madame de Beaumont, qui n'a point de santé, ne
croit pas que le ciel se mêle de son aventure ici-
bas ; il ne faut pas la réduire au désespoir. Il ajoute
donc : « ceux qui n'ont pas de santé, à moins qu'ils
n'inspirent et n'éprouvent quelque amitié qui les
remplisse. » Mais alors, l'argument ne tient plus.
Joubert s'en désole ; il sent mollir sa plume. Veuille
madame de Beaumont garder le précepte le plus
important, la vie est un devoir. « Je brise là. J'ai
eu bien de la peine à me retirer de cette pensée où je
me suis repenti d'être entré dès le premier moment.
J'étois tenté de l'effacer ; mais ma plume et mon
papier avoient été si propres jusque-là que, contre
ma coutume, j'ai eu horreur de la rature et j'ai mieux
aimé, dans le cours de mon bavardage, une faute
qu'une lacune. C'est, je crois, ce qui ne m'étoit pas
encore arrivé. Mais je vieillis... » Et viendra-t-elle,

ou non ? « Je n'ose pas m'opposer au midi. Il s'agit de tousser moins, et cela est sacré. Néanmoins, je crois quelquefois que le vent du désert et le froid de l'isolement vous sont plus funestes que tous les autres... » Car il ne doute pas que la solitude ne l'attende : comment deviner que ce midi serait à Rome et auprès de Chateaubriand?... Et il la supplie de se ménager : elle va commettre sa pire folie.

Elle est tombée malade à Lyon, d'où elle partira plus faible et plus maigre qu'elle n'était à Paris : « N'importe ! écrit-elle a Chênedollé, pourvu que j'arrive !... Adieu ; ne m'oubliez pas. Je vous écrirai en arrivant, si j'arrive[6]. » Voilà comment elle partit pour Rome.

L'un des derniers jours de septembre, elle arrivait à Milan, où elle rencontra l'obligeant Bertin, Chateaubriand n'ayant pu venir. A Paris, l'on sut bientôt cette anecdote un peu hardie, un peu gênante, de cette jeune femme qui va rejoindre son amant, secrétaire de la légation de France auprès du Saint-Siège. Fontanes confie à Gueneau de Mussy que les étourderies de Chateaubriand lui deviennent incommodes ; et, « pour comble de ridicule, madame de Beaumont est en Italie et se rend à Rome. Je suis désolé[7]. » Madame de Beaumont ne paraît pas se douter de l'embarras où elle met la diplomatie consulaire. Elle écrit à Joubert, le 1er octobre : « Je suis arrivée à Milan en beaucoup meilleur état que je ne l'espérois, quoiqu'extrêmement fatiguée. J'ai passé une journée et demie, non pas à compter les solives du plancher, mais à considérer des bonshommes à figure étrange, des oiseaux et des papillons ; tout cela est déjà un peu fort pour ma tête, qui est d'un vide complet. Le mouvement de la voiture suspend ma toux jusqu'à ce que la fatigue devienne extrême, de sorte que, si je pouvois voyager bien à mon aise, ce seroit peut-être le meilleur de tous les remèdes. Maudit argent !... » Elle a trouvé la Savoie un pays enchanteur ; le Piémont, fertile, mais ennuyeux et, le Milanais, agréable, surtout par le bel éclat de sa verdure... « Adieu, je ne vous écrirai plus que de Rome. Adieu, j'espère que le repos me rendra un peu moins imbécile ; j'espère surtout que vous continuerez de m'aimer telle que serai... » Est-elle contente, au moins, de sa folie ? « Mon cœur n'est que tristesse ; aucun rayon de joie n'y a encore pénétré. » C'est la dernière lettre qu'elle ait écrite à Joubert. Et c'est ainsi que Joubert apprit qu'elle allait à Rome.

Pourquoi donc est-elle partie ? et l'idée de revoir Chateaubriand ne lui est-elle pas un rayon de joie au cœur ?... Elle n'a pu rester loin de lui ; peut-être n'a-t-elle pas voulu mourir loin de lui.

Pour entrevoir un peu ses sentiments, — et l'on ne songe pas à déchiffrer l'authentique secret d'une âme, — on peut lire, et entre les lignes, quelques notes qu'elle a laissées, qui sont relatives à elle et que Chateaubriand publia dans les *Mémoires*. Elle écrivait, au printemps de sa dernière année : « Ma mort serait un chagrin momentané pour quelques-uns, un bien pour d'autres, et pour moi le plus grand des biens. » Parmi ceux à qui elle attribue un chagrin, qu'elle ne prévoit que momentané, tant la souffrance l'a rendue incrédule, sans nul doute il y a Joubert. Et pour qui sa mort serait-elle un bien ? Je ne sais pas comment Chateaubriand toléra de copier ces mots et de les faire imprimer... Elle écrivait, le 10 mai, jour anniversaire de la mort de sa mère et de son frère : « Oh! pourquoi n'ai-je pas le courage de mourir? » A de certains moments, elle croit aller mieux; elle en est alarmée: elle craint d'avoir trop longtemps à vivre. Pendant son séjour au Mont Dore : « Tout ce que ma position a d'amer et de pénible se changerait en bonheur, si j'étais sûre de cesser de vivre dans quelques mois... » Elle a pu redouter la mort : elle la désire, au point que le suicide l'a tentée. Elle n'en repousse l'idée que par raisonnement et par un scrupule qui n'est pas de qualité religieuse, mais tendre : « Quand j'aurais la force de mettre moi-même à mes chagrins le seul terme qu'ils puissent avoir, je ne l'emploierais pas. Ce serait aller contre mon but, donner la mesure de mes souffrances et laisser une blessure trop douloureuse dans l'âme que j'ai jugée digne de m'appuyer dans mes maux... Que deviendrai-je? Quel tombeau choisir? Comment empêcher l'espérance d'y pénétrer? Quelle puissance en murera la porte? M'éloigner en silence, me laisser oublier, m'ensevelir pour jamais, tel est le devoir qui m'est imposé et que j'espère avoir le courage d'accomplir. Si le calice est trop amer, une fois oubliée rien ne me forcera de l'épuiser en entier, et peut-être que tout simplement ma vie ne sera pas aussi longue que je le crains. Si j'avais déterminé le lieu de ma retraite, il me semble que je serais plus calme; mais la difficulté du moment ajoute aux difficultés qui naissent de ma faiblesse et il faut quelque chose de surnaturel pour agir contre soi avec force, pour se traiter avec autant de rigueur que le pourrait faire un ennemi violent et cruel. » Voilà ce qu'elle écrivait, dans un désespoir qu'elle tâchait de relever de stoïcisme. Pour que Chateaubriand l'ait publié, il faut qu'il ait eu plaisir à montrer combien il avait été aimé, ou bien — souhaitons-le ! — qu'il n'ait pas voulu priver son amie du renom d'avoir tant aimé, avec tant d'extraordinaire abnégation. Car il s'agit de lui dans tout ce qu'elle pensait et notait secrètement. Elle avait senti qu'elle lui devenait à charge, vers le moment que lui-même songeait, en passe d'être ambassadeur, à madame de Chateaubriand qui serait ambassadrice. A-t-elle su qu'il se détachait aussi d'elle par la frivolité, quand il s'amourachait de la reine des roses ? Elle a certainement su que les amis du nouveau diplomate n'approuvaient pas leur liaison ; et, si Fontanes lui témoignait peu d'amitié, n'était-ce pas à cause de cela ? Autant d'avertissements qu'elle ressassait à elle-même et qui l'engageaient à s'effacer prochainement, soit qu'elle vînt à mourir, soit qu'elle s'enfermât dans une retraite analogue à un tombeau. Si elle ne se tuait pas, ce n'était qu'afin de ne pas affliger l'être qui pour elle était plus que toutes choses ; et, si elle obtenait l'oubli, alors elle serait seule maîtresse de sa difficile patience et pourrait écourter le supplice.

Elle paraît avoir été incertaine, avant d'aller en Italie. Attendait-elle de savoir si elle en aurait la force ? ou n'attendait-elle que la certitude d'y mourir ? Son amour la menait à Rome : peut-être n'a-t-elle cédé à son amour qu'après avoir acquis l'assurance de n'être pas longtemps un embarras pour le futile bien-aimé.

Mais Joubert ? Il fut atrocement malheureux : il

fut déçu, blessé dans sa tendresse; il fut épouvanté de tout prévoir et le pire. Sa lettre, tardive, du 12 octobre seulement, contient sa tristesse et aussi une sorte de colère. Il se lamente, il se fâche; et il ne dit pas tout ce qu'il éprouve de véritable souffrance... « Si je ne vous ai pas écrit, c'est de chagrin. Votre départ, dans les fatigues dont vous sortiez, et votre immense éloignement m'ont accablé... » Dans les fatigues dont vous sortiez, c'est pour elle; et votre immense éloignement, c'est pour lui. Car il songe à elle, mais il songe à lui tout de même. « Je ne crois pas avoir éprouvé un sentiment plus triste que celui dont je m'abreuvais comme d'un déjeuner amer tous les matins en me disant, à mon réveil, depuis votre dernière lettre : *Elle est maintenant hors de France*, ou *Elle est loin...* »

C'est ainsi que pâtit l'amour à cause de l'absence. Joubert assure qu'en d'autres temps et d'autres circonstances, — bref, si elle n'était pas malade, — il serait content de la savoir en Italie. A présent, ce n'est que douleur : « Vous aviez besoin de repos, et vous allez chercher une activité qui vous épuisera. Il me sembloit qu'à chaque pas et à chaque regard que vous jetiez à droite et à gauche, pendant une si longue route, vous dispersiez par les chemins quelqu'une de vos forces... » Maintenant, elle est arrivée. Tranquille, en repos? il ne saurait le supposer : « Mon Dieu! mon Dieu! Hâtez-vous, si vous voulez que je m'apaise, que je vous pardonne, que je retrouve un peu de paix, hâtez-vous, dis-je, de m'apprendre que vous vous portez mieux : ou je mourrai de rage muë. » Elle ne lui a pas dit tout bonnement la vérité, qu'elle allait à Rome pour y joindre Cha-

teaubriand ; elle a enveloppé cela sous le prétexte
de trouver en Italie un meilleur climat. Joubert ne
veut pas s'y tromper : « Je n'ai jamais entendu dire
que l'air de Rome fût bon à rien ! » Qu'on ne lui
parle plus de Rome, qu'il ne connaît pas, dont il
rêvait avec délices et qu'il a prise à guignon. Il a
rompu toute correspondance ; il ne parle plus :
« Enveloppé de mon chagrin comme d'un manteau
brun, je m'y cache, je m'y enfonce, j'y vis sourd et
taciturne. » Il s'occupe à lire et à penser. La tristesse lui a comme éveillé l'esprit. Son esprit lui
donne, et il l'avoue, de grands plaisirs : « Mais une
réflexion désespérante les corrompt : je ne vous ai
plus, et sûrement je ne vous aurai de longtemps à
ma portée, pour entendre ce que je pense. Le plaisir que j'avois quelquefois à parler est entièrement
perdu. Je fais vœu de silence. » Carelle était la seule
à bien l'entendre. Il va rester à Villeneuve tout
l'hiver : sa vie sera entre le ciel et lui, dans une
solitude dévastée... « Vous me recommandez de
vous aimer toujours ? Hélas ! puis-je faire autrement,
quelle que vous soyez et quoi que ce soit que vous
vouliez ? Il y avoit entre nous une sympathie, à
laquelle vous avez quelquefois opposé bien des obstacles et des contradictions... » Mais il l'aimait et
l'aimera.

Il sait que Chateaubriand, là-bas, a de grandes
peines ; elle les adoucira : « Mais n'allez pas les partager ; vous ne feriez que les doubler et rendre ses
chagrins irrémédiables par le mal que vous vous
feriez... » Il dit cela et va dire autre chose, mais ne
dit rien que ne vienne interrompre à chaque instant
sa plainte : « Vous mettez cette amitié que nous

avons pour vous et qui paraît vous faire un peu de plaisir à une épreuve bien rude, en nous réduisant, par le parti que vous avez pris, à l'impossibilité de vous être bons en quoi que ce soit. » Il regarde la lettre de Milan, dont l'écriture est si bouleversée que les larmes lui viennent aux yeux. Lui cachera-t-il qu'elle l'a « mortellement affligé » ? non, il faut qu'elle sache ce qu'elle a fait et lui donner ce témoignage d'une « affection sans bornes et que rien ne scauroit diminuer ». Rien, non pas même ce qu'elle a fait ! « Adieu, cause de tant de peines, qui avez été si souvent pour moi la source de tant de biens. Adieu. Conservez-vous, ménagez-vous, et revenez quelque jour parmi nous, ne fût-ce que pour me donner un seul moment l'inexprimable plaisir de vous revoir. » C'est la dernière lettre de Joubert à Pauline de Beaumont, celle où il y a le plus de tendresse et où l'amitié se montre le plus exactement ce qu'elle est, une passion, comme l'amour,

Chateaubriand ne put se rendre libre pour aller au devant de madame de Beaumont plus loin que Florence. Mais il eut soin que son ami M. Bertin l'aîné l'accueillît à Milan et la conduisît à Florence. Là, ils se revirent. Elle n'avait plus que « la force de sourire ». Chateaubriand fut « terrifié » de la voir presque mourante.

Avant de partir pour Rome, elle dut se reposer quelques jours à Florence. Puis le voyage recommença : il fallait cheminer lentement, pour éviter les cahots. A Terni, elle voulut aller voir la cascade. Elle tâcha de se dresser, en s'appuyant sur le bras de l'Enchanteur; mais elle retomba et elle dit, jouant avec l'analogie de l'eau et de la destinée qui coulent :

« Il faut laisser tomber les flots. » A Rome, Chateaubriand l'installa dans une petite maison du Pincio,
près de la place d'Espagne ; il y avait alentour un
jardin d'orangers, un figuier dans la cour. Quelque
temps, le « léger oiseau de passage » se trouva
mieux. Les amants firent des promenades en voiture ; mais elle était trop faible pour regarder la
campagne et le ciel. Un jour d'octobre, il la mena
au Colisée. Elle regarda ces ruines illustres ; et puis :
« Allons ; j'ai froid... » dit-elle. Et elle rentra pour
se coucher. Elle ne devait plus se lever.

Elle annonça qu'elle ne passerait par le 2 novembre : c'est le jour des morts. Elle se reprit et
annonça qu'elle ne passerait pas le 4 novembre : c'est
le jour qu'un de ses parents était mort. Elle devait
mourir en effet le 4 novembre. Elle sentait seulement
qu'elle mourrait bientôt. Mais, de la part d'une mourante, ces paroles ont l'air de pressentiments. Et,
de la part d'une âme noble, ces pressentiments
marquent une pathétique volonté de mettre un peu
d'ordre et des intentions dans le hasard.

Les médecins déclarèrent que madame de Beaumont ne guérirait pas sans un miracle. Chateaubriand
tâchait de rassurer la mourante ; il lui affirma que
bientôt elle connaîtrait l'inanité de ses craintes :
« Oh! oui, répondit-elle un peu mystérieusement ;
j'irai plus loin ! » Phrase qu'on imagine ambiguë à
dessein : elle irait plus loin dans la vie, — et alors
Chateaubriand la croyait consolée ; — ou bien elle
irait plus loin, au delà de la vie, dans la mort!

Comme il pleurait, elle lui tendit la main et elle
lui dit : « Vous êtes un enfant ; est-ce que vous ne
vous y attendiez pas? » Comment ne pas s'y

attendre? » Dès Florence, elle avait à peine la force de marcher. Depuis son arrivée à Rome, elle refusait la nourriture ; on lui donnait seulement du lait d'ânesse et du bouillon de tortue. On n'osait pas lui mettre de vésicatoires ; on l'avait à peu près abandonnée. Chateaubriand, dès le 26 octobre, écrivait Fontanes qu'elle était mourante, qu'il n'avait plus l'espoir de la guérir. Le 2 novembre, il s'avisait d'informer la famille de la mourante, par le beau-frère de celle-ci, le comte de La Luzerne.

Le 3 novembre, elle parla de ses dispositions dernières, de son testament, qui était fait de la précédente année, qu'elle aurait voulu revoir. Deux oublis la tourmentaient : Armand de Sérilly, à qui elle se reprochait de n'avoir rien laissé ; madame de Vintimille, à qui elle pria Chateaubriand de donner une petite boîte en écaille, présent qu'elle avait reçu de Joubert. Il lui plaît de penser qu'un présent de Joubert passe à une personne qu'il aime. Comme elle est en train de se dépouiller, dans le grand abandonnement de mourir, peut-être marque-t-elle ainsi, avec un enjouement de bonne ironie, la réussite de son abnégation.

Le soir de ce jour, le médecin dit que l'heure était d'appeler un prêtre. Chateaubriand demanda le délai du lendemain : il craignait de « précipiter le peu d'instants qu'elle avait encore à vivre, par cet appareil de mort ». Et c'est un sentiment bien naturel, sinon celui qu'on attendrait d'un autre apologiste chrétien. Au surplus, le médecin répondait de la nuit ; et le chagrin demande des répits. Elle ne voulut pas qu'il fût la nuit à veiller auprès d'elle.

Ce qui rendit peut-être aussi Chateaubriand plus

timide à parler des sacrements est de savoir qu'elle
n'était pas religieuse. On le voit bien à tout l'arrangement de sa vie ; et, s'il fallait encore un témoignage, il existe. C'est une bien touchante lettre
adressée à madame de Beaumont par une ancienne
femme de chambre de sa mère, mademoiselle
Michelet, le 5 janvier 1799. Madame de Beaumont
venait d'être quasi ruinée par la faillite de l'Age.
Elle-même, la pauvre demoiselle, avait perdu là
une somme petite, mais sur quoi elle « fondait tout
son espoir » ; et elle était impotente. Elle écrit à
madame de Beaumont : « Vous êtes, madame,
beaucoup plus jeune que moi ; mais vous avez
autant vécu pour le malheur. Si j'osois vous engager
à tourner vos regards vers notre père commun, j'ose
croire que vous supporteriez toutes vos peines avec
résignation... Oh! madame, que je serois heureuse,
avant de mourir, de vous voir sainte ; oui, sainte,
si vous le voulez. Vous en avez tous les moyens.
Je vas prier le bon Dieu pour qu'il vous en fasse la
grâce. » Cette simple lettre, et d'une si haute pensée,
madame de Beaumont l'avait sans doute montrée à
Joubert et, parce qu'il en était ému, la lui avait
donnée : elle se trouve dans les papiers de Joubert.
On y voit que madame de Beaumont n'avait pas
gardé la foi.

Le vendredi 4 novembre, à huit heures du matin,
Chateaubriand, avec le médecin, entra dans la chambre de son amie. Comme il était fort troublé, elle
lui demanda : « Pourquoi êtes-vous ainsi ? J'ai passé
une bonne nuit. » Le médecin dit à Chateaubriand
qu'il avait à lui parler dans la chambre voisine. Quand
il revint, la mort dans l'âme, elle lui demanda

ce qu'avait dit le médecin. Pour toute réponse, il se jeta au bord du lit, les yeux pleins de larmes. « Je ne croyais pas que cela eût été tout à fait si prompt, dit-elle. Allons ! Il faut bien vous dire adieu. » Chateaubriand lui dut avouer qu'il était temps d'appeler un prêtre. Et elle : « Faites mander l'abbé de Bonnevie. » C'était un chanoine de l'église de Lyon et chapelain de l'ambassade. Elle lui déclara « qu'elle avait toujours eu dans le cœur un profond sentiment de religion, mais que les malheurs inouïs dont elle avait été frappée pendant la révolution l'avaient fait douter quelque temps de la justice de la Providence ; qu'elle était prête à reconnaître ses erreurs et à se recommander à la miséricorde éternelle ; qu'elle espérait toutefois que les maux qu'elle avait soufferts dans ce monde-ci, abrégeraient son expiation dans l'autre. » Elle le dit à l'abbé de Bonnevie devant Chateaubriand, à qui ensuite elle fit un signe de se retirer ; puis elle resta seule avec le confesseur. Comme on voit qu'elle est une âme blessée ! elle garde la rancune de ses malheurs ; et elle ne refuse pas de faire sa paix avec Dieu, mais elle pose ses conditions, pour ainsi dire.

L'abbé de Bonnevie demeura une heure auprès de la mourante. Il la quitta les larmes aux yeux, disant « qu'il n'avait jamais vu un pareil héroïsme ». Ces mots, que rapporte Chateaubriand, sont un peu surprenants. Lorsqu'en 1670 mourut madame Henriette, elle aussi montra un charmant courage devant la mort : tant de courage que le Roi en fut quasi choqué — il en fit l'observation — comme d'une attitude qui lui semblait philosophique et stoïcienne plutôt que rigoureusement chrétienne.

A onze heures, le curé vint donner les sacrements. Madame de Beaumont dit à Chateaubriand : « Eh ! bien, êtes-vous content de moi ? » C'est qu'elle avait été docile à son devoir de religion que lui recommandait l'apologiste chrétien. Une foule de curieux entra en même temps que le curé, selon l'usage du pays. Madame de Beaumont reçut Notre-Seigneur avec sérénité. Quand tout le monde se fut retiré, elle fit asseoir Chateaubriand sur son lit et, pendant une demi-heure, elle lui parla de l'avenir, qui n'était pas pour elle, mais pour lui. « Une idée déplorable vint me bouleverser, a-t-il écrit dans ses *Mémoires* : je m'aperçus que madame de Beaumont ne s'était doutée qu'à son dernier soupir de l'attachement véritable que j'avais pour elle. Elle ne cessait d'en marquer sa surprise et elle semblait mourir désespérée et ravie. Elle avait cru qu'elle m'était à charge, et elle avait désiré s'en aller pour me débarrasser d'elle. » Le malheureux ! comment put-il écrire cela ? Elle, dans cet aveu suprême, est admirable. Mais lui, le frivole Enchanteur, un peu fat, véritablement affligé, multiplia les enchantements ; les prestiges de son génie adoucirent les derniers jours de l'adorable femme qu'il avait aimée imparfaitement.

Elle lui parla de l'avenir « avec la plus grande élévation d'esprit et l'amitié la plus touchante ». Elle le pria de resserrer l'amitié qu'il avait avec Joubert : là, elle était sûre que son souvenir serait gardé. Elle le pria de se rapprocher de sa femme : elle croyait qu'il n'y avait pas songé ; elle y mettait son abnégation la dernière.

Elle lui demanda d'ouvrir la fenêtre ; elle avait grand'peine à respirer. Le soleil entra. Elle se

souvint de projets de retraite à la campagne ; et elle
pleura. Entre deux et trois heures après midi, elle
désira de changer de lit : le médecin ne le voulut
pas. Et puis l'agonie commença. Elle portait sa main
débile à sa poitrine et disait : « C'est là ! » Chateaubriand lui demanda si elle le reconnaissait. Elle
essaya de sourire et fit un signe de la tête... Et puis
elle mourut.

Chateaubriand a écrit, dans la *Vie de Rancé* :
« On aimerait à avoir un recueil des derniers mots
prononcés par les personnes célèbres ; ils feraient le
vocabulaire de ces régions énigmatiques des sphinx
par qui, en Egypte, on communique du monde au
désert. » Et c'est pour cela qu'il a recueilli avec un
tendre soin les paroles qu'a dites madame de Beaumont vers le temps de la fin. Ce sont des mots de
mort et de sourire ; ce sont des mots qui ont l'air
de sortir d'une tombe entr'ouverte où va s'enclore
une âme triste, rêveuse, infortunée.

Elle mourut le vendredi 4 novembre à trois
heures et quelques minutes après midi.

Ce jour-là comme les autres jours, à Villeneuve,
Joubert flânait à méditer, sans plaisir maintenant
qu'il n'espérait pas revoir bientôt son amie parfaite
et la seule qui l'entendît. S'il redoutait de ne plus la
revoir, il ne se doutait pas qu'elle fût partie pour
l'éternel silence ce jour-là. Je ne sais quand il
l'apprit. Mais, le samedi 12 novembre, il est « dans
la cabane » ; il l'a noté sur un feuillet de ses carnets.
La cabane de Paquerault ! C'est ici que, pour la première fois, il a vu Pauline de Beaumont, vers la fin
de 1794, il y a neuf ans. Il est venu se souvenir
d'elle dans cette cabane.

Comment avait-il appris la mort de son amie ?
Chateaubriand dut lui écrire, comme, le 8 novembre,
il écrivit à Fontanes : « J'ai perdu une des personnes
qui m'attachait le plus à la vie... » comme il écrivit
à Chênedollé : « Tout est fini pour moi, madame de
Beaumont n'est plus ; je n'ai eu d'autre consolation
que d'avoir un peu honoré ses cendres... » comme il
écrivit à madame de Staël : « Quel triste sujet,
madame, vient renouer notre correspondance ! elle
est morte, à Rome, dans mes bras... » comme il
écrivit un peu à tout le monde. Sa lettre à Joubert,
je ne l'ai pas retrouvée. En même temps qu'il écrivait, il envoyait la copie d'une « relation » qu'il avait
composée pour le comte de La Luzerne ; il l'a repro-
duite, en l'arrangeant un peu, en la complétant sur
quelques points, dans les *Mémoires*. Joubert reçut
la « relation » ; je l'ai trouvée dans ses papiers,
annotée de sa main.

Les sentiments de Joubert, à la nouvelle de cette
mort ? Regardons ses carnets. On y trouve, de jour
en jour, de petites notes, ainsi que d'habitude, mais
plus courtes et plus rares. Il continue de méditer,
puisque c'est l'usage de sa vie. Le 19 novembre, il
écrit : « — et ce passé devenu comme un néant où
l'âme se fatigue à s'enfoncer » ; quel passé ? le temps
de son amitié heureuse ! Le 24 novembre : « Heureusement, je ne sens jamais à la fois que la moitié
de mes douleurs. » Et, le 28 novembre : « Il n'y a
pour l'âme qu'un seul moyen d'échapper aux maux
de la vie, c'est d'échapper à ses plaisirs et de chercher les siens plus haut. » Le 28 décembre, il est
retourné à Passy et, « dans la cabane », il note
une pensée qui lui est venue relativement aux

entretiens de l'âme avec elle-même et avec Dieu.

Fontanes lui écrivit, le 26 novembre, comme s'il lui annonçait — bien tard ! — cette mort d'une « aimable et malheureuse femme ». Sa lettre, la banalité même : « Mourir si jeune à trois cents lieues de la France... » Etc. Il parle de Chateaubriand, dont l'avenir « a fort inquiété les derniers momens de madame de Beaumont ; vous reconnaissez bien là le cœur de cette généreuse et charmante femme. Je partage vivement la douleur que vous éprouverez... » Il semble que Joubert ne répondit point à ce bavardage. C'est, du reste, une chose bizarre, que la mort de madame de Beaumont ne fut suivie que de condoléances médiocres. Une lettre de Chênedollé : insignifiante. Une lettre de Fontanes : pour le moins inopportune, s'il n'attend pas un peu de temps avant de parler affaires et de regretter que madame de Beaumont n'ait pas laissé à son ami l'héritage de sa fortune. Chateaubriand met en note : « L'amitié de M. de Fontanes va beaucoup trop loin... » Une lettre de Necker : politesse. Une lettre de madame de Staël : grande explosion de sentiments ; et déjà elle offre à Chateaubriand de lui être une amie pour remplacer celle qui vient de mourir. Toutes ces lettres, dit Sainte-Beuve, qui les connut lorsqu'on lisait, chez madame Récamier, les *Mémoires d'outre-tombe* en 1834, font un peu l'effet « d'une conversation dans une voiture de deuil à la suite d'un corbillard » ; et ce n'est pas beau.

Les premières nouvelles que nous aurons de Joubert après son malheur sont du 23 décembre et d'une lettre de madame Joubert à Chênedollé. Joubert n'a point écrit à Chênedollé depuis longtemps ;

il le regrette. Mais, pour l'empêcher de le faire, il y
eut le voyage de madame de Beaumont, ce départ
qui « l'occupoit et l'attristoit beaucoup ». Puis la
mort de la pauvre femme « a suivi de si près le malheureux voyage qu'elle ne lui a pas permis de respirer. Il en a été bien sensiblement affecté : c'étoit
une société si douce pour lui, une société si pré-
tieuse, unique enfin et dont rien ne pourra lui tenir
lieu. Il lui a fallu, malgré sa douleur, écrire beaucoup à votre ami [Chateaubriand], dont la belle
conduite en cette circonstance et les honneurs qu'il
a fait rendre à madame de Beaumont après sa mort
ont pu seuls apporter quelques adoucissemens à
cette juste douleur. Mais tant d'agitation n'en a pas
moins nui beaucoup à sa faible santé qui depuis lors
est toute dérangée... » Joubert a durement subi le
choc de ce chagrin.

Or, c'était bien à cause de Chateaubriand que
madame de Beaumont, sans prudence, avait risqué
le fatal voyage, à cause de lui et pour l'amour de
lui. Joubert n'eut, contre Chateaubriand, nul injuste
sentiment de rancune ou de mauvaise jalousie. Deux
ou trois fois la semaine, tout enfoncé qu'il fût dans
le silence, il écrivit à ce « pauvre garçon », qui
avait de son mieux adouci les derniers moments de
leur amie et qui avait eu soin des honneurs funèbres
qu'elle méritait : Joubert en était extrêmement touché.

La première nuit après sa mort, du vendredi au
samedi, madame de Beaumont fut veillée par deux
religieux, dont il se trouve que l'un était né en
Auvergne, au village de Montmorin. Elle avait
demandé à être ensevelie dans une étoffe que son

frère Auguste lui avait envoyée des Indes. Mais, comme cette étoffe n'était pas à Rome, on ne put qu'en placer auprès de son corps un morceau qu'elle portait partout avec elle. Le samedi soir, « à la lueur des torches et au milieu d'une grande foule », elle fut portée à l'église Saint-Louis des Français. La princesse Borghèse avait prêté le char funèbre de sa famille ; le cardinal Fesch avait envoyé sa livrée et ses voitures. La messe de l'enterrement fut célébrée le lendemain dimanche. Tout ce qu'il y avait de Français distingués à Rome assistèrent à la cérémonie. Chateaubriand, dès ce moment, disait qu'il ferait élever, sur la tombe de son amie, un monument où l'on graverait ce verset de Job qu'elle répétait souvent : *Quare misero data est lux, et vita his qui in amaritudine animæ sunt?* pourquoi la lumière a-t-elle été donnée au misérable, et la vie à ceux dont le cœur est dans l'amertume?

Les nombreuses lettres consolatives, et d'un homme qui n'était pas consolé, que Chateaubriand reçut de Joubert en cette occasion, il ne les a pas gardées. C'est dommage. Et Joubert se mit à composer une petite notice ou éloge de madame de Beaumont, l'un des rares ouvrages qu'il ait achevés : il ne l'a point conservé. Il l'eût fait imprimer sans doute, afin de le donner à quelques amis. Avant cela, il le soumit au jugement de deux personnes, son frère Arnaud, puis le jeune Molé.

Il ne travaillait pas vite. Au mois de février 1804, il n'avait que la première partie de cet Éloge et la communiquait à son frère. Celui-ci répondit que c'était bien, très bien même et presque un peu trop bien : il fallait que Joubert se méfiât de dépasser la

perfection, de la chercher trop loin. Il fallait surtout qu'il se dépêchât : « Une relation, après trois
mois de l'événement, ne paroîtra-t-elle pas un peu
tardive ? » D'autant que Joubert entendait « peindre
ce qui vient de frapper si fortement l'imagination » !
Cet Arnaud Joubert ne croit pas que l'émotion dure
si longtemps et qu'au bout de trois mois dure un
tel chagrin. Lui, Joubert, si l'on se rappelle ce qu'il
écrivait à madame de Beaumont lorsque venait de
mourir la « pauvre grande », voulait qu'on accordât
quelque délai à la douleur afin qu'elle prît tout son
caractère.

Arnaud Joubert proposait de montrer l'Eloge à
madame de Vintimille : son opinion serait précieuse.
Je ne crois pas que Joubert l'ait voulu. Principalement, Arnaud Joubert demandait la suite.

La suite ne fut prête que cinq mois plus tard. Et
alors Joubert consulta le jeune Molé, qu'il appelait
son « Caton de vingt ans », qu'il estimait beaucoup
et qui n'avait point de timidité dans l'esprit. Molé
dit que le style n'était pas ce qu'il aurait fallu : « Il
imite la simplicité ; et il est plein de parure. Il me
semble même si orné que je ne le trouve pas naturel.
Je crois que les regrets demandent beaucoup de
sérieux dans la manière dont on les exprime et qu'on
ne doit parler de la mort et des derniers devoirs que
d'une manière grave... » Oui ! Mais Joubert, sur de
tels sujets, badinait-il ? Ecoutons ce jeune Molé :
« Or, dit-il, un soin exagéré, une certaine recherche
dans le style, ont je ne sais quoi de frivole et qui
ressemble à l'amour de la parure... » Hélas ! Et pourtant Joubert, que l'avis de Molé avait découragé,
persuadé même, car il était modeste et capable d'in-

certitude, Joubert supprima son Eloge de madame de Beaumont. C'est grand'pitié.

Il ne reste que les fragments de quelques brouillons, fragments épars et dont voici des passages. « On l'avoit envoyée ici du pied des montagnes d'Auvergne. Tendre fleur ! qu'un climat plus riant, un air plus doux, un plus favorable soleil et les soins les plus empressés n'ont pu dérober aux poisons du souffle qui l'avoit glacée ! » Puis : « On eût dit que sa vie étoit composée d'élémens incompatibles entre eux et qui ne cherchoient qu'à se fuir... » Joubert se souvient de la Petite société de la rue Neuve-de-Luxembourg : « La bonhommie unie à la célébrité... Aucune des prétentions qui peuvent désunir les hommes ne se faisoit sentir dans cet azyle ; mais tous les sentimens qui peuvent s'allier à la franchise, à la candeur... Enfin, c'étoit peut-être le seul rassemblement où l'on se fît sans y penser une occupation assiduë de louer tout ce qui est louable. On n'y songeoit qu'à ce qui est beau. » Et, pour le grand honneur de cette jeune femme qui, sans avoir été auteur, appartient aux annales de la littérature : « André Chénier écrivit dans son cabinet ses pages dignes de Tacite ; et M. de Ch. fit auprès d'elle, à la campagne, ses plus belles descriptions. » Puis : « Madame de B. avoit des agrémens, mais elle ressembloit plus à une muse qu'à une grâce. Elle ressembloit encore plus à ces figures d'Herculanum qui coulent sans bruit dans les airs, à peine enveloppées d'un corps. » Quelquefois le brouillon de Joubert ne donne que des bouts de phrases entrecoupées, qui n'ont pas plus de suite que des sanglots, ou des soupirs, ou, des gémissements : « Ombre

triste! entendez ces premiers accens d'une voix qui
s'est toujours tue... Et nos tristes conformités... Des
amitiés plus agitées qui permettent un plus haut
ton... Et ce monde où vous n'êtes plus... » Je ne
sais s'il eût laissé dans l'imprimé cet épanchement de
son chagrin : « Confidente de mes pensées, de mes
erreurs, de mes écarts, de mes..., et de mes projets
hardis de sagesse! — tardive — A qui les dire désormais? — de mes défauts, de mes travaux, de mes
projets, de mes témérités anciennes et de ma sagesse
tardive. A qui la montrer désormais?... » Trop
sévère Molé!

Joubert écrit à Chênedollé le 2 janvier 1804. Il
s'excuse de ne lui avoir pas écrit depuis l'été : « Ce
fatal voyage de Rome et le désir d'y mettre obstacle
absorboient toutes mes pensées et occupoient toutes
mes forces, au moment où il auroit fallu vous
répondre. Tous les courriers qui vinrent de ce pays-
là, à compter de ce moment, m'apportèrent d'autres
soucis, d'autres occupations. Vous scavez les événe-
mens, et sans doute vous m'excusez. Les craintes ne
m'avoient pas moins accablé que le malheur. Je ne
vous dirai rien de ma douleur. Elle n'est point extra-
vagante, mais elle sera éternelle. Quelle place cette
femme aimable occupoit pour moi dans ce monde!
Chateaubriand la regrette sûrement autant que moi,
mais elle lui manquera moins, ou moins longtemps.
Je n'avois pas eu, depuis neuf ans, une pensée où
elle ne se trouvât d'une manière ou d'autre en pers-
pective. Ce pli ne s'effacera point, et je n'aurai pas
une idée à laquelle son souvenir et l'affliction de son
absence ne soient mêlés. » Joubert approuve la
« relation » de Chateaubriand, la trouve attendris-

sante et consolante : « On adore ce bon garçon en le lisant ; et, quant à elle, on sent, pour peu qu'on l'ait connue, qu'elle eût donné dix ans de sa vie pour mourir si paisiblement et pour être ainsi regrettée. Je serois désolé aujourd'hui qu'elle n'eût pas fait ce voyage qui m'a causé tant de tourmens... » A Rome, Chateaubriand désarme la haine et l'envie : « son amitié pour madame de Beaumont a été aussi honorable à l'un qu'à l'autre » ; Joubert le sait et il se plaît à le savoir et à le dire.

Il écrit encore à Chênedollé le 28 février : « Depuis que j'ai perdu madame de Beaumont, je ne vois plus à qui et avec qui je pourrai parler dans ce monde. » Il est pris de ce sentiment qui lui restera et lui sera une longue souffrance, le sentiment de solitude.

Molé lui a gentiment écrit et, avec plus d'entrain que de circonspection peut-être, lui a offert son amitié pour compenser l'amitié perdue. Joubert n'a pas répondu sans retard, mais le 30 mars : « J'aurois dû au moins faire des remerciemens à votre jeune amitié. Il est probable que je n'en profiterai jamais ; mais elle ne peut être pour moi que très précieuse et très agréable. » Et il lui parle de la morte : « Je ne pensois rien qui, à quelques égards, ne fût dirigé de ce côté-là et je ne pourrai plus rien penser qui ne me fasse appercevoir et sentir ce grand vide. Madame de B. avoit éminemment une qualité qui, sans donner aucun talent, aucune forme particulière à l'esprit, met une âme au-dessus ou au niveau des talens les plus éclatans, *une admirable intelligence.* Elle entendoit tout et se nourrissoit de pensées : c'étoit son goût et son besoin. Son cœur étoit porté à se nourrir de sentimens, comme son esprit à se

nourrir d'idées, sans chercher dans les premières les
satisfactions de la vanité, ni un autre plaisir qu'eux-
mêmes dans les seconds. Mais vous n'avez tous
connu son corps, son cœur et son esprit que malades
et vous ne pouvez pas scavoir cela comme moi... »
C'est vrai qu'il était à peu près le plus ancien ami de
cette jeune femme, à qui la révolution avait tué tout
ce qu'elle aimait jadis. La Petite société ne réunissait que de nouveaux amis, entre lesquels Joubert
avait son ancienneté de neuf ans... Ce qui suit, je
l'ai cité au commencement de cette étude : « Nous
nous étions liés dans un temps où elle et moi étions
bien prêts d'être parfaits, de sorte qu'il se mêloit à
notre amitié par le souvenir quelque chose de ce
qui rend si délicieux tout ce qui rappelle l'enfance,
je veux dire le souvenir de l'innocence. » Et puis :
« Elle étoit pour les choses intellectuelles ce que
madame de Vintimille est pour les choses morales ;
l'une est excellente à consulter sur les actions,
l'autre l'étoit à consulter sur les idées. N'en ayant
point de propres et de très fixes, elle entroit dans
toutes celles qu'on pouvoit lui présenter, les jugeoit
bien et on pouvoit compter que tout ce qui l'avoit
charmée étoit exquis, sinon pour le public, au moins
pour les parfaits... Je suis trop avancé dans la vie,
trop mûri par la maladie pour pouvoir espérer, prétendre ni désirer aucun dédommagement; mais je
dois vous dire que, sans de tels empêchemens, la
providence, en vous plaçant pour ainsi dire devant
mes pas quand j'éprouvois de telles pertes, m'auroit
paru vouloir les adoucir et m'en consoler, autant
que cela se pouvoit. Je lui rends grâces, mais laissez-
moi me borner à profiter de ce bienfait quand l'occa-

sion s'en présentera, sans aspirer à vous lier par aucune espèce de chaînes. Adieu, adieu, je n'en puis plus. » Voilà le chagrin de Joubert, et qui n'est point extravagant, mais qui est un sentiment vif que la méditation prolonge.

Il a bien défini son amie, en la montrant curieuse de toutes les idées : c'est l'indice d'une intelligence un peu démoralisée. Elle n'aimait pas également toutes les idées : elle savait choisir, pour les préférer, celles qui étaient les plus rares et exquises, non les plus opportunes et bien exactement sûres. Elle avait, en guise de principes, son goût délicat. Telle que la voilà, et très différente de ce qu'était Joubert à cette époque où le frappait surtout la qualité utile, morale et sociale, des idées, elle eut certainement sur lui beaucoup d'influence. Elle qui venait d'autrefois, de l'ancienne et de la plus charmante société française maintenant détruite, elle lui offrait, non pas une doctrine, — dont elle était bien dépourvue, — mais l'exemple d'une âme qu'une doctrine et un usage ont formée suivant un art de vivre élaboré par les siècles. Elle avait appris à Joubert l'ancienne France, qui subsiste parmi les nouveautés de l'heure et qui les rend moins dangereuses.

NOTES

CHAPITRE PREMIER

1. « Extrait du registre des baptêmes, mariages et sépultures de la ville de Mussy l'Evêque pour l'année 1768 ». (Mairie de Mussy.)

2. Voir *Le frère de Diderot*, par le chanoine Marcel, Paris 1913.

3. *Correspondance* Lescure, 19 août 1777; Anecd. Maurepas, pages 130 et 266.

4. On prononçait ainsi. L'on écrivait quelquefois « Saint Hérant » : voir Bib. nat. ; ms. fr., nouv. acq. 3622, n° 8192.

5. Bardoux, *La comtesse Pauline de Beaumont*, Paris, 1884, en dit bien davantage ; mais où l'a-t-il appris?

6. Sur les Beaumont, Bardoux s'embrouille. (Voir Biré, édition des *Mém. d'outre-tombe*, I, 297.) Il y a une histoire manuscrite de cette famille, par la comtesse de Carneville, à la bibl. de Clermont-Ferrand.

7. Frénilly, *Souvenirs*, page 249.

8. Arch. nat. T. 427.

9. F. Masson, *Le département des affaires étrangères*, Paris, 1877.

10. *Extraits du journal de Chénedollé*, par madame P. de Samie, Paris 1922, page 10. Cf. Sainte-Beuve, *Portraits littéraires*, III, 298.

11. Archives de Coppet, communication de M. le comte d'Haussonville.

12. Bardoux refuse de croire à cette anecdote parce qu'un jour, en 1802, madame de Beaumont répondit à Molé, qui lui demandait si elle avait vu Louis : « Il a sa fortune à refaire ! » Qu'est-ce que cela prouve ?

13. Arch. de madame la comtesse E. de Portzamparc ; communication de M. le marquis de Matharel. La lettre de Louis, du 20 thermidor an XI, porte cette note de Le Moine : « Cette lettre n'est pas parvenue à madame de Beaumont. Elle a été renvoyée de Clermont-Ferrand après la fatale catastrophe. »

14. Dans le journal d'émigration d'Espinchal, c'est à la date du 20 octobre 1790. Sur Barnave et les Montmorin, G. Morris, 21 juillet 1791.

15. 18 octobre 1796. *Nouvelle revue rétrospective*, 1894, tome I.

16. F. Masson, l. c., p. 83, sq.

17. Sur l'intendant d'Etigny, *Notice* de M. E. Deligand, dans le bulletin de la Soc. archéol. de Sens, tome VI, 1858.

18. Dufort de Cheverny, *Mémoires*, I, 386.

19. Signalement d'un passeport du 5 ventôse an II, registres de Passy.

20. Le 29 juillet 1791, notes ms. de M. Hesme, de Villeneuve. Cf. *Le babillard ou le chant du coq* du 28 octobre 1791, page 843.

21. Arch. nat. T 773.

22. Ces détails sont empruntés au journal de Danloux.

CHAPITRE II

1. L'acte de mariage, aux Arch. de la Seine, 8 juin 1793.

2. Marlin, *Voyages en France*, Paris 1817, IV, 24.

3. Arch. nat. F^{15} 242. Cf. *Interm. des chercheurs*, XXI, 351.

4. M. F. Masson (*Joséphine de Beauharnais*, p. 193) note que l'honnête Lezai a bonne mémoire. Il conclut : « S'il est avéré ainsi que Fontanes était à Paris durant les derniers mois de 92 et les premiers de 93, que penser des histoires que conta sa fille au sujet de son mariage et de son séjour à Lyon ? » Fontanes est à Lyon pour son mariage à la fin d'octobre 92 ; et il y est au début de 93, comme l'atteste une lettre de Grimod de la Reynière (*Revue du Lyonnais*, janvier-juin 1855). Fontanes a dû quitter Lyon en avril ; car Grimod, dans une seconde lettre, dit avoir reçu de Fanny une lettre en février, avoir répondu le 18 mars et Fanny a reçu sa réponse : or, Fanny et Fontanes sont partis de Lyon ensemble.

5. A la fin de 1798 ou au début de 1799, parut un recueil intitulé *Mémoires politiques et militaires pour servir à l'histoire secrète de la révolution* ; Barbier l'attribue à Sericys. L'un des chapitres est : *Comment Fontanes, durant le siège de Lyon, parvint à sauver la vie de sa femme et la sienne*. Quand Lyon fut assiégé, Fontanes était à Paris. Madame Fontanes prit peur et, pour hâter le retour de son mari, dut lui écrire « lettre sur lettre ». Fontanes arriva tout juste avant que l'accès de la ville fût impossible. Leur

maison est incendiée, la nuit, par obus ; « et, bien différent
d'Enée qui oublia sa femme pour se sauver..., Fontanes arracha
la sienne aux flammes et l'emporta nue dans ses bras ». Grimod,
dans une lettre du 26 août 1790, disait que Fontanes était parti
afin de se mettre à l'abri de la bagarre ; « mais, comme un autre
Enée, il y a laissé sa femme ». Peut-être le récit recueilli par
Sericys est-il du correspondant de Grimod, M. Morel de Robiou,
qui lui réfute sa méchanceté. Fontanes, pour fuir, dut se déguiser
en paysan et chanter le Ça ira... Ce récit venait de paraître ;
Peltier, alors ami de Fontanes, en publia un extrait dans le
n° du 28 février de son *Paris pendant l'année 1799*. Mais le n° du
15 mars insère une rectification : Fontanes ne veut pas avoir
chanté le Ça ira.

6. Arch. nat. F⁷ 4709.

7. L'abbé Guillon, *Histoire de Lyon*, II, 180, dit que Changeux
et ses compagnons partirent de Lyon munis d'une harangue de
Fontanes, alors réfugié à Lyon. C'est impossible, comme le
prouve l'affaire du 17 octobre. Voici aussi Langeac, *Journal de
l'anarchie et de la Terreur*, III, 1350 : mais Langeac est à la
complaisance de Fontanes.

8. Restif lui-même rend hommage à madame de Fontanes :
« L'épouse de Scaturin raccommode les bas de son mari. Voilà,
quelle qu'elle ait été, une femme respectable... » Etc. *Monsieur
Nicolas*, XI, 189.

9. Arch. nat. F⁷ 4686.

10. Le séjour de Joubert à Paris après thermidor est attesté
par : une lettre de Fontanes à Joubert, du 9 novembre 1794; une
lettre de Joubert à Fontanes du 23 novembre 1794; une lettre de
Joubert à madame de Pange du 9 novembre 1797.

11. Une loi du 27 germinal an II chassait de Paris les ci-devant
nobles; la même loi donnait au Comité de Salut public le droit
d'accorder des permis de séjour à des citoyens qu'on mettait en
réquisition pour quelque emploi censément profitable au public.
Le 27 septembre, le Comité arrête que Fontanes « est autorisé
à rester à Paris pour s'y livrer aux travaux littéraires dont il
est occupé ». Fontanes travaillait pour Lakanal. Le 9 pluviôse
an II, la Convention, qui organisait l'enseignement national,
ouvre un concours tendant à procurer les livres élémentaires
dont les nouvelles écoles auront besoin, concours dont Lakanal
fut l'initiateur. Le concours ne fournit rien de bon ; et, le
23 octobre 1794, le comité désigna divers écrivains, — Bernardin
de Saint-Pierre, Lagrange, Garat, Volney, Monge, etc. — qui
composeraient les manuels désirables. La liste des auteurs ne
fut pas arrêtée sans retard : il y eut des refus; de sorte que, le
9 novembre, Fontanes pouvait encore demander à Joubert s'il

ne lui agréerait pas d'être choisi. « On me consultera peut-être »,
ajoutait-il : cela prouve qu'il était en bons termes avec les
comités de la Convention. Cependant, les mémoires que l'annonce du concours avait suscités arrivèrent en grand nombre.
Lakanal fut chargé du rapport, qu'il présenta aux Cinq cents le
5 novembre 1795. C'est là que Fontanes dut l'aider. J'ai retrouvé,
dans ses papiers qui sont à la bibliothèque de Genève, deux
fragments de ses brouillons, où l'on voit que Fontanes était un
fameux républicain, sous la république. Il a certainement fourni,
au service de Lakanal, d'autres besognes. J'ai retrouvé, dans
ses papiers, le brouillon d'un rapport qu'il a rédigé pour la
Convention et qui a trait aux manufactures françaises, toutes
délabrées par la révolution. Beaucoup de manufactures étaient
séquestrées et partant improductives, du fait que l'un des associés eût été condamné par le tribunal révolutionnaire. Il faut,
dit Fontanes, que la nation, héritière des condamnés, transige
avec les associés des fabricants tombés sous le fer de la loi.

12. Il y a une mention de cette offre de Fontanes, dans les
carnets de Joubert : « 25 novembre 1794 : L-K-n-l, ou des livres
pour les enfants. »

CHAPITRE III

1. Malouet, *Mémoires*, II, 159, sq.

2. Arch. nat. T 177¹⁷. Le passeport est du 23 juillet.

3. Arch. nat. F⁷ 4774.50. Bardoux attribue cette lettre à madame
de Beaumont! Les deux acolytes sont les enfants de madame de
La Luzerne, dont la présence à Forges est attestée : et la lettre
porte le cachet postal de Forges.

4. Arch. nat. T 427, papiers Montmorin.

5. Arch. nat. F⁷ 4774.50, interrogatoire Montmorin.

6. « Nesle » n'est pas dans tous les documents : l'interrogatoire
Montmorin donne « madame de Saine »; l'interrogatoire Nanteuil,
« de Seide ».

7. Arch. nat. F⁷ 4774.17, interrogatoire Nanteuil.

8. C'est dit, comme une hypothèse, dans une lettre du 16 août,
adressée par je ne sais qui, de Meulan, à madame de Beaumont.
(F⁷ 4774.50.)

9. Arch. nat. W. 242.

10. Comment fut découvert Montmorin : il y a bien des erreurs
là-dessus. Le baron de Barante, qui fut en 1807 préfet du Léman,
dit que la maison où se cachait Montmorin était celle d'une
ancienne femme de chambre de madame de Montmorin et qu' « il
fut trahi par cette femme ». (Boudet, *Les tribunaux criminels et
la justice révolutionnaire en Auvergne*, Paris 1873, page 70.)

Espinchal (p. 461) dit que Montmorin fut découvert « par l'indiscrétion de madame de Beaumont qui ne mit pas assez de mystère en allant visiter son père dans sa retraite. » Etc.

11. Arch. nat. F⁷ 4774.56.

12. Arch. de la Préfecture de Police, $A\dfrac{B}{296}$: « Du 22 août 1792.

M. Montmorin ex-ministre des affaires étrangères a été écroué en vertu d'ordre du comité de sûreté générale. Du 4 septembre 1792. Le sieur Montmorin a été jugé par le peuple et exécuté sur-le-champ. »

13. J.-L. Soulavie, *Mémoires historiques et politiques du règne de Louis XVI*, Paris, an X, tome VI, 456.

14. Le certificat de résidence qu'elle demanda quelques mois plus tard lui attribue la taille de 4 pieds 8 pouces, les cheveux châtain foncé, les yeux gris bleu, la bouche grande, le visage maigre. (Arch. nat. T 177[17].) Le séjour de madame de Montmorin à Rouen est attesté par Danloux : « Madame de Sérilly est allée à Rouen voir madame de Montmorin. »

15. B. de Fouquières, *Poésies d'André Chénier*, Paris, 1872, page XLIII.

16. G. Audiger, *Souvenirs et anecdotes*, Paris, 1830, page 288.

17. Arch. nat. AFˣ II. 288.

18. P. du Chayla, *Un registre municipal pendant la révolution*, page 11.

19. Arch. nat. AFˣ II. 292. Cf. F⁷ 4774[20].

20. Dans un mémoire qu'elle a rédigé après thermidor, madame de Sérilly raconte que le commencement fut une « dénonciation anonyme » envoyée à la section des Piques contre L'Hoste. Ilesme (notes inédites) écrit que Sérilly fut dénoncé par « son cordonnier, monstre d'ingratitude ». Guesnot, dit madame de Sérilly, l'un des commissaires des Piques, travaillait sous les ordres de l'infâme Héron; il prit l'affaire en mains et la mena rondement : ayant trouvé la dénonciation et « ne voulant pas la perdre faute de signature, il y mit la sienne sans connaître l'individu ». Cf. Arch. nat. W. 33.

21. Communication de M le comte de Montrichard.

22. Arch. nat. F⁷ 4774[25] et W. 33.

23. Guesnot n'avait point achevé son procès-verbal, la municipalité de Passy voulut y insérer une « attestation de civisme » en faveur du prévenu et la prière au comité de le mettre bientôt en liberté. Guesnot s'y opposa, disant qu'il valait mieux envoyer ces documents au comité plus tard si, dans une semaine ou deux, Sérilly n'était pas rentré chez lui. Avant de quitter Sens, Guesnot défendit au district de signer « aucune pièce qui pût nous être favorable », dit madame de Sérilly.

24. Registre de Passy, 5 ventôse an II.

25. Cette lettre et, généralement, la correspondance de Sérilly : archives du marquis de Pange.

26. Guesnot, dans son rapport, groupait des procès verbaux séparés et, dit madame de Sérilly, les arrangeait à sa manière. Il fabriquait une synthèse où entraient, de gré ou de force, des éléments incohérents : une telle synthèse vous a grand air, et l'air de ce qu'on appelle un complot. D'ailleurs, « je ne fais pas à Guesnot l'honneur de ces 22 pages; quoiqu'il se les attribue, elles ne peuvent être que l'ouvrage d'Héron son protecteur. Guesnot arrêtait beaucoup, mais n'écrivait sûrement aucun rapport... » Eh! il savait tout juste écrire, non pas tout à fait son nom, mais quelque chose qui ressemblait à Gennot ou Guenot, pour servir de signature.

27. Arch. nat. AF^x II 294 et Arch. préf. police 8.275 et 8.374.

28. Arch. nat. W. 149 et F^7 3299^{19}.

29. Pâris de l'Epinard, *Mon retour à la vie*. S. l. n. d.

30. Arch. nat. F^7 3299^{19}. Cf *Réponse pour les officiers de santé de l'hospice national*, l'an IIIe de la république.

31. Arch. nat. W. 150.

32. Dufossé fait viser son passeport à Passy le 5 thermidor.

33. Arch. nat. F^7 4775^{18}.

34. Cf. « Une maman sous la terreur », *Revue universelle*, nov.-déc, 1922.

35 Collection de M. Félix Chandenier, de même que les lettres de mesdames Pourrat et Hocquart à madame de Sérilly.

36. Arch. nat. BB^{30}, 102. C'est le 21 vendémiaire que les comités ordonnèrent la mise en liberté de madame de Sérilly et de ses compagnes. Parmi les signataires de l'arrêté (qui a, comme en-tête imprimée, le cartouche du comité de salut public et, à côté, le cachet à la cire des comités de législation et de la sûreté générale) il y a Pons de Verdun.

37. Monceaux, *La Révolution dans le département de l'Yonne*, Paris, 1890; page 432, n° 2376.

38. Amédée fut placé à Passy, près de Paris, chez madame Pastoret.

CHAPITRE IV

1. Il y a deux « seconde édition, revue et augmentée » des *Mémoires d'un détenu* : l'une à Paris, chez Brigitte Mathé; l'autre à Bapaume, l'an III de la république française.

2. Lettre publiée par Pailhès, *Du nouveau*, page 31. Je profite d'une collation faite sur l'original par M. Max Egger.

3. François de Pange était rentré en France par la Suisse à la fin de janvier ou au commencement de février 1795.

4. L'original de cette lettre appartient à M. H. Marcel, qui a bien voulu m'en communiquer une copie de sa main.

5. A Rouen, madame de Beaumont demeure rue aux Ours, chez la citoyenne Vortelive.

6. Sur l'affaire de François de Pange, voir : Becq de Fouquières, *Documents nouveaux sur André Chénier*, Paris, 1875, page 108. Cf. Arch. nat. F⁷ 4774⁶².

7. *Quelques détails sur ma vie pendant les premières années de la révolution*, inédit, appartenant aux archives du marquis de Pange. Le contrat de mariage est du 3 pluviôse an IV.

8. Pasquier, *Mémoires*. Cf. *L'Austrasie*, juillet 1907, pages 48-49.

9. Voir *Paris pendant l'année 1796*, de Peltier, n° du 15 octobre : « Notice sur feu François de Pange par une femme de ses amies. » Cette notice est, dit-on, de madame de Beaumont.

CHAPITRE V

1. La comparaison de madame Joubert et de la violette, Joubert ne vient pas de l'inventer pour les besoins de la cause. Il notait, le 27 mars 1795 : « Elle est comme une violette qui ne scait et ne veut fleurir que sous son buisson. »

2. Et Joubert note sur son carnet tout aussitôt : « Il est une classe dans la société où les enfants pieux ne scavent pas que leurs parents sont mortels ; ils n'ont jamais osé y penser. »

3. Au mois de mai 1797, Dufort de Cheverny, étant à Paris, rend visite à madame de Pange. Elle habite rue Chabanais, n° 12, au 2ᵉ étage, un appartement assez triste ; elle est entourée de ses enfants, qu'elle élève avec un soin particulier. « Elle ne me parut pas changée, elle était tout aussi belle que je l'avais laissée. » Elle lui parla de ses malheurs, de la Conciergerie. Etc.

4. Pour cette année 1797, voir : les *Mémoires* de Danloux ; les *Essais de mémoires sur Suard*, par madame Suard, Paris 1820, pages 170, 218, 228, etc. ; et *Mémoires historiques sur la vie de M. Suard, sur ses écrits, sur le XVIIIᵉ siècle*, par D.-J. Garat, Paris, 1820, tome II, page 412.

CHAPITRE VI

1. Je n'ai pu trouver aucun document relatif au divorce de madame de Beaumont.

2. Voir *Eloge historique de Montesquiou, lu au lycée républicain, le 6 germinal an VII*, par Rœderer, Paris, an VII.

3. Madame de Staël annonçait à madame de Beaumont qu'elle la rencontrerait à Sens ou à Villeneuve, par une lettre du 24 vendémiaire. Cette lettre s'est croisée avec une lettre de madame de Beaumont à madame de Staël, du 25 vendémiaire. Madame de

Beaumont se plaint de n'avoir rien reçu de son amie : son départ serait-il retardé? « Le serait-il assez pour que je pusse espérer de vous voir? Dans l'incertitude où je suis du moment où je pourrai sortir de mon tombeau, je n'ose m'en flatter... » Ainsi, elle considère Theil comme son tombeau et ne peut aller à Paris... « Il faudrait entrer dans de longs et ennuyeux détails pour vous prouver qu'il m'a été impossible de sortir d'un lieu où je me déplais excessivement depuis quelques mois... » Depuis qu'on veut l'en chasser.

4. Ces lettres de madame de Beaumont à madame de Staël appartiennent aux archives de Coppet; M. le comte d'Haussonville me les a obligeamment communiquées.

5. Sur le discours de Riouffe, voir Vandal, *L'avènement de Bonaparte*, II, 49.

6. Elle est à l'hôtel du Congrès, rue de Chabanais, n° 8.

7. C'est ce qu'elle écrit à madame de Staël le 20 octobre. Je ne sais où elle a erré.

8. *Neuf livres de la dignité et de l'accroissement des sciences, composez par François Bacon, baron de Verulam et v*° *de Sainct Aubain, et traduits de latin en françois par le sieur de Golefer, con*° *et historiographe du roy.* A Paris, 1632. Pages 196 et sq. Bacon, dans Golefer, appelle première philosophie ou sagesse les axiomes qui ne sont particuliers à aucune science, mais communs à toutes les sciences. Il en donne des exemples très ingénieux et d'ailleurs un peu métaphoriques. Entre la physique, la logique, la morale, la politique, etc., l'on découvre des similitudes : ainsi les lois de la nature, révélées par l'expérience, donneront la règle de ce qui se doit pratiquer dans le gouvernement des Etats. Ce ne sont pas de pures similitudes, mais « les vestiges ou empreintes que la Nature imprime et scelle sur les diverses matières et en sujets différents ». Ces similitudes « unissent merveilleusement la nature », elles sont de la philosophie première.

CHAPITRE VII

1. Une loi du 25 octobre organisa l'Institut. Le 20 novembre, le Directoire désigna le tiers des membres, au nombre de 48 qui, les 9, 10 et 12 décembre, procédèrent à l'élection du deuxième tiers; enfin, les 13, 14 et 15 décembre, les deux tiers réunis élisaient le troisième tiers. Les membres de l'Institut rédigèrent leur règlement et allèrent, le 21 janvier 1796, le présenter aux Cinq-Cents. Lacépède célèbre le bonheur qu'avaient les Sciences et les Arts à secouer le « joug » dont la monarchie les accablait; il s'écria : « Nous jurons haine à la royauté! » Puis, sur l'indiscrète motion de Chénier, chacun des membres dut prêter le même ser-

ment. (C^e de Franqueville, *Le premier siècle de l'Institut de France*, Paris, 1895.) Il faut supposer que Fontanes fît la grimace, en tapinois. Il fut secrétaire de la troisième classe le 24 décembre 1795, le 27 août 1796, le 23 mars 1797. (Alfred Potiquet, *L'Institut national de France*, Paris, 1871.) Dans sa lettre à Bonaparte, du 12 nivôse an VIII, il dit qu'il a lu en séance publique « des fragments d'un long poème qui ne peut déplaire aux héros, puisque j'y célèbre les plus grands exploits de l'antiquité » : c'est *La Grèce sauvée*. Sainte-Beuve (note de la page LXIII de sa notice) dit que Fontanes dut son élection « à l'instance généreuse de M.-J. Chénier qui, dans un camp politique opposé, sut toujours être juste pour un écrivain qui honorait la même école littéraire ».

2. Sur les Écoles centrales, voir Arch. nat. AD VIII, 27 et F^{17} 1344^{30}. Voir aussi Brit. Mus.

3. Arch. nat F^7 6565, n° 2533.

4. André-Joseph Bayard de Plainville, né en 1755, fut avant la révolution l'un des riches colons de Saint-Domingue et, en 1789, membre du conseil de cette colonie ; grand propriétaire en Picardie, membre des Cinq-Cents ; mais royaliste et qui, avec les Clichyens, fît de l'opposition résolue au Directoire, de sorte qu'il fut compris dans le décret de déportation.

5. Il s'agit des *Natchez*, comme l'indique la lettre à Fontanes du 15 août 1798. Mais il y a plus démonstratif : une lettre de Chateaubriand à du Theil du 2 mai 1798 (*Correspondance générale*, I, 341) : M. Dutheil « oblige d'une manière si aimable » qu'on est en peine de l'en remercier; « je le prie de croire combien je suis sensible à ses bontés, et je ne scaurois mieux le lui prouver qu'en lui recommandant encore notre grande affaire... » Quelle affaire ? « Les Natchez sont de vilains enfants, de vrais sauvages, paresseux et mal élevés, d'un appétit vorace, qui comptent absolument, sur Mr Dutheil, car leur père ne sauroit suffire à leur dépense... » Il y a eu des rapports d'argent entre Chateaubriand et Fontanes et les agents des princes. Mais Chateaubriand n'a demandé d'argent que pour écrire et publier ses *Natchez*; quant à Fontanes, c'est autre chose.

6. *L'Ambigu*, n° XXVII, page 214.

7. *Id.* n° XXX, page 63.

8. *Id.* tome V, page 51.

9. Je n'ai pas vu l'original de cette lettre. Sainte-Beuve la date du 25, Pailhès du 27.

10. « Près du carrousel », dit Bourrienne, *Mémoires*, III, 280. « Rue du Petit carrousel », dit Peltier, *Paris pendant l'année 1799*, n° du 24 décembre.

11. Bourrienne, loc. cit., Thibaudeau, *Le Consulat et l'Empire*, Paris 1834, I, 171.

12. La partie que je vais citer de la lettre d'Arnaud Joubert est inédite.

13. J'emprunte les documents relatifs à la rentrée en France de Chateaubriand à un article de M. P. de Vaissière, *Revue des études historiques* du 7 octobre 1901, page 402, article composé d'après Arch. nat. F⁷ 5618 et 7734.

14. Lettre qui est à Genève. Citée par Villemain, *La Tribune moderne*, I, 83 et Pailhès page 64.

15. Chateaubriand raconte dans ses *Mémoires* qu'il était à Paris depuis deux jours, Fontanes vint le chercher et le conduisit « chez son ami M. Joubert, où je trouvai un abri provisoire ». Ce n'est pas possible : au mois de mai 1800, Joubert n'était pas à Paris, mais à Montignac. Chateaubriand n'a écrit cette partie de ses *Mémoires* qu'en 1836. Peut-être, en l'absence de Joubert, fut-il reçu par Laffond, mais le détail de ses souvenirs n'est pas bien net. Assurément Joubert et Chateaubriand ne se sont pas connus avant le début de 1801. — Le citoyen Neveu n'était pas « chef », mais professeur de dessin à l'école Polytechnique, alors installée dans les dépendances du Palais Bourbon. Chateaubriand l'appelle « le peintre Neveu » et parle de lui comme s'il ne l'avait connu qu'en 1802 chez madame de Clermont-Tonnerre devenue la marquise de Talaru. C'est Neveu qui, le 27 janvier 1803, le fit, un soir, dîner avec Saint-Martin.

16. « Le prince [le comte d'Artois] choisit Fontanes pour l'un de ses agens et lui permit de prendre des places dans l'administration... Arrivé à Paris, il se lia étroitement avec Lucien Bonaparte... Il s'est empressé de faire rentrer Chateaubriand et de le lier avec Lucien, etc. Ils sont devenus tous deux les chefs du parti dévot... On peut être assuré que Fontanes, l'un des directeurs de l'opinion royaliste, jouissant d'un traitement annuel de 500 livres, est un des espions et fidèles correspondants de Dutheil, Pelletier, Rognier, etc... Fontanes est donc infiniment dangereux. Il obtient, par ces divers moyens et ses intimes liaisons, des renseignements et des informations importantes qu'il s'empresse de communiquer aux plus mortels ennemis de la France, aux assassins du Premier consul. Il est essentiel de faire sortir cet homme du Corps législatif et de Paris. Il faut le placer dans l'intérieur et le faire surveiller. » Plusieurs faits que cite Le Clerc sont exacts. Un de ses arguments est que Peltier, dans son *Paris* et puis son *Ambigu*, « parle toujours de Fontanes de la manière la plus avantageuse ». Or, ce n'est pas vrai. Depuis que Fontanes est en faveur auprès du régime consulaire, Peltier ne perd aucune occasion de l'attaquer. Il faudrait supposer que les royalistes de Londres, en injuriant Fontanes, le camouflaient, pour ainsi dire, et l'aidaient à sa besogne de trahison. Je ne le crois pas ; c'est

trop compliqué. S'il fallait démentir ce que l'opinion de Le Clerc a d'excessif, une lettre de Peltier à Fontanes, du 25 avril 1817, y suffirait. (*L'Amateur d'autographes*, novembre 1911.) Peltier y note que Fontanes et lui s'étaient perdus de vue depuis le « pèlerinage forcé » que fit Fontanes « sur les bords de la Tamise »... « Quels incroyables événements se sont passés, mon ami, depuis que nous avons été séparés ! J'ai aujourd'hui à me reprocher d'avoir été trop longtemps à démêler, dans vos éloges du personnage qui a occupé le monde entier, le haut persiflage, l'accablante ironie sous laquelle vous l'écrasez en le louant de ce qu'il aurait dû faire et de ce qu'il ne faisait pas. Ce ne fut qu'au bout de plusieurs années — Qu'à force d'y penser je me mis dans la tête — Que du sens littéral vous faisiez peu de cas ; — Et que vous lui lâchiez souvent un mot honnête — Pour un qui ne l'était pas. » En 1817, Peltier (qui, au surplus, a besoin de Fontanes) essaye d'interpréter la singulière attitude de ce garçon qui a servi tous les régimes, en gardant pour la monarchie sa préférence, mais en quêtant son bénéfice vaille que vaille. Peltier, par son interprétation et l'aveu de ne l'avoir trouvée que tardivement, prouve qu'il n'y avait pas entre eux cette complicité, cette partie liée, que Le Clerc ombrageux soupçonne. Ce qui est incontestable, c'est que le rôle ou le métier d'espion royaliste fut offert à Fontanes en 1798 et qu'il hésita quelque temps avant de le refuser.

17. Voir *Lucien Bonaparte et ses mémoires*, par Th. Iung, Paris, 1882, I, 390. L'*Almanach national de la France*, an IX, page 92, indique 5 rapporteurs : Fontanes est le dernier, après Duquesnoy, Lausel, Arnault et Barbier Neuville. Dans une lettre du 1er septembre 1800, que Fontanes adresse on ne sait à qui (Pailhès, page 53), on voit assez bien Fontanes au ministère : « Vous pouvez être tranquille ; tout ce que vous écrirez passera sous les yeux du ministre. »

18. Frédéric Masson, *Napoléon et sa famille*, II, 148, 150.

19. Dans ses mémoires, il ne dit pas toute la vérité. Il dit que Fontanes était l'un des collaborateurs du *Mercure* et qu'il le tira de quelque embarras « en s'y associant dans une certaine limite d'intérêt ». Or, Fontanes, l'année suivante, écrit à Lucien qu'il renonce à l'entreprise que Lucien lui avait confiée.

CHAPITRE VIII

1. Pasquier, *Mémoires*, I, 206.

2. Sur la date, voir *Correspondance générale*, I, 45. Dans sa lettre aux *Débats* et au *Publiciste*, il annonce la mise en vente pour le 12 germinal.

3. Arch. nat. F⁷ 5618. (Paul de Vaissière, loc. cit.)

4. Sur l'autographe, que je possède. — Ce nom de Jupiter, que Fontanes donne à Bonaparte, ce n'est pas une invention de lui. Lucien raconte (Iung, I, 285) une querelle qu'il eut avec le Premier consul, quand il donna sa démission ; et il n'a pas craint d'appeler celui-ci Jupiter. Cette liberté est probablement devenue, dans l'entourage de Lucien, une plaisanterie que reprend Fontanes. Bref, Fontanes lâche le *Mercure* : « Esménard pour la partie littéraire, Laborie pour la partie politique, le soutiendront, jusqu'à vos ordres... » Car Lucien est le maître du *Mercure*. Fontanes lui conseille de le confier ensuite à de vieux académiciens philosophes, Suard, Morellet, Gaillard, Saint-Lambert. Lucien, jadis, avait pensé à eux ; puis Fontanes fit un *Mercure* de restauration religieuse : mais, puisque ça ne va pas !... Le conseil de Fontanes est un peu narquois : ces philosophes « ne déplairaient pas maintenant... »

5. Il n'a guère de coquetterie, en partant, et laisse voir le sacrifice : « Je n'ai pas besoin de vous prouver qu'en abandonnant ce travail je veux vous servir et que je ne peux que me nuire. Pour un homme de lettres, il n'y a rien de plus utile que d'avoir entre les mains une arme contre ses ennemis et un bouclier pour ses amis. Or, un ouvrage périodique sert à ce double usage. » Et de vives protestations de dévouement, de respect, d'amitié. La lettre de Fontanes est du 18 mai. Le *Mercure* du 20 mai porte sous le titre cette annonce : « Le C. Fontanes déclare qu'il n'aura plus de part à la rédaction du *Mercure de France*. » Il n'a voulu avertir son maître qu'au dernier moment, de manière qu'on ne le priât point de rester, en dépit de la résolution qu'il avait prise avec sa nervosité habituelle.

6. Faut-il lire : Fontanes ? Il s'agirait du *Mercure* et de la démission de Fontanes. Ou bien : Fouché ? Il s'agirait de la radiation. La lettre de Chateaubriand à madame de Staël du 8 prairial prouve qu'il est allé voir Fouché.

7. Mais Fontanes n'écrit plus au *Mercure ?* Il ne signe plus, voilà tout. Il annonce à Lucien qu'il s'est « avisé de faire un enfant » ; madame Fontanes est sur le point d'accoucher. Lucien veut-il être parrain ? Madame Bacciochi serait marraine. « Si j'ai un fils, il aura votre génie. Si c'est une fille, elle aura les grâces de votre sœur. » Lucien ne demande pas mieux, dont le remercie Fontanes sans ménager les mots flatteurs. (Pailhès, page 76.)

8. Ses lettres à madame de Staël le montrent fort triste. Ses ennemis avaient déniché dans l'*Essai* un passage, d'ailleurs mal venu, où, interprétant la nouvelle opinion des Américains sur les artisans de leur liberté, il écrit : « Américains ! La Fayette, votre idole, n'est qu'un scélérat ! » Les perfides, là-dessus, vont

clabaudant que Chateaubriand, plus royaliste que Louis XVI, a traité La Fayette de scélérat. Scélérat lui-même, et fanatique : bref, gardez-vous de le rayer !... Madame de Staël, qui entendit qu'on cherchait à Chateaubriand cette chicane, tenta d'expliquer la chose. On prétendit qu'elle avouait que l'effronté avait traité, devant elle, La Fayette de scélérat. Il fallut qu'il vînt à Paris et vît Fouché pour se défendre. Il était, par son « excellente amie » madame de Staël, recommandé au ministre de la police. Fouché, sans plus d'égards, le renvoie « au secrétaire » : ce n'est que pour se débarrasser de lui. Chateaubriand, découragé, retourne à la campagne, s'y « ensevelir ». Il écrit : « Mes affaires deviendront ce qu'elles pourront, mais je suis déterminé à ne m'en plus mêler. Je prévois mon sort. J'irai mourir sur une terre étrangère... » Cette tristesse est du 28 mai. Et le 16 juin : « Rien de nouveau dans cette grande ville, où je suis pour solliciter mon affaire, dont je ne me soucie plus. » Mais Chénier vient de publier les *Nouveaux saints*, une satire où Chateaubriand est pris à partie, en vers et en prose, assez rudement. Il trouve qu'elle manque de verve. Il ajoute : « Je suis toujours dans la position où vous m'avez laissé, ne faisant rien pour en sortir... » Et puis : « Le gouvernement anglais vient de me faire offrir un asyle et une pension de 300 livres sterling ; je préfère la pauvreté et ma patrie tant que celle-ci voudra me souffrir. » La satire de Chénier gênait Chateaubriand, qu'elle rangeait parmi les « Tartuffes plus ou moins intéressés qui tous ont déclaré la guerre à la raison humaine ». Il continue à réclamer sa radiation : le 23 mai et le 28 juin, il renouvelle sa pétition à Bonaparte. S'il montre son découragement à madame de Staël, c'est aussi pour que l'obligeante dame ne néglige pas de le servir auprès de Fouché.

9. Semble-t-il ; car, dans les *Mémoires*, il affirme qu'il n'est point allé à Combourg depuis son départ pour l'Amérique jusqu'à son départ pour la Terre sainte. Mais il écrit à madame de Staël le 24 juin 1801 : « J'ai voyagé ; j'ai vu le toit paternel... » Il faut que ce voyage ait été rapide et soudain : Chateaubriand, le 16 juin, n'en dit mot ; le 24, il est de retour. Je me demande s'il a fait ce voyage. La lettre n'est datée que du 5 messidor : peut-être conviendrait-il de chercher une autre année ; mais avant 1804, puisque Chateaubriand parle de Necker vivant. Qu'il s'en aille ainsi, lorsqu'il attend la solution de son affaire, cela m'étonne. C'est possible cependant.

10. Il travaillait peu. Il donna pourtant, le 5 juillet, au *Mercure*, son joli article « De l'Angleterre et des Anglais », qu'il a reproduit dans les *Mélanges littéraires*, tome XXI, page 5 de l'édition de 1826. « En Angleterre, y disait-il, on hait un homme pour un vice, pour une offense. En France, un pareil motif n'est pas

*

nécessaire. Les avantages de la figure ou de la fortune, un bon mot, un succès suffisent... » Ainsi, songe-t-il peut-être, le succès d'*Atala* lui a suscité une troupe d'envieux. Telle fut l'interprétation du *Journal de Paris* (3 thermidor). Il répliqua : « Le passage de mon article sur l'Angleterre... est imprimé depuis un an dans un ouvrage qui paraîtra bientôt et que plusieurs de mes amis connaissent ; ainsi ce passage ne peut en aucune manière regarder les critiques d'*Atala*... » Mais l'article ne se trouve pas dans le *Génie*. Chateaubriand l'a-t-il retranché de son édition? Je le croirais. Il paraît de bonne foi ; et l'allusion que ses ennemis ont vue, ont voulu voir, n'est pas si évidente. Puis, comme alors il travaillait peu, il a probablement utilisé, pour donner de la copie au *Mercure*, des pages qu'il avait de longtemps écrites et qui n'ont pas un caractère de vive opportunité. Mais il écrit à madame de Staël le 12 juillet : « Je viens de m'enfermer plus que jamais à la campagne. Mes affaires ne finissent point, et pour mettre un peu de repos dans mes idées, j'ai pris le parti de travailler à mon grand ouvrage... »

11. Il fallait cela pour emporter la résistance des philosophes ; Chateaubriand se hâte de l'écrire à madame de Staël : « l'horrible article de l'abbé Morellet, etc. On voulait me mettre les mathématiciens à dos... Ils en sont pour leurs épigrammes, leurs satires, leurs critiques. Je suis *citoyen français*, et je puis dire, comme M. Loyal, en dépit de l'envie... » Chateaubriand n'a pas raison d'attribuer à Morellet tant de noirceurs et de si cruels desseins. Tout simplement, ce bonhomme avait publié dans le *Journal de Paris* une réfutation, juste et modérée, d'un passage de l'article sur l'Angleterre où il est dit que les Anglais mésestiment « l'étude des mathématiques, qu'ils croient très dangereuse aux bonnes mœurs, quand elle est poussée trop loin ». Morellet réfutait cela et ne concluait pas que Chateaubriand fût indigne de la qualité française.

12. La traduction italienne d'*Atala* est annoncée dans le *Mercure* du 2 septembre 1801 et, dans le numéro du 25 janvier 1802, il y a un article sur les traductions italienne et espagnole, avec l'annonce de *René*.

13. Sans doute n'y venait-il pas grand monde : les Joubert à de longs intervalles. Madame de Caud? Chateaubriand, dans les *Mémoires*, cite une lettre d'elle, au sujet d'une invitation de madame de Beaumont. (Il la date de 1802 ; mais alors il n'y a plus de Savigny!) Madame de Beaumont, dans sa lettre à Joubert des premiers jours de septembre 1801, dit qu'elle a reçu de Lucile une lettre où il y a mille choses pour les Joubert.

14. Ce sont les chapitres 5 et 6, livre II, 3° partie. Le fait que ces chapitres soient restés en panne, tandis que l'auteur conti-

nuait son voyage, montre comment fut composé le *Génie*, d'une manière plus aventureuse que bien régulière. Les deux chapitres sont courts, pleins de beautés intelligentes, mais vagues ; et Chateaubriand n'a pas dû mettre longtemps à les écrire. Après cela, « il n'y a plus qu'à perfectionner », dit madame de Beaumont.

CHAPITRE IX

1. C'est évidemment ce qu'il se proposait de lui écrire : mais il n'y a pas de lettre de lui à elle durant le mois de février 1802.

2. D'une lettre que Joubert dut recevoir d'elle le 5 mars, il ne reste que ces deux lignes ; Joubert les a copiées : « Comme cet ouvrage avait fait beaucoup de bruit dans ma tête, je croyois qu'il [en] avait fait beaucoup dans le monde ; mais je me suis trompée. » Joubert note que « cela est très bien dit » ; et il ne dit pas de quel ouvrage parlait madame de Beaumont.

3. Les amis de Chateaubriand donnèrent avec beaucoup d'entrain. La Harpe, qui était malade, fit prier Chateaubriand de le venir voir. Il n'avait pas encore lu le *Génie* ; l'article de Fontanes l'enchantait : « Voilà de la littérature ! s'écria-t-il ; voilà de la critique. Ah ! messieurs les philosophes, vous aurez affaire à forte partie ! Voilà des hommes !... » Là-dessus, le bonhomme, ainsi que le jeune Chateaubriand l'appelle, était pris d'une espèce d'étourdissement. Il fallait que la troupe chrétienne eût de l'entrain ; les philosophes n'allaient pas se résigner facilement à la défaite ; bientôt Ginguené publiera, dans la *Décade*, ses rudes objections. Chateaubriand compte sur son génie, sur l'excellence de sa cause ; il compte, en outre, sur l'appui du gouvernement et s'occupe de l'obtenir. Très obligeante et qui d'ailleurs est par son bon ami Fontanes embrigadée au *Mercure*, madame Bacciochi, peu de jours avant le *Te Deum* de Notre-Dame, présente au Premier consul un exemplaire du *Génie du Christianisme*, de la part de l'auteur.

4. Il l'écrit ainsi au printemps 1802 et le redira, cinq ans plus tard, à Chênedollé, dans le journal de qui on a lu cette note : « Joubert dit que, pour que son esprit soit à l'aise et qu'il ait du jet, il faut qu'il soit dans l'air tiède de l'indulgence. » 2 février 1807. *Extraits du journal de Chênedollé*, par madame Paul de Samie, Paris, 1922, page 16.

5. Sur madame de Vintimille, cf. *Joubert ; Lettre à madame de Vintimille*, Paris, 1921.

6. Le 19 mai, Chateaubriand, qui se croyait à la veille de partir, écrivait à sa sœur Marigny : « Je reçois à la fois mon brevet de 1er secrétaire de légation et l'ordre de partir sur-le-champ pour Rome... Je viens d'écrire à Lucile pour lui proposer de faire avec

toi le voyage d'Italie. Pourquoi ne viendriez-vous pas à Rome ? L'occasion est belle, tu es indépendante, il ne faut que deux mille écus... » Du moment qu'il invite ses deux sœurs, on peut croire qu'il ne compte pas sur madame de Custine.

7. A moins que « nos amis » ne désigne les deux sœurs de Chateaubriand ; mais je ne le crois pas.

8. Pasquier, *Mémoires*, I, 207. Madame de Beaumont raconte qu'elle a déjeuné avec mademoiselle Duchesnois, qu'elle ne l'a pas trouvée bête, comme on le dit, mais « simple, naïve et distraite », etc. Puis : « J'espère que le redoutable Geoffroy ne viendra pas me persécuter jusqu'au Mont-Dore, j'y trouverai assez d'ennuyeux et d'importuns sans lui ; vous ne connaissez pas, monsieur, toutes les mâchoires auvergnates. Si Samson en eût rencontré une, il eût fait bien une autre besogne, jamais plus on n'aurait parlé de Philistins. »

9. Archives de Coppet.

10. Plusieurs traits de cette lettre que Chateaubriand, de Rome, adressait à madame de Beaumont se retrouvent dans les Mémoires d'outre-tombe. Le portrait du pape est le même, avec les mêmes mots. Sans doute madame de Beaumont, ne voulant pas se séparer des lettres de René, les emporta en Auvergne, à Rome. Elle mourut. Chateaubriand trouva ses lettres, les rangea, les conserva et, plus tard, les utilisa pour ses livres : car la littérature est une terrible passion, quand une fois elle s'est installée dans une âme et y règne.

11. Bibliothèque de Genève, ms. fr. 208.

12. Cette petite phrase, qu'elle attribue à Chateaubriand, n'est pas claire. Est-ce que Chateaubriand est « tombé » chez le roi de Sardaigne en même temps que le cardinal ? En tout cas, il est vrai que le cardinal a commis la même faute diplomatique que Chateaubriand. Le 24 messidor (13 juillet 1803), il écrit au ministre des relations extérieures : « En ma qualité de cardinal, j'ai dû faire une visite au roi et à la reine de Sardaigne, ainsi qu'à l'archiduchesse d'Autriche, et la conversation a été de leur part affable et polie ; mais pas un mot de ce qui regarde les gouvernements respectifs. » Papiers du cardinal Fesch ; archives du Rhône, correspondance diplomatique, 1803.

CHAPITRE X

1. Voici l'adresse de la lettre : « A madame de Beaumont-Montmorin, poste restante, à Clermont, département du Puy-de-Dôme. M. le directeur des postes de Clermont est prié de faire passer cette lettre à son adresse aux eaux du *Mont-Dor* si elle n'est pas retirée de son bureau trois jours après sa réception. »

2. L'écriture de la lettre est toute chavirée.

3. 2 août 1803. Sainte-Beuve, *Chateaubriand et son groupe*, II, 206.

4. Archives de la famille Portzemparc.

5. Arch. du Coisel ; *Chênedollé*, par madame Paul de Samie, Paris, 1822, p. 117.

6. Mêmes archives, Id. page 118.

7. 5 octobre 1803. Sainte-Beuve, loc. cit., I, 395.

TABLE

E. GREVIN — IMPRIMERIE DE LAGNY